BIBLIOTECA

CHRISTIAN JACQ

BIBLIOTECA

CHRISTIAN JACQ

RAMSÉS

El hijo de la luz

PLANETA DeAGOSTINI

Colección: Biblioteca Christian Jacq
Director editorial: Virgilio Ortega
Coordinación: Pilar Mora
Realización: Macarena de Eguilior
Diseño cubierta: Hans Romberg
Realización gráfica: Noemí Reyes

Título original: *Ramsés. Le fils de la lumière*

ISBN: 84-395-8854-2
Depósito legal: B. 48.546-2000

Imprime: Cayfosa-Quebecor, Santa Perpètua de Mogoda (Barcelona)
Distribuye: Logista
Aragonés, 18 - Polígono Industrial Alcobendas
28108 Alcobendas (Madrid)
Printed in Spain - Impreso en España

INTRODUCCIÓN

«Ramsés, el mayor de los vencedores, el rey sol, guardián de la Verdad.» En estos términos describe Jean-François Champollion —que abrió las puertas de Egipto cuando descifró los jeroglíficos—, al faraón Ramsés II, a quien profesaba un verdadero culto.

El nombre de Ramsés, es cierto, ha cruzado los siglos y ha vencido el tiempo; él solo encarna el poder y la grandeza del Egipto faraónico, padre espiritual de las civilizaciones occidentales. Durante sesenta y siete años, de 1279 a 1212 a. J.C., Ramsés, «el hijo de la luz», encumbrará la gloria de su país y hará brillar la sabiduría.

En tierras de Egipto, el viajero encuentra a Ramsés a cada paso. Dejó su impronta en una cantidad incalculable de monumentos, tanto en los construidos por sus maestros de obras como en los restaurados bajo su reinado. Todos piensan en los dos templos de Abu Simbel —donde reina para siempre la pareja formada por Ramsés divinizado y Nefertari, la gran esposa real—, en la inmensa sala de columnas del templo de Karnak y en el coloso sentado y sonriente del templo de Luxor.

Ramsés no es un héroe de novela, sino de muchas novelas, de una verdadera epopeya que nos conduce desde su iniciación en la función faraónica bajo la dirección de su padre, Seti, de talla tan impresionante como la del hijo, hasta los últimos días de un monarca que tuvo que superar múltiples pruebas. Es por ello que le he dedicado esta serie de novelas compuesta por cinco volúmenes, para que podamos evocar las extraordinarias dimensiones de un destino en el que participaron personajes tan inolvidables como Seti, su esposa Tuya, la sublime Nefertari, Iset la Bella, el poeta Homero, el encantador de serpientes Setaú, el hebreo Moisés y tantos otros que revivirán a lo largo de sus páginas.

La momia de Ramsés se ha conservado. De los rasgos del gran anciano se desprende una formidable impresión de poder. Muchos visitantes de la sala de momias del museo de El Cairo han tenido la impresión de que iba a salir de su sueño. Lo que la muerte física le niega a Ramsés, la magia de la novela tiene el poder de dárselo. Gracias a la ficción y a la egiptología es posible compartir sus angustias y sus esperanzas, vivir sus fracasos y sus éxitos, encontrar a las mujeres que amó, padecer las traiciones sufridas y disfrutar de las amistades indestructibles, luchar contra las fuerzas del mal y buscar esa luz de donde todo salió y hacia la cual todo vuelve.

Ramsés el grande... ¡Qué compañero de ruta para un novelista! Desde su primer combate contra un toro salvaje, hasta la sombra apacible de la acacia de Occidente, se juega el destino de un inmenso faraón ligado al de Egipto, el país amado por los dioses. Una tierra de agua y sol, donde las palabras rectitud, justicia y belleza tenían un sentido y se encarnaban en lo cotidiano. Una tierra en la que el más allá y lo terrenal estaban en contacto permanente, donde la vida podía renacer de la muerte, en que la presencia de lo invisible era palpable, donde el amor por la vida y lo imperecedero expandía el corazón de los seres y los tornaba jubilosos.

En verdad, el Egipto de Ramsés.

Mapa de Egipto

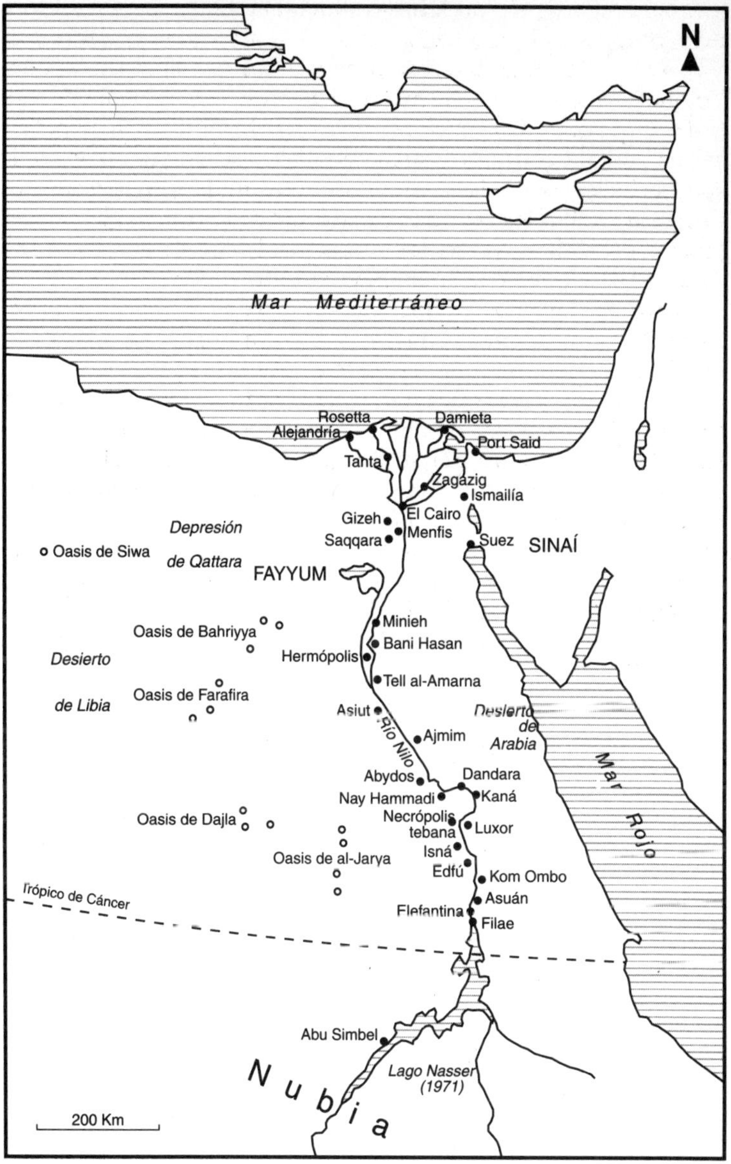

MAPA DEL ANTIGUO PRÓXIMO ORIENTE O NUEVO IMPERIO

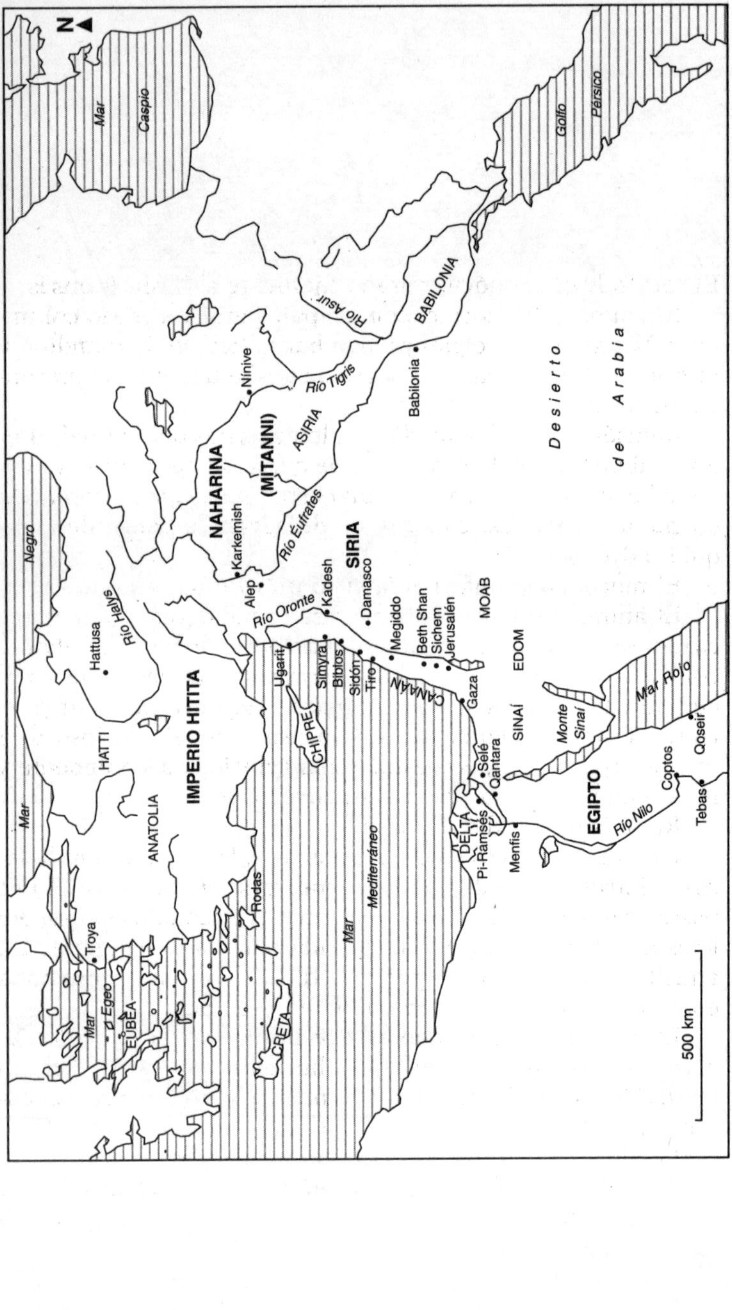

1

El toro salvaje, inmóvil, miraba fijamente al joven Ramsés.

El animal era enorme; con las patas gruesas como columnas y largas orejas colgantes, una barba tiesa en la mandíbula inferior y el pelaje pardo y negro, acababa de sentir la presencia del muchacho.

Ramsés estaba fascinado con los cuernos del animal, unidos y abultados en la base antes de curvarse hacia atrás y dirigirse hacia arriba, formando una especie de casco terminado en puntas aceradas, capaces de desgarrar la carne de cualquier adversario.

El muchacho jamás había visto un toro tan grande.

El animal pertenecía a una raza temible, que los mejores cazadores dudaban en desafiar; apacible en medio del rebaño, compasivo con sus congéneres heridos o enfermos, atento al cuidado de los toros jóvenes, el macho se convertía en un guerrero aterrador cuando se turbaba su quietud. Furioso a la menor provocación, embestía a una velocidad sorprendente y no se calmaba hasta abatir a su adversario.

Ramsés retrocedió un paso.

La cola del toro salvaje fustigó el aire; lanzó una mirada feroz al intruso que había osado aventurarse en sus tierras, unos pastos cercanos a un marjal en el que crecían altas cañas. No lejos de allí, una vaca paría, rodeada por sus compañeras. En aquellas soledades del borde del Nilo, el gran macho reinaba en su manada y no toleraba ninguna presencia extraña.

El joven había confiado en que la vegetación lo ocultaría; pero los marrones ojos del toro, hundidos en las órbitas, no lo abandonaban. Ramsés comprendió que no tendría escapatoria.

Lívido, se volvió lentamente hacia su padre.

Seti, el faraón de Egipto, aquel al que llamaban «el toro

victorioso», se mantenía a unos diez pasos detrás de su hijo. Su sola presencia —se decía— paralizaba a sus enemigos; su inteligencia, aguzada como el pico del halcón, iba en todas direcciones y no había nada que ignorase. Esbelto, con el rostro severo, la frente alta, la nariz arqueada, los pómulos salientes, Seti encarnaba la autoridad. Venerado y temido, el monarca había devuelto a Egipto la gloria de antaño.

A los catorce años, Ramsés, cuya estatura era ya la de un adulto, se encontraba con su padre por primera vez.

Hasta entonces había sido criado en el palacio por un ayo encargado de enseñarle a convertirse en un hombre de valor, que, como hijo de rey, pasaría días felices desempeñando una alta función. Pero Seti lo había arrancado de su clase de jeroglíficos para llevarlo a pleno campo, lejos de cualquier aldea. Ni una palabra había sido pronunciada.

Cuando la vegetación se hizo demasiado densa, el rey y su hijo ya habían abandonado el carro tirado por dos caballos y se habían internado en las altas hierbas. Una vez franqueado el obstáculo, habían ido a parar al territorio del toro.

Entre el animal salvaje y el faraón, ¿cuál era el más pavoroso? Tanto de uno como de otro se desprendía un poder que el joven Ramsés se sentía incapaz de dominar. Afirmaban los narradores que el toro es un animal celeste, animado por el fuego del otro mundo, y que el faraón confraternizaba con los dioses. A pesar de su estatura, su robustez y el rechazo del miedo, el adolescente se sentía atrapado entre dos fuerzas casi cómplices.

—Me ha descubierto —confesó con voz que quería ser resuelta.

—Tanto mejor.

Las dos primeras palabras pronunciadas por su padre resonaron como una condena.

—Es enorme, es...

—¿Y tú, quién eres tú?

La pregunta sorprendió a Ramsés. Con la pata delantera izquierda, el toro escarbaba furiosamente el suelo; garzas y garcetas remontaban el vuelo, como si abandonaran un campo de batalla.

—¿Eres un cobarde o el hijo de un rey?

La mirada de Seti traspasaba el alma.

—Me gusta luchar, pero...

—Un verdadero hombre llega al final de sus fuerzas. Un rey, más allá de ellas; si no eres capaz de ello, no reinarás y no volveremos a vernos. Ninguna prueba debe hacerte flaquear. Vete, si lo deseas; si no, captúralo.

Ramsés osó alzar los ojos y sostener la mirada de su padre.

—Me enviáis a la muerte.

—«Sé un toro poderoso de eterna juventud, de corazón firme y de cuernos acerados, que ningún enemigo pueda vencer», me dijo mi padre; tú, Ramsés, saliste del vientre de tu madre como un auténtico toro, y debes convertirte en un sol radiante que lance sus rayos por el bien de tu pueblo. Te ocultabas en mi mano como una estrella. Hoy abro los dedos. Brilla o desaparece.

El toro emitió un mugido; el diálogo de los intrusos lo irritaba. A su alrededor, todos los ruidos del campo se extinguieron; del roedor al pájaro, cada uno percibía la inminencia del combate.

Ramsés dio la cara.

En la lucha con manos libres había vencido a adversarios más pesados y más fuertes que él, gracias a las llaves que le había enseñado su ayo. Pero, ¿qué estrategia adoptar ante un monstruo de aquel tamaño?

Seti entregó a su hijo una larga cuerda con un nudo corredizo.

—Su fuerza está en su cabeza; atrápalo por los cuernos y lo vencerás.

El joven recobró la esperanza; durante las luchas náuticas en el lago de recreo del palacio se había ejercitado en el manejo de las cuerdas.

—En cuanto el toro oiga el silbido del lazo —advirtió el faraón— se abalanzará sobre ti; no falles, pues no dispondrás de una segunda oportunidad.

Ramsés repitió el gesto con el pensamiento y se envalentonó en silencio. A pesar de su corta edad, medía más de un metro setenta y exhibía la musculatura de un atleta que practica varios deportes; ¡cómo le irritaba el rizo de la infancia, sujeto por una cinta a la altura de la oreja, adorno ritual confeccionado con sus magníficos cabellos rubios! En cuanto fuera titular de un puesto en la corte, sería autorizado a llevar otro peinado.

Pero, ¿el destino le daría el tiempo suficiente? Por cierto, en muchas ocasiones, y no sin fanfarronería, el fogoso joven había solicitado pruebas dignas de él. No sospechaba que el faraón en persona respondería a sus deseos de manera tan desmesurada

Irritado por el olor del hombre, el toro no esperaría mucho tiempo. Ramsés apretó la cuerda. Cuando el animal se sintiera capturado, necesitaría desplegar la fuerza de un coloso para inmovilizarlo. Puesto que aún no la poseía, iría más allá de sí mismo, aunque le estallara el corazón.

No, no decepcionaría al faraón.

Ramsés hizo voltear el lazo; el toro se abalanzó con los cuernos por delante.

Sorprendido por la velocidad del animal, el joven se apartó dando dos pasos hacia un lado, extendió el brazo derecho y lanzó el lazo, que onduló como una serpiente y golpeó el lomo del toro. Al terminar el movimiento, Ramsés resbaló en el húmedo suelo y cayó en el momento en que los cuernos se aprestaban a ensartarlo. Le rozaron el pecho sin que él cerrara los ojos.

Había querido ver la muerte de frente.

Irritado, el toro continuó su carrera hasta el cañizar y se volvió de un salto; Ramsés, que se había levantado, fijó su mirada en la del animal. Lo desafiaría hasta el último momento y probaría a Seti que el hijo de un rey sabía morir dignamente.

El impulso del monstruo fue atajado en seco; la cuerda que sostenía firmemente el faraón rodeaba sus cuernos. Loco de furia, sacudiendo la cabeza y exponiéndose a romperse la nuca, el animal intentó liberarse pero fue en vano; Seti utilizaba su enorme fuerza para volverla contra él.

—¡Agárrale el rabo! —ordenó a su hijo.

Ramsés corrió y cogió la cola casi desnuda, provista de un mechón de crin en el extremo, la cola que el faraón llevaba colgada a la cintura de su taparrabo, como dueño del poder del toro.

Vencido, el animal se calmó, contentándose con resoplar y gruñir. El rey lo soltó, tras indicar a Ramsés que se colocara detrás de él.

—Esta especie es indomable; un macho como éste arremete a través del fuego y el agua, e incluso sabe ocultarse detrás de un árbol para sorprender mejor a su enemigo.

El animal ladeó la cabeza y miró un instante a su adversario. Como si se supiera impotente frente al faraón, se alejó con paso tranquilo hacia su territorio.

—¡Vos sois más fuerte que él!

—Ya no somos adversarios porque hemos cerrado un pacto.

Seti sacó un puñal de un estuche de cuero y, con un gesto rápido y preciso, cortó el rizo de la infancia.

—Padre mío...

—Tu infancia ha muerto; la vida empieza mañana, Ramsés.

—No he vencido al toro.

—Has vencido el miedo, el primero de los enemigos en el camino de la sabiduría.

—¿Y hay muchos otros?

—Sin duda más que granos de arena en el desierto.

La pregunta ardía en los labios del joven.

—¿Debo entender... que me habéis elegido como sucesor?

—¿Crees que basta con el coraje para gobernar a los hombres?

2

Sary, el ayo de Ramsés, recorría el palacio en todas direcciones en busca de su alumno. No era la primera vez que el joven desertaba de la clase de matemáticas para ocuparse de los caballos o para organizar un concurso de natación con su grupo de amigos, disipados y rebeldes.

Sary, barrigón y jovial, detestaba el ejercicio físico y echaba pestes sin cesar contra su discípulo, pero se inquietaba a la menor travesura. Su matrimonio con una mujer mucho menor que él, la hermana mayor de Ramsés, le había servido para ocupar el envidiado puesto de ayo del príncipe.

Envidiado... ¡por aquellos que no conocían el carácter obstinado y difícil del hijo menor de Seti! Sin una paciencia innata y una tenacidad para abrir la mente de un chiquillo a menudo insolente y demasiado seguro de sí, Sary habría debido renunciar a su tarea. Conforme a la tradición, el faraón no se ocupaba de la educación de sus hijos menores; esperaba el momento en que el adulto aparecía bajo las formas del adolescente para conocerlo y probarlo, a fin de saber si sería digno de reinar. En el caso presente, la decisión se había tomado hacía mucho tiempo: sería Chenar, el hermano mayor de Ramsés, quien subiría al trono. Aún había que canalizar la fogosidad del pequeño para convertirlo, en el mejor de los casos, en un buen general o, en el peor, en un cortesano satisfecho.

Sary, con sus treinta años bien cumplidos, habría pasado gustoso el tiempo al borde del estanque de su villa, en compañía de su esposa de veinte. Pero ¿no se habría aburrido? Gracias a Ramsés, ningún día se parecía al anterior. El ansia de vivir de aquel muchacho era inagotable; su imaginación, sin límites; había aburrido a varios ayos antes de aceptar a Sary. A pesar de sus frecuentes rencillas, este último lograba sus fines: abrir la mente del joven a todas las ciencias que debía conocer y practicar un escriba. Sin que lo confesara, aguzar la desatada inteligencia de Ramsés con intuiciones a veces excepcionales era un verdadero placer.

Desde hacía algún tiempo, el joven cambiaba. Él, que no soportaba un minuto de inactividad, se demoraba en las *Máximas* del viejo sabio Ptah-hotep; Sary incluso lo había sorprendido soñando mientras miraba el vuelo de las golondrinas a la luz de la mañana. La madurez intentaba realizar su obra; en muchos seres, fracasaba. El ayo se preguntaba de qué madera estaría hecho Ramsés si el fuego de la juventud se transformara en otro fuego, menos indisciplinado pero igualmente vigoroso.

¿Cómo no sentirse inquieto ante tantos dones? En la corte, como en cualquier capa de la sociedad, los mediocres, cuya perpetuación estaba asegurada, le cobraban antipatía, incluso odio, aquellos cuya personalidad hacía aún más deslucida su insignificancia. Aunque la sucesión de Seti no suscitó perplejidad y Ramsés no tuvo que preocuparse en absoluto de las inevitables intrigas fomentadas por los hombres de poder, sus días futuros quizá serían menos risueños de lo previsto. Algunos, empezando por su propio hermano, ya pensaban en apartarlo de las funciones mayores del Estado. ¿En qué se convertiría, relegado en una lejana provincia? ¿Se acostumbraría a una existencia campesina y al simple ritmo de las estaciones?

Sary no había osado desvelar sus tormentos a la hermana de su discípulo, cuya charlatanería temía. En cuanto a abrirse a Seti, era imposible; verdugo del trabajo, el faraón estaba demasiado ocupado en gestionar el país, cada día más floreciente, para prestar atención a los estados de ánimo de un educador. Era bueno que el padre y el hijo no tuvieran ningún contacto; frente a un ser tan poderoso como Seti, Ramsés no habría tenido otra elección que la rebelión o la aniquilación. En realidad, la tradición tenía cosas positivas; los padres no eran los mejor situados para criar a sus hijos.

La actitud de Tuya, gran esposa real y madre de Ramsés, era muy diferente; Sary era uno de los pocos en constatar su marcada preferencia por su hijo menor. Cultivada, refinada, conocía las cualidades y los defectos de cada cortesano; reinando como auténtica soberana en la casa real, velaba sobre el estricto respeto de la etiqueta y gozaba tanto de la estima de los nobles como de la del pueblo. Pero Sary tenía miedo de Tuya; si la importunaba con temores ridículos, se desacreditaría. La reina no apreciaba a los charlatanes; una acusación infundada le parecía tan grave como una mentira. Más valía callar antes que pasar por un profeta de mal augurio.

A pesar de la repugnancia que le producía, Sary se dirigió a las cuadras; temía a los caballos y a sus coces, detestaba la compañía de los palafreneros y más aún la de los jinetes, apasionados por hazañas inútiles. Indiferente a las burlas que saludaron su paso, el ayo buscaba a su discípulo; nadie lo había visto desde hacía dos días, y todos se asombraban de esta ausencia.

Durante horas, olvidándose incluso de almorzar, Sary intentó encontrar a Ramsés. Cuando cayó la noche, agotado, cubierto de polvo, se resignó a volver a palacio. Pronto debería dar cuenta de la desaparición de su discípulo y probar que era por completo ajeno a ese drama. ¿Y cómo afrontar a la hermana del príncipe?

Taciturno, el ayo omitió saludar a sus colegas que salían de la sala de clases; tan pronto amaneciera el día siguiente, interrogaría, sin gran esperanza, a los mejores amigos de Ramsés. Si no lograba algún indicio, habría que admitir la horrible realidad.

¿Qué falta había cometido Sary contra los dioses para ser torturado así por un genio maligno? Que se rompiera su carrera tenía que ver con la injusticia más manifiesta; se le expulsaría de la corte, su esposa lo repudiaría, ¡sería reducido a la condición de lavandero! Horrorizado ante la idea de sufrir tal descrédito, Sary se sentó a la manera de los escribas en su lugar habitual.

Habitualmente, frente a él, Ramsés estaba ora atento, ora pensativo, pero siempre capaz de ofrecerle una réplica inesperada. A los ocho años había logrado trazar los jeroglíficos con mano firme y calcular el ángulo de la pendiente de una pirámide... porque el ejercicio le había gustado.

El ayo cerró los ojos para conservar en la memoria los mejores momentos de su ascenso social.

—¿Estás enfermo, Sary?

Aquella voz... ¡Aquella voz, ya grave y autoritaria!

—¿Eres tú, de verdad eres tú?

—Si duermes, continúa; si no, mira.

Sary abrió los ojos.

Era Ramsés, también cubierto de polvo, pero con los ojos brillantes.

—Ambos necesitamos lavarnos, ¿dónde te habías metido, ayo?

—En lugares insalubres, como las cuadras.
—¿Me estabas buscando?
Estupefacto, Sary se levantó y giró alrededor de Ramsés.
—¿Qué has hecho con tu rizo de infancia?
—Mi propio padre me lo ha cortado.
—¡Imposible! El ritual exige que...
—¿Pones en duda mi palabra?
—Perdóname.
—Siéntate, ayo, y escucha.
Sary, impresionado por el tono del príncipe, que ya no era un niño, obedeció.
—Mi padre me ha hecho pasar la prueba del toro salvaje.
—Eso... ¡eso no es posible!
—No he salido vencedor pero he hecho frente al monstruo, y creo... ¡que mi padre me ha elegido como futuro regente!
—No, mi príncipe; el designado es tu hermano mayor.
—¿Ha pasado él la prueba del toro?
—Seti sólo quería enfrentarte al peligro que tanto te gusta.
—¿Habría malgastado su tiempo por tan poco? Me ha llamado hacia él, ¡estoy seguro!
—No te exaltes, renuncia a esa locura.
—¿Locura?
—Muchas personalidades influyentes de la corte no te aprecian demasiado.
—¿Qué me reprochan?
—El que seas tú mismo.
—¿Quieren que sea uno del montón?
—La razón lo exige.
—La razón no tiene la fuerza de un toro.
—Los juegos del poder son más crueles de lo que te imaginas; la valentía no basta para salir vencedor de ellos.
—Pues bien, tú me ayudarás.
—¿Qué?
—Conoces bien las costumbres de la corte; identifica a mis amigos y a mis enemigos, y aconséjame luego.
—No me pidas tanto... Sólo soy tu ayo.
—¿Olvidas acaso que mi infancia ha muerto? O te conviertes en mi preceptor o nos separamos.
—Me obligas a tomar riesgos innecesarios y tú no tienes talla para el poder supremo; tu hermano mayor se prepara para ello desde hace mucho tiempo. Si lo provocas, te destruirá.

3

Por fin, la gran noche.

La luna nueva renacía, la noche era muy oscura. Ramsés había dado una cita decisiva a todos sus condiscípulos, instruidos como él por educadores reales. ¿Serían capaces de escapar a la vigilancia de los guardias y de reunirse con él en el corazón de la ciudad para tratar de lo esencial, de la cuestión que les quemaba el corazón y que nadie se atrevía a plantear?

Ramsés salió de su habitación por la ventana y saltó desde el primer piso; la tierra esponjosa del florido jardín amortiguó el golpe, y el joven bordeó el edificio. Los guardias no le asustaban; unos dormían, otros jugaban a los dados. Si tenía la desgracia de cruzarse con uno que cumplía correctamente su misión, lo convencería o lo dejaría sin sentido.

En su exaltación, había olvidado un vigilante que no dormía: un perro de talla media, rechoncho y vigoroso, con las orejas colgantes y la cola en espiral. Plantado en medio del camino, no ladraba, pero impedía el paso.

Instintivamente, Ramsés buscó la mirada del perro; éste se sentó sobre sus posaderas, la cola se agitó cadenciosamente. El joven se acercó y lo acarició; entre ellos, la amistad había sido inmediata. En su collar de cuero teñido de rojo, un nombre: *Vigilante.*

—¿Y si me acompañaras?

Vigilante asintió con una sacudida de su corto morro, coronado por una trufa negra. Guió a su nuevo dueño hacia la salida del territorio en el que eran educados los futuros notables de Egipto.

Aun siendo una hora tardía, numerosos curiosos deambulaban aún por las calles de Menfis, la capital más antigua del país. A pesar de la riqueza de la meridional Tebas, conservaba el prestigio de antaño. Las grandes universidades tenían su sede en Menfis, y era allí donde los hijos de la familia real y los considerados dignos de acceder a las más altas funciones recibían una educación rigurosa e intensa. Ser admitido en el Kap, «el lugar cerrado, protegido y nutricio», suscitaba muchas envidias; no obstante, aquellos que residían en él desde su primera infancia, como Ramsés, ¡no tenían más deseo que escapar de allí!

Vestido con una túnica de cortas mangas de mediocre calidad, que le hacía parecerse a cualquier transeúnte, Ramsés llegó a la célebre cervecería del barrio de la escuela de medicina, donde a los futuros terapeutas les gustaba disfrutar del buen tiempo después de las duras jornadas de estudio. Como *Vigilante* no dejaba de seguirle, el príncipe no lo rechazó y entró con él en el establecimiento prohibido a los «niños del Kap».

Pero Ramsés ya no era un niño y había logrado salir de su dorada prisión.

En la gran sala de la cervecería, con los muros encalados, esteras y taburetes acogían a joviales clientes, aficionados a la cerveza fuerte, al vino y a los licores de palma. El patrón mostraba amablemente las ánforas procedentes del Delta, de los oasis o de Grecia, y alababa la calidad de sus productos. Ramsés eligió un lugar tranquilo, desde el cual vigiló la puerta de entrada.

—¿Qué quieres? —preguntó un sirviente.

—Por el momento, nada.

—Los desconocidos pagan por adelantado.

El príncipe le tendió una pulsera de cornalina.

—¿Te bastará con esto?

El servidor examinó el objeto.

—Servirá. ¿Vino o cerveza?

—Tu mejor cerveza.

—¿Cuántas copas?

—No lo sé aún.

—Traeré una jarra... Cuando estés seguro traeré las copas.

Ramsés se dio cuenta de que ignoraba el valor de los productos; sin duda el hombre le robaba. Ya era hora, entonces, de salir de la gran escuela, protegida en exceso del mundo exterior.

Con *Vigilante* a sus pies, el príncipe observó la entrada de la cervecería. ¿Quién de sus compañeros de estudio se atrevería a intentar la aventura? Hizo apuestas, eliminó a los más débiles y a los más ambiciosos, y se quedó con tres nombres. Éstos no retrocederían ante el peligro.

Sonrió cuando Setaú franqueó el umbral del establecimiento.

Rechoncho, viril, con los músculos prominentes, la piel mate, el cabello negro y la cabeza cuadrada, Setaú era hijo de un marino y de una nubia. Su excepcional resistencia, así como sus dotes para la química y el estudio de las plantas, habían atraído la atención de su maestro; los profesores del Kap no lamentaban haberle abierto las puertas de la enseñanza superior.

Poco hablador, Setaú se sentó al lado de Ramsés.

Los dos muchachos no tuvieron tiempo de discutir, pues entró Ameni, pequeño, delgado y endeble; con la tez pálida, los cabellos ya escasos a pesar de su juventud, se mostraba incapaz de practicar ningún deporte y de llevar cargas pesadas, pero superaba a sus compañeros de promoción en el arte de escribir los jeroglíficos. Trabajador infatigable, sólo dormía tres o cuatro horas por noche y conocía a los grandes autores mejor que su profesor de literatura. Hijo de un yesero, se había convertido en el héroe de su familia.

—He logrado salir —anunció orgullosamente— dándole mi cena a un guardia.

Ramsés también lo esperaba; sabía que Setaú usaría la fuerza, si era necesario, y que Ameni emplearía la astucia.

El tercero en llegar sorprendió al príncipe. Jamás hubiera creído que el rico Acha corriera semejantes riesgos. Hijo único de nobles ricos, la estancia en el Kap era para él un paso natural y obligado antes de emprender una carrera de alto funcionario. Elegante, de miembros finos y rostro alargado, llevaba un pequeño bigote muy cuidado y posaba sobre los demás una mirada a menudo desdeñosa. Su voz untuosa y sus ojos brillantes de inteligancia hechizaban a sus interlocutores.

Se sentó frente al trío.

—¿Sorprendido, Ramsés?

—Confieso que sí.

—Encanallarme con vosotros por una noche no me disgusta; la existencia me parecía muy monótona.

—Nos arriesgamos a sanciones.

—Le pondrán sal a este plato inédito; ¿estamos todos?

—Todavía no.

—¿Tu mejor amigo te ha traicionado?

—Vendrá.

Irónico, Acha hizo servir la cerveza... Ramsés no la tocó; la inquietud y la decepción le oprimían la garganta. ¿Se habría equivocado?

—¡Ahí está! —exclamó Ameni.

Alto, de espaldas anchas, cabellera abundante y un collar de barba adornando su mentón, Moisés aparentaba más edad que sus quince años. Hijo de trabajadores hebreos instalados en Egipto desde hacía varias generaciones, había sido admitido en el Kap en su primera juventud debido a sus notables facultades intelectuales. Como su fuerza física era parecida a la de Ramsés, los dos muchachos no habían tardado en enfrentarse en todos los terrenos, antes de cerrar un pacto de no agresión y de establecer un frente común contra sus profesores.

—Un viejo guardia quería impedirme salir; como no quería dejarlo sin sentido, he tenido que convencerle de lo justo de mi excursión.

Se felicitaron y bebieron una copa que tenía el inefable gusto de lo prohibido.

—Respondamos a la única pregunta importante —exigió Ramsés—: ¿cómo obtener el verdadero poder?

—Mediante la práctica de los jeroglíficos —respondió en seguida Ameni—. Nuestra lengua es la de los dioses; los sabios la han utilizado para transmitir sus preceptos. «Imita a tus antepasados, está escrito, pues conocieron la vida antes que tú. El poder es dado por el conocimiento, sólo lo escrito inmortaliza.»

—Tonterías de letrados —objetó Setaú.

Ameni enrojeció.

—¿Acaso niegas que el escriba tiene el verdadero poder? La compostura, la cortesía, el trato social, la puntualidad, el respeto a la palabra dada, el rechazo de la falta de honradez y de la envidia, el dominio de sí mismo, el arte del silencio para dar preeminencia a la escritura, ésas son las cualidades que quiero desarrollar.

—No es suficiente —juzgó Acha—. El poder supremo es el de la diplomacia. Por ello partiré pronto hacia el extranjero, a fin de aprender las lenguas de nuestros aliados y de nuestros adversarios, comprender cómo funciona el comercio internacional, cuáles son las verdaderas intenciones de los demás dirigentes y así poder manipularlos.

—Ésa es la ambición de un hombre de ciudad que ha perdido todo contacto con la naturaleza —se lamentó Setaú—. La ciudad, ¡el verdadero peligro que nos acecha!

—Tú nada nos dices de tu conquista del poder —observó Acha, picado.

—Sólo hay un camino, en el que se mezclan sin cesar la vida y la muerte, la belleza y el horror, el remedio y el veneno: el de las serpientes.

—¿Bromeas?

—¿Dónde están las serpientes? En el desierto, en los campos, en los marjales, al borde del Nilo y en los canales, en las eras, en los refugios de pastores, en los rediles del ganado e incluso ¡en los rincones oscuros y frescos de las casas! Las serpientes están por todas partes y tienen el secreto de la creación. Consagraré mi existencia a arrancárselo.

Nadie pensó en criticar a Setaú, que parecía haber preparado a conciencia su decisión.

—¿Y tú, Moisés? —interrogó Ramsés.

El joven coloso vaciló.

—Os envidio, amigos míos, pues soy incapaz de responder. Me agitan extraños pensamientos, mi espíritu vaga, pero mi destino sigue oscuro. Deben otorgarme un puesto importante en un gran harén (1), y estoy dispuesto a aceptar, a la espera de una aventura más excitante.

Las miradas de los cuatro jóvenes se volvieron hacia Ramsés.

—Sólo existe un verdadero poder —declaró éste—: el del faraón.

(1) En el antiguo Egipto, un harén no era una prisión dorada para hermosas mujeres, sino una gran institución económica que describiremos más adelante.

4

—No nos sorprendes —deploró Acha.

—Mi padre me ha hecho pasar la prueba del toro salvaje —reveló Ramsés—; ¿para qué si no es para prepararme para llegar a faraón?

Estas palabras dejaron sin habla a los cuatro condiscípulos del príncipe; Acha fue el primero en recobrar el aplomo.

—¿No ha designado Seti a tu hermano mayor para sucederle?

—En ese caso, ¿por qué no le ha impuesto el encuentro con el monstruo?

Ameni estaba radiante.

—¡Es maravilloso, Ramsés! Ser amigo del futuro faraón, ¡es un milagro!

—No te entusiasmes —recomendó Moisés—; tal vez Seti aún no ha elegido.

—¿Estaréis conmigo o contra mí? —preguntó Ramsés.

—¡Contigo hasta la muerte! —respondió Ameni.

Moisés sacudió la cabeza, afirmativamente.

—La pregunta tiene que ser meditada —estimó Acha—. Si advierto que tus posibilidades aumentan, dejaré poco a poco de creer en tu hermano mayor. En caso contrario, no apoyaré a un vencido.

Ameni cerró los puños.

—Merecerías...

—Quizá soy el más sincero de todos nosotros —manifestó el futuro diplomático.

—Eso me sorprendería —arguyó Setaú—; la única posición realista es la mía.

—¿La harás pública?

—Las hermosas palabras no me interesan; sólo cuentan los actos. Un futuro rey debe ser capaz de enfrentarse a las serpientes. Durante la próxima noche de luna llena, cuando todas hayan salido de sus madrigueras, llevaré a Ramsés a su encuentro. Entonces veremos si está a la altura de sus ambiciones.

—¡Niégate! —imploró Ameni.

—Acepto —dijo Ramsés.

El escándalo hizo temblar la venerable institución del Kap. Nunca, desde su fundación, los alumnos más brillantes de la promoción se habían permitido violar de aquel modo el reglamento interno. A regañadientes, Sary fue encargado por sus colegas de convocar a los cinco culpables e imponerles graves sanciones. Días antes de las vacaciones de verano, la tarea le parecía tanto más insuperable cuanto que acababan de serle atribuidos puestos a los cinco jóvenes, en cumplimiento de sus esfuerzos y de sus capacidades. Para ellos, la puerta del Kap se abría de par en par a la vida activa.

Ramsés jugaba con el perro, que pronto se había acostumbrado a las comidas compartidas con su amo. Al ayo, la loca carrera detrás de una pelota de trapo que lanzaba el príncipe le pareció interminable, pero su real alumno no admitía que interrumpieran las distracciones del animal, muy maltratado, según él, por su propietario anterior.

Agotado, con la lengua colgando, jadeante, *Vigilante* lengüeteó el agua de un bol de arcilla.

—Tu conducta, Ramsés, es censurable.

—¿Por qué motivo?

—Esa sórdida escapada...

—No exageres, Sary; ni siquiera estábamos borrachos.

—Escapada tanto más estúpida cuanto que tus compañeros habían terminado sus estudios.

Ramsés tomó al ayo por los hombros.

—¡Una buena noticia por tu parte! ¡Habla, de prisa!

—Las sanciones...

—¡Veremos eso más tarde! ¿Moisés?

—Nombrado intendente adjunto en el gran harén de Mer-Ur, en el Fayum (1); una responsabilidad muy pesada para hombros tan jóvenes.

(1) A unos cien kilómetros al sudoeste de El Cairo.

—Vapuleará a los viejos funcionarios envarados en sus privilegios. ¿Ameni?

—Entra en el despacho de los escribas de palacio.

—¡Perfecto! ¿Setaú?

—Recibirá el rollo de los curadores y encantadores de serpientes, y estará encargado de la cosecha del veneno para la preparación de medicamentos. A menos que unas sanciones...

—¿Y Acha?

—Después de haber perfeccionado sus conocimientos del libio, del sirio y del hitita, partirá para Biblos y allí ocupará su primer puesto de intérprete. ¡Pero todos estos nombramientos están bloqueados!

—¿Por quién?

—Por el administrador del Kap, los profesores y yo mismo. Vuestra conducta es inaceptable.

Ramsés reflexionó.

Si el asunto se enconaba, llegaría hasta el visir, luego a Seti. En verdad, ¡bonita manera de suscitar la cólera real!

—Sary, ¿acaso no hay que buscar la justicia en todas las cosas?

—Cierto.

—Por lo tanto, castiguemos al único culpable: a mí mismo.

—Pero...

—Fui yo quien organizó esa reunión, fijó el lugar de la cita y el que obligó a mis compañeros a obedecerme. Si hubiera tenido otro nombre, habrían rehusado.

—Es probable, pero...

—Anúnciales la buena noticia y acumula sobre mi cabeza los castigos previstos. Puesto que el asunto está arreglado, déjame darle un poco de alegría a este pobre perro.

Sary dio gracias a los dioses. Debido a la idea de Ramsés, salía airoso de una situación delicada. El príncipe, que contaba con pocas simpatías en las filas de los profesores, fue condenado a residir en los locales del Kap durante las fiestas de la inundación, profundizando sus conocimientos matemáticos y literarios, y a no frecuentar la cuadra. En el Año Nuevo, en julio, su hermano mayor se pavonearía al lado de Seti, cuando el faraón celebrara el renacimiento de la crecida. La ausencia de Ramsés probaría en gran medida su insignificancia.

Antes de este período de aislamiento, que únicamente el

perro amarillo oro alegraría, Ramsés fue autorizado a saludar a sus condiscípulos.

Ameni fue cálido y optimista. Destinado en Menfis, muy cerca de su amigo, pensaría cada día en él y encontraría el medio de hacerle llegar algún consuelo. En cuanto lo liberaran, el porvenir se anunciaría risueño.

Moisés se contentó con estrechar a Ramsés entre sus brazos. El alejamiento en Mer-Ur le parecía una prueba que debía afrontar de la mejor forma posible. Unos sueños le obsesionaban, pero hablaría de ellos más tarde, cuando su amigo hubiera salido de su gayola.

Acha fue frío y distante; agradeció al príncipe su actitud y le prometió devolverle el favor si la ocasión se presentaba, de lo cual dudaba; sus destinos no tenían muchas posibilidades de cruzarse.

Setaú recordó a Ramsés que le había invitado a reunirse con las serpientes y que una promesa era una promesa. Aprovecharía aquel enojoso contratiempo para elegir el lugar más favorable para la confrontación. No ocultó su satisfacción por poder ejercer su talento lejos de las ciudades y de estar cada día más en contacto con el verdadero poder.

Para sorpresa de su ayo, Ramsés aceptó sin vacilar la prueba de la soledad. En un período en el que los jóvenes de su edad gustaban de los placeres de la estación de la inundación, el príncipe se consagró a las matemáticas y a los viejos autores. Sólo se concedía algunos paseos por los jardines, en compañía de su perro. Las conversaciones con Sary trataron sobre los temas más austeros. Ramsés mostró una sorprendente capacidad de concentración, sumada a una memoria excepcional. En pocas semanas, el muchacho se había transformado en un hombre. Pronto el ex ayo no tendría mucho que enseñarle.

Ramsés había asumido este período de retiro forzoso con el mismo entusiasmo que un combate a puño limpio, en el que el adversario no era otro que él mismo. Desde su enfrentamiento con el toro salvaje, tenía ganas de luchar contra otro monstruo, el adolescente pretencioso que era, demasiado seguro de sí mismo, impaciente y desordenado. Tal vez este combate no fuera menos peligroso.

Constantemente, Ramsés pensaba en su padre.

Quizá no lo vería más, quizá debería contentarse con aquel recuerdo y con la imagen de un faraón que nadie podría igualar. Tras haber soltado el toro, le había permitido tomar las riendas del carro durante unos instantes. Luego, sin una palabra, se había adueñado de ellas. Ramsés no se había atrevido a preguntarle nada. Vivir cerca de él, aunque fuera unas horas, había sido un privilegio.

¿Convertirse en faraón? Esta pregunta ya no tenía mucho sentido. Se había acalorado, como era su costumbre, dejando vagar su imaginación.

Sin embargo, había pasado la prueba del toro, un viejo rito caído en desuso. Ahora bien, Seti no actuaba a la ligera.

Más que preguntarse en el vacío, Ramsés había decidido llenar sus lagunas y alzarse a la altura de su amigo Ameni. Cualquiera que fuera su futura función, la valentía y la fogosidad no bastarían para realizarla; Seti, como los demás faraones, había seguido el camino del escriba.

¡Y la loca idea lo obsesionaba de nuevo! Volvía como una ola, a pesar de sus esfuerzos por apartarla. No obstante, Sary le había informado que su nombre, en la corte, estaba casi olvidado; ya no contaba con muchos adversarios, puesto que se le sabía condenado a un exilio dorado en una capital de provincia.

Ramsés no contestaba, orientando la conversación hacia el triángulo sagrado que permitía construir la pared de un templo o sobre la regla de las proporciones necesarias para crear un edificio según la ley de Maat, la frágil y maravillosa diosa de la armonía y la verdad.

Él, que amaba tanto montar a caballo, nadar o luchar a mano limpia, olvidó la naturaleza y el mundo exterior, bajo la dirección de un Sary encantado de formar a un sabio; unos años más de perseverancia, ¡y el antiguo agitador se mostraría digno de los maestros de obra del pasado! La falta cometida por Ramsés y el castigo sufrido habían puesto al joven en el buen camino.

La víspera de su liberación, el príncipe cenó con Sary sobre el tejado de la sala de clases. Sentados sobre esteras, bebieron cerveza fresca y degustaron pescado seco y habas especiadas.

—Te felicito; tus progresos son notables.

—Queda un detalle: ¿qué puesto me han reservado?

El preceptor pareció molesto.

—Pues bien... deberás pensar en descansar, después de estos ímprobos esfuerzos.

—¿Qué significa esta evasiva?

—Es algo delicado, pero... un príncipe puede disfrutar de su posición.

—¿Cuál es mi futuro cargo, Sary?

El preceptor evitó la mirada de su discípulo.
—Por el momento, ninguno.
—¿Quién ha tomado esa decisión?
—Tu padre, el rey Seti.

5

—Una promesa es una promesa —declaró Setaú.

—¿Eres tú, de verdad eres tú?

Setaú había cambiado. Mal afeitado, sin peluca, vestido con una túnica de piel de antílope con múltiples bolsillos, no se parecía mucho al estudiante admitido en la mejor universidad del país. Si uno de los guardias de palacio no lo hubiera reconocido, habría sido expulsado sin contemplaciones.

—¿Qué ha sucedido?

—Ejerzo mi oficio y mantengo mi palabra.

—¿Dónde piensas llevarme?

—Ya lo verás... A menos que el miedo haga de ti un perjuro.

La mirada de Ramsés llameó.

—Vamos.

Encaramados en unos asnos, cruzaron la ciudad, salieron por el sur, bordearon un canal, luego se desviaron hacia el desierto, en dirección a una antigua necrópolis. Era la primera vez que Ramsés abandonaba el valle para entrar en un mundo inquietante, en el que la ley de los hombres no tenía vigencia.

—Esta noche habrá luna llena —precisó Setaú con ojos golosos—. Todas las serpientes irán a la cita.

Los asnos siguieron una pista que el príncipe habría sido incapaz de identificar; con paso seguro, y a buena marcha, penetraron en el cementerio abandonado.

A lo lejos, el azul del Nilo y el verde de los cultivos. Allí, la arena estéril hasta donde alcanzaba la vista, el silencio y el viento. Ramsés comprendió en su carne por qué las gentes del templo llamaban al desierto «la tierra roja de Seth», el dios de la tormenta y del fuego cósmico. Seth había quemado el suelo en aquellas soledades, pero también purificado a los humanos del tiempo y de la corrupción. Gracias a él habían podido construir moradas de eternidad en las que las momias no se pudrían.

Ramsés respiró el aire vivificante.

El faraón era el amo de aquella tierra roja, así como de la tierra negra, fértil y limosa, que daba a Egipto abundantes alimentos. Debía conocer sus secretos, utilizar su fuerza y dominar sus poderes.

—Si lo deseas, aún estás a tiempo de echarte atrás.

—Que la noche llegue rápido.

Una serpiente de lomo rojizo y vientre amarillo pasó junto a Ramsés y se ocultó entre dos piedras.

—Es inofensiva —indicó Setaú—; esta especie habita cerca de los monumentos abandonados. Habitualmente, durante el día, se refugia en el interior; sígueme.

Los dos jóvenes bajaron una pendiente empinada que terminaba en una tumba en ruinas. Ramsés vaciló antes de entrar en ella.

—No hay ninguna momia; el lugar es fresco y seco, ya verás. Ningún demonio te atacará.

Setaú encendió una lámpara de aceite.

Ramsés descubrió una especie de gruta, con el techo y los muros tallados de manera tosca. Probablemente el lugar nunca había sido ocupado. El encantador de serpientes había instalado varias mesas bajas sobre las cuales había una piedra de afilar, una navaja de bronce, un peine de madera, una cantimplora, tabletas de madera, una paleta de escriba y cantidad de potes llenos de ungüentos y pomadas. En unas jarras conservaba los ingredientes necesarios para la preparación de los medicamentos: asfalto, limaduras de cobre, óxido de plomo, almagre, alumbre, arcilla y numerosas plantas, entre ellas la nueza, el meliloto, el ricino y la valeriana.

La noche caía; el sol se volvía anaranjado; el desierto, una extensión dorada recorrida por velos de arena que el viento transportaba de una duna a otra.

—Desnúdate —ordenó Setaú.

Cuando el príncipe estuvo desnudo, su amigo lo untó con una mixtura a base de cebolla que él había triturado y diluido en agua.

—Las serpientes sienten horror por este olor —explicó—. ¿Qué función te han confiado?

—Ninguna.

—¿Un príncipe ocioso? ¡Una jugarreta más de tu ayo!

—No, es una orden de mi padre.

—Se diría que has fracasado en la prueba del toro.

Ramsés se negaba a esta evidencia; sin embargo, ella aclaraba su alejamiento.

—Olvida la corte, sus intrigas y sus golpes bajos; ven a trabajar conmigo. Las serpientes son enemigos terribles pero al menos no mienten.

Ramsés se sintió conmovido. ¿Por qué su padre no le había dicho la verdad? Así pues, se había burlado de él, sin dejarle la menor posibilidad de probar su valor.

—Ahora viene una verdadera prueba; para estar inmunizado, debes tomar un brebaje desagradable y peligroso, hecho a base de tubérculos de plantas urticantes. Aminora la circulación de la sangre, a veces hasta el punto de detenerla... Si vomitas, estás muerto. Esta experiencia no se la propondría a Ameni; tu robusta constitución debería soportarla. Luego, resistirás la mordedura de algunas serpientes.

—¿No de todas?

—Para las más grandes hay que inyectarse cada día una pequeña dosis de sangre de cobra diluida. Si te conviertes en un hombre del oficio, te beneficiarás de ese tratamiento de favor. Bebe.

El sabor era horrible.

El frío se insinuó en sus venas, Ramsés sintió las náuseas al borde de los labios.

—Resiste.

Vomitar el dolor que le roía, vomitar, tenderse y dormir...

Setaú tomó la muñeca de Ramsés.

—¡Resiste, abre los ojos!

El príncipe se recobró; Setaú nunca lo había vencido en la lucha. Su estómago se distendió, la sensación de frío se atenuó.

—Eres muy robusto, pero no tienes ninguna posibilidad de reinar.

—¿Por qué?

—Porque has confiado en mí; podría haberte envenenado.

—Tú eres mi amigo.

—¿Qué sabes tú?

—Lo sé.

—Yo sólo confío en las serpientes. Obedecen a su naturaleza y no la traicionan. Con los hombres es diferente. Se pasan la vida haciendo trampas y sacando provecho de sus timos.

—¿Tú también?

—Yo he abandonado la ciudad y vivo aquí.

—Si mi existencia hubiera estado en peligro, ¿no me habrías cuidado?

—Ponte esta túnica y salgamos, eres menos estúpido de lo que pareces.

En el desierto, Ramsés vivió una noche maravillosa. Ni las risas siniestras de las hienas, ni los ladridos de los chacales, ni los mil y un sonidos extraños procedentes de otro mundo turbaron su embeleso. La tierra roja de Seth era portadora de las voces de los resucitados, sustituía el encanto del valle por el poder del más allá.

El verdadero poder... ¿no lo había descubierto Setaú en la soledad encantada del desierto?

Alrededor de ellos, silbidos.

Setaú caminaba delante, golpeando el suelo con un largo bastón. Se dirigía hacia un montículo de piedras que el resplandor de la luna llena transformaba en castillo encantado. Siguiendo a su guía, Ramsés ya no pensaba en el peligro. En la cintura, el especialista llevaba amarrados unos saquitos que contenían medicamentos de primeros auxilios, en caso de mordedura.

Se detuvo al pie del montículo.

—Mi maestro vive aquí —manifestó Setaú—. Quizá no aparezca, pues no le gustan los extraños. Seamos pacientes y roguemos al invisible que nos conceda su presencia.

Setaú y Ramsés se sentaron como hacían los escribas. El príncipe se sentía ligero, casi aéreo, gustaba del aire del desierto como de una golosina. El cielo con miles de estrellas había sustituido los muros de la sala de clases.

Una forma elegante y sinuosa se destacó del centro del montículo. Una cobra negra, de un metro y medio de largo, con escamas brillantes, salió de su cubil y se enderezó, majestuosa. La luna la adornaba con un aura argentina, mientras su cabeza oscilaba, dispuesta al ataque.

Setaú se adelantó y la lengua de la cobra negra emitió un silbido. Con un ademán, el encantador de serpientes le indicó a Ramsés que se pusiera a su lado.

Intrigado, el reptil se balanceó; ¿a qué intruso atacaría primero?

Avanzando dos pasos, Setaú se colocó a sólo un metro de la cobra. Ramsés lo imitó.

—Tú eres la señora de la noche y fecundas la tierra para

que sea fértil —dijo Setaú con su voz más grave, muy lentamente, separando cada sílaba.

Repitió el encantamiento unas diez veces, y pidió a Ramsés que salmodiara a su vez. La música de las palabras pareció calmar a la serpiente. En dos ocasiones se adelantó para morder, pero se detuvo muy cerca del rostro de Setaú. Cuando éste posó la mano en la cabeza de la cobra, ésta se inmovilizó. Ramsés creyó ver un fulgor rojo en sus ojos.

—Tu turno, príncipe.

El joven tendió el brazo; el reptil se abalanzó sobre él.

Ramsés creyó sentir la mordedura, pero la boca no había vuelto a cerrarse, tanto le incomodaba el olor a cebolla del agresor.

—Pon tu mano sobre su cabeza.

Ramsés no tembló. La cobra pareció retroceder. Los dedos juntos tocaron la cabeza de la serpiente negra. Durante unos instantes, la señora de la noche se había sometido al hijo del rey.

Setaú tiró a Ramsés hacia atrás; el ataque de la cobra se perdió en el vacío.

—Exageras, amigo; ¿acaso olvidas que las fuerzas de las tinieblas jamás son vencidas? Una cobra, el ureus, corona la frente del faraón; si ella no te hubiera admitido, ¿qué habrías hecho?

Ramsés soltó el aliento y contempló las estrellas.

—Eres imprudente, pero tienes suerte; contra la mordedura de esta serpiente no existe antídoto alguno.

6

Ramsés se lanzó sobre la balsa formada por haces de tallos de papiro atados con cuerdecitas; frágil, el modesto flotador no resistiría la décima carrera de velocidad de aquel día, que el príncipe libraba contra un batallón de nadadores, excitados ante la idea de vencerle, sobre todo en presencia de un cortejo de muchachas que presenciaban la competición desde la orilla del canal. Con la esperanza de ganar, los jóvenes llevaban al cuello amuletos: uno, en forma de rana, otro, en forma de una pata de buey, otro, como un ojo protector; Ramsés estaba desnudo, no se ayudaba de ninguna magia, pero nadaba más de prisa que los demás.

La mayoría de los atletas eran alentados por la dama de sus pensamientos; el hijo menor de Seti no luchaba por nadie más que por sí mismo, con el fin de probarse que siempre podía ir más allá de sus fuerzas y alcanzar el primero la orilla.

Ramsés terminó la carrera con más de cinco cuerpos de ventaja sobre el segundo; no experimentaba la menor fatiga y habría continuado nadando durante horas. Despechados, sus adversarios lo felicitaron con indiferencia. Conocían el carácter arisco del joven príncipe, apartado para siempre de los caminos del poder y condenado a convertirse en un letrado ocioso que pronto residiría en el Gran Sur, lejos de Menfis y de la capital.

Una hermosa muchacha morena de quince años, ya una mujer, se acercó a él y le ofreció un trozo de tela.

—El viento es fresco, aquí tenéis con qué secaros.

—No lo necesito.

La muchacha era vivaz, con ojos de un verde picante, la nariz pequeña y recta, los labios finos y el mentón apenas marcado. Graciosa y refinada, llevaba un vestido de lino transparente, procedente de un taller de lujo. En la cinta de la frente lucía una flor de loto.

—Estáis equivocado; incluso los más robustos se resfrían.

—No conozco la enfermedad.

—Mi nombre es Iset; esta noche, con unas amigas, organizo una fiestecita. ¿Aceptaríais ser mi invitado?

—De ninguna manera.

—Si cambiáis de opinión, seréis bien venido.

Sonriente, se fue sin mirar atrás.

Sary, el preceptor, dormía a la sombra de un gran sicómoro plantado en el centro de su jardín. Ramsés iba y venía delante de su hermana Dolente, tendida en una tumbona. Ni hermosa ni fea, sólo se interesaba en su comodidad y en su bienestar; la posición social de su marido le permitía gozar de una existencia holgada, al abrigo de las preocupaciones diarias. Demasiado alta, perpetuamente cansada, con la piel grasienta, sobre la que aplicaba ungüentos a lo largo de los días, la hermana mayor de Ramsés se vanagloriaba de conocer bien los pequeños secretos de la alta sociedad.

—No me visitas muy a menudo, queridísimo hermano.

—Estoy muy ocupado.

—Los rumores dicen que estás más bien ocioso.

—Pregúntaselo a tu marido.

—No habrás venido por el placer de admirarme...

—Tengo necesidad de consejo, es verdad.

Dolente se sintió encantada; a Ramsés no le gustaba deber algo a los demás.

—Te escucho; si estoy de humor, te responderé.

—¿Conoces a una cierta Iset?

—Descríbemela.

El príncipe lo hizo.

—¡Iset la bella! Una temible provocadora. A pesar de su corta edad, son incontables sus pretendientes. Algunos la consideran como la mujer más bella de Menfis.

—¿Y sus padres?

—Notables ricos, pertenecientes a una familia introducida en palacio desde hace varias generaciones. ¿Iset la bella te ha atrapado en sus redes?

—Me ha invitado a una recepción.

—¡No estarás solo! Esa muchacha da una fiesta cada noche. ¿Sientes algo por ella?

—Me ha provocado...

—¿Dando el primer paso? ¡No seas mojigato, querido hermano! ¡A Iset la bella le has resultado de su gusto, eso es todo!

—No es una muchacha para...

—¿Y por qué no? Estamos en Egipto, no entre bárbaros atrasados. No te la aconsejo como esposa, pero...

—Cállate.

—¿No quieres saber más sobre Iset la bella?

—Gracias, hermana; ya no necesito tus buenos oficios.

—No te quedes mucho en Menfis.

—¿Por qué esta advertencia?

—Ya no eres nadie aquí. Si te quedas, te debilitarás como una flor que no se riega. En provincias te respetarán. No cuentes con llevar allí a Iset la bella, no le gustan los vencidos. He permitido que me digan que tu hermano, el futuro rey de Egipto, no es indiferente a sus encantos. Aléjate de ella rápido, Ramsés, si no tu pobre existencia corre al encuentro de graves peligros.

No era una recepción corriente. Varias muchachas de buena familia, alentadas por una coreógrafa profesional, habían decidido mostrar sus dotes mediante la danza. Ramsés había llegado tarde, no deseaba participar en el banquete. Sin querer, se encontró en primera fila de los espectadores.

Las doce bailarinas habían elegido desplegar su talento al borde de un amplio espejo de agua donde florecían lotos blancos y azules; antorchas colocadas en el extremo de largos mástiles iluminaban la escena.

Vestidas con una redecilla de perlas bajo una corta túnica, provistas de pelucas de tres hileras de trenzas, adornadas con collares largos y pulseras de lapislázuli, las muchachas esbozaban gestos lascivos; ágiles, bien coordinadas, se inclinaron hasta el suelo, tendieron los brazos hacia invisibles compañeros y los abrazaron. Sus movimientos eran de una lentitud deliciosa. Los espectadores contenían el aliento.

De repente, las bailarinas se quitaron la peluca, la túnica y la redecilla; con los cabellos recogidos en un moño y los senos desnudos, apenas vestidas con un corto taparrabo, golpearon el suelo con el pie derecho; luego, con una conjunción perfecta, realizaron un salto hacia atrás que provocó exclamaciones de pasmo. Curvándose e inclinándose con gracia, lograron otras acrobacias igualmente espectaculares.

Cuatro muchachas se destacaron del grupo, las otras cantaron y llevaron el ritmo golpeando con las manos. Las solistas, que conocían el antiguo adagio, imitaron los cuatro vientos procedentes de los puntos cardinales. Iset la bella encarnó el dulce viento norte que durante las tórridas noches permite respirar a los vivos. Eclipsó a sus compañeras, visiblemente satisfecha de captar todas las miradas.

Ramsés no resistió al hechizo. Sí, era magnífica y no tenía rival. Se servía de su cuerpo como de un instrumento que dominaba las melodías con una especie de desapego, como si se contemplara a sí misma, sin pudor. Por primera vez, Ramsés miraba a una mujer con el deseo de estrecharla en sus brazos.

Al terminar la danza, pasó entre las filas de espectadores y se sentó, apartado, en la esquina de un corral para asnos.

Iset la bella se había divertido provocándolo. Sabiendo que se casaría con su hermano, le asestaba un golpe fatal para hacerle sentir mejor su exclusión. Él, que había soñado con un gran destino, sufría humillación tras humillación. Tenía que salir de ese círculo infernal y desprenderse de los demonios que entorpecían sus pasos. ¿Ir a provincias? Bueno. Allí probaría su valor, de cualquier manera. De fracasar, se reuniría con Setaú y dominaría a las serpientes más peligrosas.

—¿Estáis preocupado?

Iset la bella se había acercado sin ruido y le sonreía.

—No, meditaba.

—Una meditación muy profunda... Todos los invitados se han ido, mis padres y los criados duermen.

Ramsés no había tenido conciencia del tiempo; molesto, se levantó.

—Perdonadme, dejo vuestra casa ahora mismo.

—¿Os ha dicho alguna mujer que sois hermoso y seductor?

Con los cabellos sueltos, los senos desnudos y un ardor turbador en el fondo de los ojos, le cerró el paso.

—¿No sois la prometida de mi hermano?

—¿El hijo de un rey hace caso de chismes? Amo a quien quiero, y no amo a tu hermano. Es a ti a quien deseo, aquí y ahora.

—Hijo de un rey... ¿Aún lo soy?

—Hazme el amor.

Juntos se desataron el taparrabo.

—Yo venero la belleza, Ramsés, y tú eres la belleza misma.

Las manos del príncipe se volvieron caricias, no concediendo ninguna iniciativa a la joven; quería dar y no tomar nada, ofrecer a su amante el fuego que se había apoderado de su ser. Conquistada, ella se abandonó en seguida; con un instinto de una increíble seguridad, Ramsés descubrió los lugares secretos de su placer y, a pesar de su fogosidad, se demoró con ternura.

Ella era virgen, como él. En medio de la dulzura de la noche, se ofrecieron el uno al otro, embriagados por un deseo que no dejaba de renovarse.

7

Vigilante estaba hambriento.

Con una lengua decidida, el perro amarillo oro lamió el rostro de su amo, que dormía desde hacía mucho rato. Ramsés se despertó sobresaltado, aún sumido en un sueño en el que estrechaba el cuerpo amoroso de una mujer con los senos semejantes a manzanas dulces, labios tiernos como caña de azúcar y piernas ágiles como plantas trepadoras.

Un sueño... ¡No, no era un sueño! Ella existía, se llamaba Iset la bella, se había entregado a él y le había hecho descubrir el placer.

Vigilante, indiferente a los recuerdos del príncipe, lanzó unos ladridos de desesperación. Ramsés comprendió finalmente la urgencia de la situación y lo condujo a las cocinas de palacio, donde comenzó a devorarlo todo. Una vez la escudilla vacía, lo llevó de paseo por los alrededores de las cuadras.

Allí estaban reunidos unos magníficos caballos, que gozaban de una higiene muy estricta y de un mantenimiento permanente. *Vigilante* desconfiaba de aquellos cuadrúpedos de altas patas, que a veces tenían reacciones inesperadas. Con prudencia, trotaba detrás de su amo.

Unos palafreneros se burlaban de un aprendiz que llevaba con dificultad un capazo lleno de estiércol. Uno de ellos le hizo la zancadilla y el desdichado soltó el capazo, cuyo contenido se desparramó frente a él.

—Recógelo —ordenó el verdugo, un cincuentón de rostro rudo.

El infeliz se volvió y Ramsés lo reconoció.

—¡Ameni!

El príncipe saltó, empujó al palafrenero y levantó a su amigo, que estaba temblando.

—¿Por qué estás aquí?

Acongojado, el muchacho farfulló una respuesta incomprensible. Una mano rencorosa se posó en el hombro de Ramsés.

—Di pues, tú... ¿Quién eres para permitirte molestarnos?

Con un codazo en el pecho, Ramsés apartó al preguntón, que cayó hacia atrás. Furioso por haber sido ridiculizado, con los labios torcidos en un rictus, se dirigió a sus compañeros.

—Vamos a enseñarles educación a estos dos chiquillos insolentes...

El perro amarillo oro ladró y mostró los dientes.

—Corre —ordenó Ramsés a Ameni.

El escriba fue incapaz de moverse.

Uno contra seis. Ramsés no tenía ninguna posibilidad de ganar. Mientras los palafreneros estuvieran persuadidos de ello, él conservaría una minúscula posibilidad de salir de aquel avispero. El más corpulento se lanzó sobre él. Su puño sólo golpeó el vacío y, sin comprender lo que le sucedía, fue levantado en vilo y cayó pesadamente sobre la espalda. Dos de sus compañeros corrieron la misma suerte.

Ramsés se felicitó por haber sido un alumno asiduo y concienzudo de la escuela de lucha; aquellos hombres, que sólo contaban con la fuerza bruta y querían ganar demasiado de prisa, no sabían pelear. *Vigilante*, mordiendo las pantorrillas del cuarto hombre y apartándose lo bastante rápido para no recibir algún golpe, participaba en el combate. Ameni había cerrado los ojos, por donde asomaban unas lágrimas.

Los palafreneros se reagruparon, vacilantes; sólo el hijo de un noble podía conocer aquellas llaves de lucha.

—¿De dónde eres?

—¿Tenéis miedo, seis contra uno?

El más furioso blandió un cuchillo, riendo.

—Tienes una hermosa boquita, pero un accidente va a desfigurarte.

Ramsés no había luchado nunca contra un hombre armado.

—Un accidente, con testigos... e incluso el pequeño estará de acuerdo con nosotros en salvar la piel.

El príncipe conservó los ojos fijos en el cuchillo de hoja corta. El palafrenero se divertía trazando círculos para asustarlo. Ramsés no se movió, dejando al hombre girar a su alrededor; el perro quiso defender a su dueño.

—¡Quieto, *Vigilante*!

—Muy bien, quieres a este horrible animal... Es tan feo que no merece vivir.

—Ataca primero al que es más fuerte que tú.
—¡Eres muy pretencioso!
La hoja rozó la mejilla de Ramsés; de un puntapié en la muñeca, intentó desarmar al palafrenero, pero solamente lo rozó.
—Eres duro de pelar... ¡pero estás solo!
Los demás sacaron sus cuchillos.
Ramsés no sintió ningún miedo. Lo invadió una fuerza desconocida hasta entonces, un furor contra la injusticia y la cobardía.
Antes de que sus adversarios se organizaran, golpeó a dos de ellos y los derribó, evitando las hojas vengativas.
—¡Basta, compañeros! —gritó un palafrenero.
Una silla de manos acababa de franquear el porche de las cuadras. Su esplendor probaba suficientemente el rango de quien la ocupaba; con la espalda apoyada contra un alto respaldo, los pies sobre un taburete, los codos sobre los brazos de la silla y la cabeza protegida por una sombrilla, el gran personaje se enjugaba la frente con una tela perfumada. De unos veinte años, con el rostro redondo, casi lunar, las mejillas rollizas, unos pequeños ojos marrones y los labios gruesos y golosos, el noble, bien alimentado y ajeno a cualquier ejercicio físico, pesaba mucho sobre los hombros de los doce porteadores, bien remunerados a cambio de su celeridad.
Los palafreneros se fueron. Ramsés hizo frente al que llegaba, mientras el perro lamía la pierna de Ameni a fin de tranquilizarlo.
—¡Ramsés! Todavía en las cuadras... En verdad, los animales son tu mejor compañía.
—¿Qué viene a hacer mi hermano Chenar a estos lugares de mala fama?
—Inspecciono, como el faraón me ha pedido que haga. Un futuro rey no debe ignorar nada de su reino.
—Es el cielo quien te envía.
—¿Tú crees?
—¿Dudarías en reparar una injusticia?
—¿De qué se trata?
—De este joven escriba, Ameni. Ha sido arrastrado aquí a la fuerza por seis palafreneros y martirizado.
Chenar sonrió.
—Mi pobre Ramsés, ¡estás muy mal informado! ¿Acaso tu joven amigo te ha ocultado la sanción que le afecta?

El príncipe se volvió hacia Ameni, incapaz de hablar.

—Este escriba novato ha pretendido corregir el error de un superior que en seguida se ha quejado de tanta arrogancia. He estimado que una estancia en las cuadras le haría un gran bien a este pequeño jactancioso. Transportar estiércol y forraje le encorvará el espinazo.

—Ameni no tendrá fuerzas para ello.

Chenar ordenó a los porteadores posar la silla en el suelo. Su portasandalias dispuso en seguida un escabel, calzó los pies de su amo y lo ayudó a bajar.

—Caminemos —exigió Chenar—; debo hablarte en privado.

Ramsés dejó a Ameni al cuidado de *Vigilante*.

Los dos hermanos dieron unos pasos por un corredor enlosado, al resguardo del sol, que Chenar, de piel muy blanca, detestaba.

¿Cómo imaginar a dos hombres más distintos? Chenar era pequeño, rechoncho, relleno, y ya parecía un notable demasiado cebado con buenas carnes. Ramsés era alto, ágil y musculoso, en el esplendor de una juventud triunfante. La voz del primero era untuosa y titubeante, la del segundo, grave y clara. Entre ellos no había ningún punto en común excepto el hecho de ser hijos del faraón.

—Anula tu decisión —exigió Ramsés.

—Olvida a ese aborto y abordemos los problemas serios; ¿no debías abandonar pronto la capital?

—Nadie me lo ha pedido.

—Pues bien, está hecho.

—¿Por qué debería obedecerte?

—¿Olvidas mi posición y la tuya?

—¿Debo alegrarme de que seamos hermanos?

—No juegues al astuto conmigo y conténtate con correr, nadar y ponerte fuerte. Un día, si mi padre y yo queremos, tal vez tengas un puesto en el ejército activo; defender nuestro país es una noble causa. Para un muchacho como tú, la atmósfera de Menfis es nociva.

—En estas últimas semanas empezaba a acostumbrarme.

—No inicies una lucha inútil y no me obligues a provocar una intervención brutal de nuestro padre. Prepara tu partida sin escándalo y desaparece del mismo modo. Dentro de dos o tres semanas te indicaré tu destino.

—¿Y Ameni?

—Ya te dije que olvidaras a tu miserable pequeño espía, y me horroriza repetirme. Un último punto: no intentes volver a ver a Iset la bella. Has olvidado que desprecia a los vencidos.

8

Las audiencias de la reina Tuya habían sido agotadoras. En ausencia de su marido, que había partido a inspeccionar las líneas de defensa de la frontera nordeste, había recibido al visir, al director del Tesoro, a dos jefes de provincia y a un escriba de los archivos. Muchos problemas urgentes que resolver al instante, intentando evitar los desaciertos.

Seti estaba cada vez más preocupado por la agitación permanente de las pequeñas comunidades de Asia y de Siria-Palestina, que los hititas (1) alentaban a sublevarse. Normalmente, una visita protocolaria del faraón bastaba para calmar a unos reyezuelos parcos en palabras.

Hija de un oficial de carros, Tuya no pertenecía ni a una estirpe real ni a una noble ascendencia, pero se había impuesto rápidamente en la corte y en el país por sus cualidades. Tenía una elegancia natural: el cuerpo muy delgado, el rostro con grandes ojos almendrados, severos y penetrantes. Una nariz fina y recta le confería un porte altivo. Como su esposo, imponía respeto y no toleraba ninguna familiaridad. La brillantez de la corte de Egipto era su preocupación esencial; del ejercicio de sus responsabilidades dependía la grandeza del país y el bienestar de su pueblo.

Ante la idea de recibir a Ramsés, su hijo preferido, la fatiga se evaporó. Aunque había elegido el jardín del palacio como marco para la entrevista, había conservado su largo vestido de lino con ribete de oro, una capa corta plisada sobre los hombros, un collar de amatistas de seis vueltas y una peluca con mechones ensortijados, paralelos y del mismo grosor, que le ocultaban las orejas y la nuca. ¡Cuánto le gustaba pasearse en-

(1) El pueblo hitita habitaba en la actual Turquía.

tre las acacias, los sauces y los granados, al pie de los cuales crecían acianos, margaritas silvestres y espuelas de caballero! No hay más bella creación divina que un jardín, donde todas las criaturas vegetales entonaban, a lo largo de las estaciones, la alabanza de Dios. Día y noche, Tuya se concedía unos minutos de ensueño en aquel paraíso antes de preocuparse de los deberes de su cargo.

Cuando Ramsés se dirigió hacia ella, la reina se sorprendió. En unos meses, el muchacho se había convertido en un hombre de una belleza notable. Al verlo se imponía una sensación: la de poder. Por supuesto aún le quedaban trazas de la adolescencia, en el porte o en las actitudes, pero la indolencia del niño había desaparecido.

Ramsés se inclinó ante su madre.

—¿El protocolo te impediría besarme?

La estrechó unos instantes en sus brazos; ¡cuán frágil le pareció!

—¿Te acuerdas del sicómoro que plantaste cuando tenías tres años? Ven a admirarlo, está maravilloso.

Tuya supo muy pronto que no lograría calmar la cólera sorda de su hijo; aquel jardín, en el que había pasado numerosas horas cuidando los árboles, se le había vuelto extraño.

—Has sufrido una dura prueba.

—¿El toro salvaje o la soledad del último verano? En el fondo, poco importa, puesto que el coraje es ineficaz ante la injusticia.

—¿Tienes alguna queja?

—Mi amigo Ameni ha sido acusado injustamente de insubordinación y de injurias a un superior. Debido a la intervención de mi hermano, ha sido despedido del despacho de escriba en el que trabajaba y condenado a penosos trabajos en las cuadras. No tiene fuerzas para ello. Este castigo inicuo lo matará.

—Son acusaciones graves. Sabes que no me gustan los chismes.

—Ameni no me ha mentido; es un ser recto y puro. ¿Debe morir sólo porque es mi amigo y ha suscitado el odio de Chenar?

—¿Detestas a tu hermano mayor?

—Nos ignoramos.

—Él te teme.

—Me ha invitado expeditamente a abandonar Menfis lo antes posible.

—¿No lo has provocado convirtiéndote en amante de Iset la bella?

Ramsés no disimuló su sorpresa.

—Ya lo sabes...

—¿No es mi deber?

—¿Acaso soy espiado permanentemente?

—Por un lado, eres hijo del rey; por otro, Iset la bella es algo parlanchina.

—¿Por qué se jactaría de haber ofrecido su virginidad a un vencido?

—Sin duda porque cree en ti.

—Una simple aventura para burlarse de mi hermano.

—No estoy tan segura de ello; ¿la amas, Ramsés?

El joven dudó.

—Amo su cuerpo, deseo volver a verla, pero...

—¿Piensas casarte con ella?

—¡Casarme con ella!

—Está en el orden de las cosas, hijo mío.

—No, todavía no...

—Iset la bella es una persona muy testaruda; puesto que te ha elegido, no renunciará tan pronto.

—¿Mi hermano no es mejor partido?

—No parece que ésa sea su opinión.

—¡A menos que haya decidido seducirnos a los dos!

—¿Piensas que una joven podría ser tan astuta?

—Después de las desdichas de Ameni, ¿cómo tenerle confianza a alguien?

—¿Ya no soy digna de la tuya?

Ramsés tomó la mano derecha de su madre.

—Sé que jamás me traicionarás.

—Existe una posible solución, en lo que concierne a Ameni.

—¿Cuál?

—Conviértete en escriba real; podrás elegir a tu secretario.

Con una obstinación que provocaba la admiración de Ramsés, Ameni resistía, a pesar de los esfuerzos físicos que se le imponían. Temiendo una nueva intervención del hijo de Seti, cuya identidad habían descubierto, los palafreneros ya no lo torturaban. Uno de ellos, arrepentido, cargaba menos los capazos y a menudo prestaba ayuda al frágil muchacho, que, no obstante, se debilitaba día tras día.

Cuando Ramsés se presentó al concurso de escriba real, no estaba preparado. El examen tenía lugar en el patio contiguo a los despachos del visir; los carpinteros habían levantado columnitas de madera, y tendieron telas para proteger del sol a los participantes.

Ramsés no gozaba de ningún privilegio. Ni su padre ni su madre habrían podido intervenir en su favor, so pena de violar la ley de Maat. Ameni se habría presentado a este concurso tarde o temprano; Ramsés no poseía ni sus conocimientos ni su talento. Pero lucharía por él.

Un viejo escriba, apoyándose en un bastón, arengó a los cincuenta jóvenes que esperaban obtener los dos puestos de escriba real ofrecidos por la administración.

—Habéis estudiado con el fin de obtener un cargo que os permitirá ejercer un poder. Pero ¿sabéis cómo comportaros? ¡Tened las ropas limpias, las sandalias inmaculadas, velad sobre vuestro rollo de papiro y desterrad la pereza! Que vuestra mano escriba sin vacilación, que vuestra boca profiera las palabras justas, no os canséis de estudiar y estudiar cada vez más, obedeced las órdenes de vuestros superiores y tened un solo ideal: practicar correctamente vuestro oficio, ser útil a los demás. No seáis indisciplinados; un mono entiende lo que se le dice, un león puede ser amaestrado, pero nadie es más estúpido que un escriba disipado. Contra la ociosidad, un único remedio: ¡el bastón! Éste abre los oídos que están en la espalda y coloca las ideas en su lugar. Ahora, a trabajar.

Se les dio a los candidatos una paleta de madera de sicómoro cubierta con una fina capa de yeso endurecido; en el centro, una cavidad que contenía las cañas que servían para escribir. Cada cual diluyó los panes de tinta roja y negra en un poco de agua e imploró al gran sabio Imhotep, patrón de los escribas, vertiendo unas gotas de tinta en su memoria.

Durante varias horas fue necesario copiar inscripciones, responder a preguntas de gramática y de vocabulario, resolver problemas de matemáticas y de geometría, redactar un modelo de carta, recopiar a los clásicos. Varios candidatos abandonaron; otros carecían de concentración. Llegó la última prueba, en forma de enigmas.

En el cuarto, Ramsés tropezó: ¿cómo transformaría el escriba la muerte en vida? ¡No se imaginaba que un letrado dispusiera de semejante poder! No se le ocurrió ninguna respuesta satisfactoria. Este lapsus, añadido a inevitables errores de detalle, podían eliminarle. Su empeño fue inútil; no daba con la solución.

No obstante, si fracasaba, no abandonaría a Ameni. Lo llevaría al desierto, junto a Setaú y sus serpientes; más valía arriesgarse a la muerte a cada instante que sobrevivir como un prisionero.

Un babuino bajó de una palmera y se introdujo en la sala de exámenes; los vigilantes no tuvieron tiempo de intervenir. Saltó sobre los hombros de Ramsés, que permaneció impasible. El mono murmuró unas palabras al oído del joven y desapareció como había venido.

Durante unos instantes, el hijo del rey y el animal sagrado del dios Thot, el creador de los jeroglíficos, habían formado un solo ser; sus pensamientos se habían unido, el espíritu de uno había guiado la mano del otro.

Ramsés leyó la respuesta que le había sido dictada: el raspador de fina arenisca, con el que el escriba sacaba la capa de yeso sobre la que había escrito a fin de sustituirla por una nueva capa, le permitía hacer que la paleta pasara de la muerte a la vida, dejándola de nuevo utilizable, como nueva.

Ameni sufría tanto que ya no lograba levantar el capazo. Sus huesos estaban a punto de romperse y la nuca y el cuello más tiesos que una rama seca. Incluso si se le pegaba, no tendría fuerzas para avanzar. ¡Qué cruel se mostraba la suerte! Leer, escribir, trazar jeroglíficos, escuchar las palabras de los sabios, recopiar los textos que había creado la civilización... ¡Qué maravilloso porvenir había imaginado! Por última vez, intentó desplazar la carga.

Una mano poderosa se encargó de ello.

—¡Ramsés!

—¿Qué piensas de este objeto?

El príncipe mostró a su amigo un portapinceles de madera dorada, en forma de columna coronada con un lirio de cabeza cónica, que servía para pulir una inscripción.

—¡Es magnífico!

—Será tuyo si descifras la inscripción.

—«Que el babuino de Thot proteja al escriba real...» ¡No tiene ninguna dificultad!

—Yo, Ramsés, como escriba real, te tomo como secretario particular.

9

La choza de cañas, construida junto a un campo de trigo, estaba abandonada por la noche, por lo que Iset la bella y Ramsés ocultaban en ella sus amores, bajo la protección de *Vigilante*, dispuesto a alejar a cualquier inoportuno.

La sensualidad de los jóvenes armonizaba a las mil maravillas; inventivos, apasionados, inagotables, se ofrecían horas de gozo sin intercambiar una palabra.

Aquella noche, Iset la bella, lánguida y satisfecha, con la cabeza apoyada en el pecho de su amante, canturreaba.

—¿Por qué estás conmigo? —quiso saber Ramsés.

—Porque te has convertido en escriba real.

—Una persona de tu condición ¿no ambiciona un matrimonio mejor?

—Compartir la existencia de un hijo de Seti... ¿qué puede haber mejor?

—Casarse con el futuro faraón.

La joven hizo una mueca.

—Pensé en ello... Pero no me gusta: está demasiado gordo, demasiado pesado, es demasiado astuto. Ser tocada por él me repugna, y por ello he decidido amarte.

—¿Que lo has decidido?

—Cada ser humano posee una fuerza para el amor; unos se dejan seducir, otros seducen. Yo no me convertiré en el juguete de un hombre, aunque sea el rey. Te he elegido, Ramsés, y tú me eligirás, pues somos de la misma raza.

Aún febril por la noche apasionada vivida en los brazos de su amante, Ramsés cruzaba el jardín de su lugar de trabajo, cuando Ameni salió de su despacho, que daba a un macizo de iris, y le cerró el paso.

—¡Debo hablarte!
—Tengo sueño... ¿Puedes esperar?
—¡No, no! Es muy importante.
—En ese caso, dame de beber.
—Leche, pan fresco, dátiles y miel: el desayuno principesco está preparado. Antes, el escriba real Ramsés debe saber que está invitado, en compañía de sus colegas, a una recepción en palacio.
—Quieres decir... ¿en casa de mi padre?
—Sólo existe un Seti.
—En palacio, ¡como invitado! ¿Es una de tus bromas de mal gusto?
—Comunicarte las noticias importantes forma parte de mis funciones.
—En palacio...
Ramsés soñaba con encontrarse de nuevo con su padre; como escriba real, sin duda tendría derecho a una corta entrevista. ¿Qué decirle? Sublevarse, pedir explicaciones, protestar contra su actitud, saber lo que exigía de él, preguntarle qué suerte le reservaba... Tenía tiempo para reflexionar.
—Hay otra novedad, menos buena.
—Explícate.
—De los panes de tinta negra que me entregaron ayer, dos son de muy mala calidad. Tengo la manía de probarlos antes de utilizarlos, y no lo lamento.
—¿Tan dramático es eso?
—¡El error es grave! Tengo intención de investigar en tu nombre. Un escriba real no puede aceptar semejantes prácticas.
—Como quieras; ¿puedo dormir un poco?

Sary felicitó a su antiguo alumno. En lo sucesivo, Ramsés ya no necesitaría a un preceptor que reconoció no haberlo preparado para el difícil concurso de escriba real. Este éxito del alumno, no obstante, había sido en parte atribuido al maestro. También había sido nombrado administrador del Kap, nombramiento que le garantizaba una carrera apacible.
—Me has sorprendido, lo confieso; pero no te embriagues con este éxito. Te ha permitido reparar una injusticia y salvar a Ameni, ¿no es suficiente?
—No te comprendo.
—He cumplido la misión que me habías encomendado:

identificar a tus amigos y a tus enemigos. En la primera categoría, sólo veo a tu secretario. Tu golpe de efecto ha suscitado envidias, pero poco importa: lo esencial es abandonar Menfis y establecerte en el Sur.

—¿No será mi hermano quien te envía?

Sary pareció contrariado.

—No imagines oscuras maquinaciones... Pero no vayas a palacio. Esa recepción no te interesa.

—Soy escriba real.

—Créeme, tu presencia no es ni deseada ni deseable.

—¿Y si me empeño?

—Seguirás siendo escriba real... pero sin destino. No te opongas a Chenar o causarás tu desgracia.

Mil seiscientos sacos de trigo y otros tantos de harina habían sido llevados al palacio real con el fin de preparar miles de pasteles y panecillos de diversas formas, cuya degustación se acompañaría de cerveza dulce y vino de los oasis. Gracias a la diligencia del copero real, los invitados a la recepción en honor de los escribas reales saborearían las obras maestras de los pasteleros y panaderos en cuanto apareciera la primera estrella en el cielo nocturno.

Ramsés fue de los primeros en presentarse ante la gran puerta abierta del recinto, que vigilaba día y noche la guardia privada del faraón. Aunque los soldados reconocieron al hijo menor de Seti, examinaron su diploma de escriba real antes de dejarlo entrar en el amplio jardín plantado con centenares de árboles, entre ellos viejas acacias que se reflejaban en el agua de un lago. Aquí y allá estaban dispuestas mesas provistas de cestas con pasteles, panes y frutas, y cubiertas de arreglos florales. Los escanciadores vertían vino y cerveza en copas de alabastro.

El príncipe sólo tenía ojos para el edificio central en el que se encontraban las salas de audiencia, con los muros revestidos de cerámica barnizada cuyos colores tornasolados maravillaban a los visitantes; antes de convertirse en interno del Kap, había jugado en los apartamentos reales e incluso se había aventurado por los escalones de la sala del trono, no sin haber sido reprendido por su nodriza, que lo había amamantado hasta pasados los tres años. Se acordaba del sitial del faraón, colocado sobre un zócalo que simbolizaba la rectitud de Maat.

Ramsés creyó que el monarca recibiría a los escribas en el interior, pero tuvo que rendirse a la evidencia: Seti se limitaría a aparecer en la ventana del palacio que daba sobre un gran patio donde ellos estarían reunidos, y pronunciaría un breve discurso destinado a precisarles, una vez más, la amplitud de sus deberes y sus responsabilidades.

¿Cómo, en esas condiciones, hablarle cara a cara? A veces, el rey se mezclaba unos instantes entre sus súbditos y felicitaba personalmente a los más brillantes de entre ellos. Ahora bien, Ramsés, autor de un trabajo sin faltas, había resuelto, sólo él, el enigma de la paleta resucitada; se preparó pues a afrontar a su padre, y a protestar contra su silencio. Si debía abandonar Menfis y encerrarse en una oscura función de escriba provinciano, quería recibir la orden del faraón, no de nadie más.

Los escribas reales, sus familias y mucha gente mundana que no se perdía ninguna recepción de la calidad de aquélla, bebían, comían y charlaban. Ramsés probó el vino elaborado en los oasis, luego la fuerte cerveza. Vaciando su copa, divisó a una pareja sentada en un banco de piedra al abrigo de un cenador.

Una pareja formada por su hermano Chenar e Iset la bella.

Ramsés se acercó raudo.

—¿No crees, hermosa Iset, que tendrías que hacer una elección definitiva?

La joven se sobresaltó, Chenar conservó la calma.

—Eres muy descortés, querido hermano; ¿acaso no tengo derecho a conversar con una dama de calidad?

—¿Lo es de verdad?

—No seas grosero.

Con las mejillas ardiendo, Iset la bella huyó, dejando a los dos hermanos frente a frente.

—Te vuelves insoportable, Ramsés; tu lugar ya no está aquí.

—¿No soy escriba real?

—¡Una fanfarronería más! No tendrás ningún puesto sin mi conformidad.

—Tu amigo Sary me lo ha advertido.

—Mi amigo... ¡El tuyo, más bien! Ha intentado evitarte un nuevo paso en falso.

—No te acerques a esa mujer.

—Te atreves a amenazarme, ¡a mí!

—Si a tus ojos no soy nada, ¿qué tengo que perder?

Chenar cortó la disputa; su voz se volvió untuosa.

—Tienes razón; es bueno que una mujer sea fiel. Dejemos que ella decida, ¿quieres?

—Acepto.

—Diviértete, ya que estás aquí.

—¿En qué momento hablará el rey?

—¡Ah... no estás al corriente! El faraón está en el norte; me ha encargado felicitar a los escribas reales en su nombre. Tu éxito merece la recompensa prevista: una cacería en el desierto.

Chenar se alejó.

Despechado, Ramsés vació de un trago una copa de vino. Así pues, ya no volvería a ver a su padre; Chenar lo había provocado para humillarlo mejor. Bebiendo más de lo razonable, el príncipe rehusó mezclarse con los pequeños grupos, cuyas fútiles conversaciones lo irritaban. Con el espíritu entristecido, tropezó con un elegante escriba.

—¡Ramsés! ¡Qué alegría volver a verte!

—Acha... ¿aún en Menfis?

—Parto pasado mañana hacia el norte. ¿No conoces la gran noticia? La guerra de Troya ha evolucionado decisivamente. Los bárbaros griegos no han renunciado a apoderarse de la ciudad de Priam, y se murmura que Aquiles ha matado a Héctor. Mi primera misión al lado de los enviados veteranos será confirmar o negar estos hechos. Y tú... ¿pronto a cargo de una gran administración?

—Lo ignoro.

—Tu reciente éxito suscita elogios y envidias.

—Ya me acostumbraré.

—¿No tienes ganas de partir al extranjero? ¡Ah, perdóname! Olvidaba tu próximo matrimonio. No asistiré a él, pero estaré de todo corazón contigo.

Un embajador tomó a Acha por el brazo y lo llevó aparte; la misión del diplomático en ciernes ya había empezado.

Ramsés sintió que lo embargaba una embriaguez malsana; parecía un remo roto, una mansión cuyos muros se tambaleaban. Rabioso, lanzó la copa a lo lejos, jurándose que no zozobraría nunca más en aquella decadencia.

10

Los numerosos cazadores salieron al alba hacia el desierto del oeste. Ramsés había confiado su perro a Ameni, decidido éste a dilucidar el enigma de los panes de tinta defectuosos. Durante el día, interrogaría a los responsables de la producción con el fin de encontrar una pista que condujese hasta el autor del error.

Chenar, desde lo alto de su silla de manos, había saludado la salida de la cacería en la que no participaba, contentándose con pedir el favor de los dioses para los valientes hombres, encargados de traer las piezas cobradas.

Formando parte del equipo, a bordo de un carro ligero conducido por un antiguo soldado, Ramsés volvió a encontrar el desierto con alegría. Íbex, búbalos, oryx, leopardos, leones, panteras, ciervos, avestruces, gacelas, hienas, liebres, zorros... Una fauna variada vivía en él, temerosos tan sólo de los asaltos organizados del hombre.

El montero mayor no había dejado nada al azar. Perros bien entrenados seguían los carros, algunos de los cuales estaban cargados de provisiones y de jarras que contenían agua fresca. Incluso se habían previsto tiendas en el caso de que la persecución de una hermosa pieza se prolongara hasta la noche. Los cazadores disponían de lazos, arcos nuevos y una gran cantidad de flechas.

—¿Qué prefieres? —preguntó el conductor del carro—: ¿matar o capturar?

—Capturar —respondió Ramsés.

—Entonces, tú te servirás del lazo y yo del arco. Matar es una necesidad para sobrevivir; nadie escapa a ella. Sé quien eres, hijo de Seti; pero ante el peligro, somos iguales.

—No es verdad.

—¿Te crees superior hasta ese punto?

—Eres tú quien lo es, debido a tu experiencia. Para mí, es la primera cacería.

El veterano se encogió de hombros.

—Basta de discursos. Observa y adviérteme si distingues una presa.

Ni un aterrado zorro ni un jerbo llamaron la atención del veterano, que los abandonó a los demás equipos; pronto, el grupo compacto de cazadores se dispersó.

El príncipe divisó una manada de gacelas.

—¡Magnífico! —exclamó su compañero, lanzándose en su persecución.

Tres de ellas, viejas o enfermas, se separaron de sus congéneres y se introdujeron en el lecho de un uadi que serpenteaba entre dos paredes rocosas.

El carro se inmovilizó.

—Hay que caminar.

—¿Por qué?

—El suelo es demasiado irregular, las ruedas se romperían.

—¡Pero las gacelas se distanciarán de nosotros!

—No lo creas; conozco este lugar. Se refugiarán en una gruta donde las abatiremos fácilmente.

Caminaron pues, durante más de tres horas, con la mente puesta en la meta, indiferentes al peso de las armas y de las provisiones. Cuando el calor se hizo demasiado intenso, se detuvieron a la sombra de una bancada de piedra, sobre la cual crecían plantas grasas, y comieron.

—¿Estás cansado?

—No.

—Entonces tienes sentido del desierto. Éste te corta las piernas o te da una energía que se renueva al contacto con la arena ardiente.

Pedazos de roca estallaban, rodaban por las paredes y caían en el cascajo que ocupaba el fondo del seco torrente. ¿Cómo imaginar, en el corazón de aquella tierra roja y estéril, que existía un río nutricio, árboles y campos cultivados? El desierto era el otro mundo enquistado en el corazón de los humanos. Ramsés sintió la precariedad de su existencia y, al mismo tiempo, el poder que podían transmitir los elementos al alma del silencioso. Dios había creado el desierto para que el hombre callara y pudiera oír la voz del fuego secreto.

El veterano verificó las flechas provistas de una punta de sílex; dos aletas de borde redondeado servían de contrapeso en el extremo de la ranura.

—No son las mejores, pero nos contentaremos con ellas.
—¿La gruta está muy lejos?
—A una hora, aproximadamente; ¿deseas regresar?
—En marcha.
Ni serpiente ni escorpión... ningún ser vivo parecía habitar aquella desolación. Sin duda se enterraban en la arena o bajo las rocas, esperando el frescor de la noche para salir.
—Me duele la pierna izquierda —se lamentó el compañero de Ramsés—; una vieja herida que despierta. Más valdría pararnos para descansar.
Cuando cayó la noche, el hombre seguía sufriendo.
—Duerme —le recomendó a Ramsés—; el dolor me mantendrá despierto. Si me vence el sueño, te avisaré.

Primero fue una caricia, luego, muy de prisa, una quemadura. El sol sólo concedía al alba una breve ternura: cuando salía vencedor de su combate contra las tinieblas y el dragón devorador de vida, manifestaba su victoria con tal poder que los humanos debían ponerse al abrigo.
Ramsés se despertó.
Su compañero había desaparecido. El príncipe estaba solo, sin víveres y sin armas, a varias horas de marcha del lugar donde los cazadores se habían dispersado. En seguida se puso en camino, con paso regular, a fin de no derrochar las fuerzas.
El hombre lo había abandonado con la esperanza de que no sobreviviría a aquella marcha forzada. ¿A quién obedecía, quién era el instigador de aquella trampa que transformaría un asesinato premeditado en accidente de caza? Todos conocían la fogosidad del joven. Lanzándose a la persecución de una presa, Ramsés habría olvidado toda prudencia y se habría perdido en el desierto.
Chenar... Sólo podía ser Chenar, ¡pérfido y rencoroso! Ya que su hermano se había negado a abandonar Menfis, lo enviaba a la orilla de la muerte. Con la rabia en el vientre, Ramsés rehusó aceptar su destino. Recordando perfectamente el camino recorrido, avanzó con la obstinación de un conquistador.
Una gacela huyó ante él, seguida luego por un íbex de cuernos retorcidos que miró largamente al intruso antes de escapar. ¿Su presencia implicaba la proximidad de un lugar con agua que el compañero del príncipe no le había señalado? O seguía por el mismo trayecto, exponiéndose a morir de sed, o confiaba en los animales.

El príncipe optó por la segunda solución.

Cuando divisó unos íbex, gacelas y oryx y, a lo lejos, una cuasia de unos diez metros de alto, prometió obedecer siempre a su instinto. El árbol, con abundantes ramas y corteza gris, estaba engalanado con pequeñas flores perfumadas, de color amarillo verde, y proporcionaba un fruto comestible, de carne suave y azucarada, de forma ovoide, pudiendo alcanzar cuatro centímetros de largo, que los cazadores llamaban «el dátil del desierto». Poseía armas temibles, largas espinas muy rectas, con la punta de color verde claro. El hermoso árbol dispensaba algo de sombra y custodiaba una de esas fuentes misteriosas surgidas de las entrañas del desierto con la bendición del dios Seth.

Sentado, con la espalda contra el tronco, un hombre comía pan.

Ramsés se acercó y le reconoció: el jefe de los palafreneros que habían martirizado a su amigo Ameni.

—Que los dioses te sean favorables, mi príncipe; ¿te has perdido?

Con los labios resecos, la lengua endurecida, la cabeza ardiendo, Ramsés sólo tenía ojos para el odre lleno de agua fresca colocado junto a la pierna izquierda de aquel hombre mal afeitado, con el cabello hirsuto.

—¿Tienes sed? ¡Qué pena! ¿De qué sirve malgastar esta buena agua, tan preciada, dándosela a un hombre que va a morir?

El príncipe sólo estaba a unos diez pasos de la salvación.

—¡Me has humillado porque eres el hijo del rey! Ahora mis subordinados se burlan de mí...

—Es inútil mentir, ¿quién te ha pagado?

El palafrenero esbozó una grotesca sonrisa.

—Lo útil se ha unido a lo agradable... Cuando tu compañero de caza me ha ofrecido cinco vacas y diez piezas de lino para desembarazarme de ti, en seguida he aceptado la oferta. Sabía que vendrías hasta aquí; continuar por el mismo camino sin beber habría sido un suicidio. Creías que las gacelas, los oryx y los íbex te salvarían la vida, en circunstancias que te han convertido en presa.

El hombre se levantó, armado con un cuchillo.

Ramsés leyó en el pensamiento de su adversario. Éste esperaba un combate idéntico al anterior, a las llaves de un luchador entrenado en las justas de los nobles. Desarmado, cansado, sediento, el joven sólo opondría una técnica irrisoria ante la fuerza bruta.

Por lo tanto no le quedaba más remedio que utilizarla también él.

Con un grito rabioso, liberando toda su energía, Ramsés se abalanzó sobre el palafrenero. Sorprendido, éste no tuvo tiempo de utilizar su cuchillo; golpeado y derribado hacia atrás, se ensartó en las espinas de la cuasia, que se hundieron en su carne como otros tantos puñales.

Los cazadores no se podían quejar: habían capturado vivos un íbex, dos gacelas y un oryx, que sujetaban por los cuernos. Más o menos calmados, los animales aceptaban avanzar cuando se les golpeaba suavemente en el vientre. Un hombre llevaba un bebé gacela en la espalda, otro sostenía por las orejas una liebre enloquecida. Una hiena estaba atada por las patas a una pértiga que llevaban dos ayudantes; un perro que brincaba intentaba en vano morderla. Estos animales serían entregados a especialistas que intentarían domesticarlos, después de haber observado sus costumbres. Aunque el cebado de las hienas, destinado a obtener *foie-gras*, sólo había dado parvos resultados, había quien aún se obstinaba en ello. Muchas otras víctimas de la caza irían a abastecer las carnicerías de los templos. Después de haber sido ofrecidos a los dioses, alimentarían a los hombres.

Los cazadores habían llegado al punto de reunión, con excepción del príncipe Ramsés y su carretero. Inquieto, el escriba responsable de la expedición pidió informaciones, en vano. Esperar era imposible; era preciso enviar un carro en busca de los desaparecidos, pero ¿en qué dirección? De ocurrir una desgracia, la responsabilidad caería sobre él, con el riesgo de que su carrera se viera brutalmente interrumpida. Aunque el príncipe Ramsés no estaba destinado a un futuro brillante, su desaparición no pasaría inadvertida.

Él y dos cazadores esperarían hasta media tarde mientras sus compañeros, obligados a regresar al valle con la caza, alertarían a una escuadra de policías del desierto.

Nervioso, el escriba redactó un informe sobre una tablilla, rascó la capa de yeso, emprendió una nueva redacción y renunció. No podía refugiarse detrás de fórmulas estereotipadas. Cualquiera que fuera el estilo adoptado, faltaban dos personas, entre ellas el hijo menor del rey.

Cuando el sol se enseñoreaba en medio del cielo, creyó divisar una silueta que se movía lentamente en la luz. En el desierto, las ilusiones ópticas no eran raras; así pues, el escriba pidió confirmación a los dos cazadores. También éstos se convencieron de que un ser humano venía hacia ellos.

El rescatado cobró forma, paso a paso.

Ramsés había salido de la trampa.

11

Chenar se entregaba a su manicuro y a su pedicuro, notables especialistas formados en la escuela de palacio. El hijo primogénito de Seti se preocupaba de su persona. Hombre público y futuro soberano de un país rico y poderoso, debía mostrarse permanentemente bajo una luz favorable. ¿No era el refinamiento la característica de una civilización que atribuía el mayor valor a la higiene, a los cuidados del cuerpo y a su embellecimiento? Chenar apreciaba aquellos momentos en los que se preocupaban de él como de una preciosa estatua, en los que se le perfumaba la piel, antes de la intervención del peluquero.

Unas voces estentóreas turbaron la quietud de la gran villa de Menfis; Chenar abrió los ojos.

—¿Qué sucede? No admito que...

Ramsés irrumpió en el lujoso baño.

—La verdad, Chenar. La quiero ahora mismo.

El interpelado despidió al pedicuro y al manicuro.

—Cálmate, hermano bien amado, ¿de qué verdad se trata?

—¿Has pagado a unos hombres para que me mataran?

—¿Qué has imaginado? ¡Semejantes pensamientos me hieren en lo más profundo de mi ser!

—Hay dos cómplices... El primero ha muerto, el segundo ha desaparecido.

—Explícate, te lo ruego; ¿olvidas que soy tu hermano?

—Si eres culpable, lo sabré.

—Culpable... ¿Eres consciente de las palabras que empleas?

—Han intentado suprimirme durante la cacería en el desierto a la que me habías invitado.

Chenar tomó a Ramsés por los hombros.

—Somos muy diferentes el uno del otro, lo admito, y no

nos queremos mucho; pero ¿por qué enfrentarnos sin cesar, en lugar de admitir la realidad y aceptar nuestra suerte tal como está fijada? Deseo tu partida, es cierto, pues creo que tu carácter es incompatible con las exigencias de la corte. Pero no tengo la intención de causarte el menor daño, y odio la violencia. Créeme, te lo ruego; no soy tu enemigo.

—En ese caso, ayúdame a llevar a cabo una investigación. Es preciso encontrar al carretero que me condujo a una encerrona.

—Puedes contar conmigo.

Ameni velaba sobre su material de escriba con celoso esmero. Limpiaba los cubiletes de agua y los pinceles una y otra vez, rascaba la paleta hasta obtener una superficie perfectamente lisa, cambiaba de rascador y de goma en cuanto no le satisfacían. A pesar de las facilidades que le concedía su posición de secretario de un escriba real, economizaba el papiro y utilizaba trozos de caliza como borrador. En un viejo caparazón de tortuga mezclaba los pigmentos minerales con el fin de obtener un rojo vivo y un negro profundo.

Cuando finalmente reapareció Ramsés, Ameni estalló de alegría.

—¡Sabía que estabas sano y salvo! Si no, lo hubiera notado. Y yo no he perdido el tiempo... Deberías estar orgulloso de mí.

—¿Qué has descubierto?

—Nuestra administración es compleja, sus departamentos son numerosos y sus directores más bien suspicaces... Pero tu nombre y tu título me han abierto muchas puertas. ¡Quizá no te aman, pero te temen!

La curiosidad de Ramsés se despertó.

—Sé más preciso.

—Los panes de tinta son una materia prima esencial en nuestro país; sin ellos no hay escritura, y sin escritura ¡no hay civilización!

—Te estás volviendo muy sentencioso

—Como suponía, los controles son muy estrictos. Ningún pan de tinta sale de los almacenes sin haber sido verificado. Mezclar las calidades es imposible.

—Así pues...

—Que hay tráfico y malversación.

—¿No te nubla la mente el exceso de trabajo?

Ameni se enfurruñó como un niño.

—¡No me tomas en serio!

—Me he visto obligado a matar a un hombre; si no, él me habría liquidado.

Ramsés narró su trágica aventura; Ameni mantuvo la cabeza baja.

—Me encontrarás ridículo con mis panes de tinta... ¡Los dioses te han protegido! Jamás te abandonarán.

—Ojalá te oigan.

Una noche cálida envolvía la cabaña hecha de cañas. A orillas del canal, muy cerca, croaban las ranas. Ramsés había decidido esperar a Iset la bella durante toda la noche. Si no acudía, no la volvería a ver jamás. Revivió la escena durante la cual había defendido su vida precipitando al palafrenero contra las espinas de la cuasia. La reflexión no había jugado ningún papel en su acción, un fuego imperioso se había apoderado de él, multiplicando sus fuerzas por diez. ¿Procedía ese fuego de un mundo misterioso, era la expresión del poder que tenía el dios Seth, cuyo nombre llevaba su padre?

Hasta entonces, Ramsés había creído que sería dueño absoluto de su existencia, capaz de desafiar a los dioses y a los hombres, saliendo vencedor de cualquier combate. Pero había olvidado el precio que debía pagar y la presencia de la muerte, esa muerte cuyo vector había sido él. Sin sentir pesar, se preguntaba si aquel drama ponía término a sus sueños o si era la frontera de un país desconocido.

Un perro vagabundo empezó a ladrar. Alguien se acercaba.

¿No habría sido imprudente? Mientras el carretero que había pagado al palafrenero siguiera sin aparecer, Ramsés estaría en permanente peligro. Quizá había seguido al príncipe; sin duda estaba armado, decidido a sorprenderlo en aquel lugar aislado en que se encontraba.

Ramsés percibía la presencia del agresor; sin verlo, sabía con precisión a qué distancia se encontraba. Habría podido describir cada uno de sus gestos, conocía la amplitud de sus zancadas silenciosas. En cuanto estuvo cerca de la entrada de la cabaña, el príncipe salió y lo derribó.

—¡Cuánta violencia, mi príncipe!

—¡Iset! ¿Por qué llegas como una ladrona?

—¿Has olvidado nuestro pacto? La discreción ante todo.

Ella cerró los brazos sobre su amante, cuyo deseo ya era perceptible.

—Continúa agrediéndome, te lo suplico.

—¿Has elegido ya?

—¿Mi presencia no es acaso una respuesta?

—¿Volverás a ver a Chenar?

—¿Por qué no dejas de hablar?

Iset sólo llevaba como vestido una amplia túnica bajo la cual estaba desnuda. Abandonada, se ofreció a las caricias del hombre del que estaba locamente enamorada, hasta el punto de olvidar sus proyectos de matrimonio con el futuro amo de Egipto. La belleza de Ramsés no bastaba para explicar su pasión; el joven príncipe llevaba en sí un poder del que él mismo no tenía conciencia, un poder que la fascinaba hasta el punto de hacerle perder la facultad de razonar. ¿De qué manera lo utilizaría? ¿Se complacería en destruir? Chenar tendría el poder, ¡pero qué viejo y aburrido parecía! Iset la bella amaba demasiado el amor y la juventud para calmarse antes de tiempo.

El alba los encontró enlazados; con inesperada ternura, Ramsés acarició los cabellos de su amante.

—Se murmura que has matado a un hombre en la cacería.

—Intentó suprimirme.

—¿Por qué?

—Por venganza.

—¿Sabía que eras hijo del rey?

—No lo ignoraba, pero el carretero que me acompañaba le había pagado generosamente.

Inquieta, Iset la bella se enderezó.

—¿Lo han detenido?

—Todavía no. He hecho la declaración, la policía lo busca.

—Y si fuera...

—¿Un complot? Chenar lo ha negado, me ha parecido sincero.

—Ten cuidado; es cobarde pero inteligente.

—¿Estás segura de tu elección?

Ella lo besó con la violencia del sol naciente.

El despacho de Ameni estaba vacío; ni siquiera había dejado una nota explicando su ausencia. Ramsés estaba convencido de que su secretario no renunciaría a resolver el enigma de los panes de tinta defectuosos; obstinado, puntilloso, no toleraba aquella falta e intentaría obtener por todos los medios la verdad y el castigo del culpable. Era inútil intentar calmarlo; a pesar de su débil constitución, Ameni era capaz de desplegar una sorprendente actividad para alcanzar sus fines.

Ramsés se dirigió a casa del jefe de la policía, que coordinaba los esfuerzos de sus colegas, desgraciadamente infructuosos. El carretero había desaparecido, las fuerzas del orden no disponían de ninguna pista. El príncipe no disimuló su irritación, aunque el alto funcionario le prometió intensificar las investigaciones.

Decepcionado, Ramsés decidió ponerse a investigar personalmente. Se dirigió al cuartel de Menfis, donde estaban reunidos numerosos carros de guerra y de caza, que exigían un mantenimiento permanente. Como escriba real, el príncipe pidió ver a uno de sus homólogos encargado del inventario de los valiosos vehículos. Deseoso de saber si el carretero huido había sido empleado en ese establecimiento, lo describió con minuciosidad.

El funcionario lo orientó hacia alguien llamado Bakhen, inspector de las cuadras.

El especialista examinaba un caballo gris, demasiado joven para ser uncido, y reprendía a un carretero, acusado de crueldad. Bakhen, de unos veinte años de edad, era un hombre robusto, de rostro cuadrado e ingrato adornado con una corta barba. Dos brazaletes de cobre rodeaban sus bíceps. Con voz grave y ronca, machacaba las palabras de un violento sermón.

Cuando el culpable se alejó, Bakhen acarició el caballo, que lo miró con ojos agradecidos.

El joven interpeló al inspector.

—Soy el príncipe Ramsés.

—Me alegro por ti.

—Necesito una información.

—Ve a ver a la policía.

—Sólo tú puedes ayudarme.

—Me sorprendería.

—Estoy buscando a un carretero.

—Yo me ocupo de los caballos y de los carros.

—Ese hombre es un criminal fugado.

—No es asunto mío.

—¿Deseas que escape?

Bakhen lanzó a Ramsés una mirada furiosa.

—¿Me acusas de complicidad? Príncipe o no, ¡será mejor que te largues!

—No esperes que te suplique.

Bakhen se echó a reír.

—¿Todavía estás aquí?

—Sabes algo y me lo dirás.

—No te falta osadía.

Un caballo relinchó. Bakhen, inquieto, corrió en dirección al espléndido animal, de pelaje pardo oscuro, que, mediante enloquecidas coces, intentaba liberarse de la cuerda que lo ataba.

—¡Despacio, hermoso, despacio!

La voz de Bakhen pareció calmar al semental; el hombre logró acercarse al caballo, cuya belleza suscitó la admiración de Ramsés.

—¿Cómo se llama?

—«El dios Amon ha decretado su valentía»; es mi caballo preferido.

No era Bakhen quien había respondido a Ramsés, sino una voz tras él, una voz que le heló la sangre.

Ramsés se volvió y se inclinó ante su padre, el faraón Seti.

12

—Nos vamos, Ramsés.

El príncipe no creyó lo que oía, pero no podía pedir a su padre que repitiera las tres palabras mágicas que acababa de pronunciar. Su dicha fue tan intensa que cerró los ojos unos instantes.

Seti se dirigía hacia su caballo, el cual había recuperado una calma perfecta. El faraón lo desató, el animal lo siguió y se dejó uncir a un carro ligero. En la puerta principal del cuartel, la guardia personal del monarca vigilaba.

El príncipe se colocó a la izquierda de su padre.

—Toma las riendas.

Con el orgullo de un conquistador, Ramsés condujo el carro real hasta el embarcadero donde se estacionaba una flotilla que partía hacia el sur.

Ramsés no había tenido tiempo de avisar a Ameni; ¿y qué pensaría Iset la bella al comprobar su ausencia en la cita de amor, en la cabaña de cañas? Pero ¿qué podía importar, puesto que gozaba de la inesperada posibilidad de viajar a bordo de la nave real que, impulsada por un fuerte viento del norte, avanzaba a buena marcha?

Como escriba real, Ramsés estaba encargado de relatar la expedición y de llevar un diario de a bordo, sin omitir el menor detalle. Cumplió su cometido con celo, cautivado por los paisajes que descubría. Ochocientos kilómetros separaban Menfis de Gebel Silsileh, meta del viaje; durante los diecisiete días de navegación, el príncipe no dejó de maravillarse ante la belleza de las orillas del Nilo, la placidez de los pueblos construidos sobre unas lomas en la ribera del río, el centelleo de las aguas del Nilo. Egipto se le ofrecía, inmutable, enamorado

13

En el amplio despacho del que disponía, Ameni clasificaba sus informaciones. Después de haber fisgoneado aquí y allá e interrogado a una cantidad de pequeños funcionarios más o menos locuaces, el secretario particular de Ramsés se regocijaba por los resultados obtenidos. Con el instinto de un sabueso, sabía que la verdad estaba a su alcance. Sin duda alguna, alguien había defraudado; pero ¿a quién correspondían los beneficios de esa malversación? Si obtenía una prueba, el joven escriba iría hasta el fondo y haría condenar al culpable.

Cuando releía unas notas tomadas en una tablilla de madera, Iset la bella hizo irrupción en el territorio de Ramsés y forzó la puerta del despacho de su secretario.

Incómodo, Ameni se levantó; ¿cómo comportarse ante aquella hermosísima joven, imbuida de su rango?

—¿Dónde está Ramsés? —preguntó ella, agresiva.

—Lo ignoro.

—No te creo.

—Pues es la verdad.

—Dicen que Ramsés no tiene ningún secreto para ti.

—Somos amigos, pero ha dejado Menfis sin avisarme.

—¡Imposible!

—Incluso para satisfaceros, no mentiría.

—No pareces inquieto.

—¿Por qué debería estarlo?

—¡Tú sabes dónde está y te niegas a decírmelo!

—Me acusáis injustamente.

—Sin él, tú no te beneficiarías de ninguna protección.

—Ramsés volverá, estad segura de ello; si hubiera sufrido alguna desgracia, yo lo advertiría. Entre él y yo existen vínculos invisibles; por eso no estoy inquieto.

—¡Te burlas de mí!
—Volverá.

En la corte circulaban informaciones vagas y contradictorias; unos pretendían que Seti había exiliado a Ramsés en el sur; otros, que el príncipe había sido enviado en misión para verificar el estado de los diques ante la próxima crecida. A Iset la bella no se le pasaba el enojo. ¡Su amante la había ultrajado y se había burlado de ella! Al encontrar vacía la choza de cañas donde se encontraba con él, había creído que era una broma y llamó a Ramsés en vano; le había parecido ver sapos, serpientes y perros vagabundos, y había huido, asustada.

Se sentía ridícula debido a aquel joven príncipe insolente... ¡Pero muy inquieta por él! Si Ameni no mentía, Ramsés había caído en una trampa.

Un hombre, uno solo, poseía la verdad.

Chenar terminaba de almorzar; la calidad de la codorniz asada había deleitado su paladar.

—¡Querida Iset! Qué placer veros... ¿Compartís mi puré de higos? Sin jactancia, es el mejor de Menfis.

—¿Dónde está Ramsés?

—Tierna y querida amiga... ¿Cómo podría yo saberlo?

—¿Un futuro rey se permite ignorar este tipo de detalles?

Chenar sonrió, intrigado.

—Aprecio vuestra agudeza de espíritu.

—Hablad, os lo ruego.

—Tomaos el tiempo de sentaros y de degustar este puré; no lo lamentaréis.

La joven eligió una silla confortable, provista de un cojín verde.

—El destino nos otorga una posición privilegiada; ¿por qué no reconocer nuestra suerte?

—No os comprendo.

—Nos entendemos a las mil maravillas, ¿no creéis? En lugar de uniros a mi hermano, deberíais reflexionar y pensar en vuestro futuro.

—¿Cuál imagináis vos?

—Una brillante existencia a mi lado.

Iset la bella contempló al primogénito del rey con atención. Quería ser elegante, atractivo, serio, representaba su futuro papel, pero jamás tendría el magnetismo y la belleza salvaje de Ramsés.

—¿En verdad deseáis saber dónde se encuentra mi hermano?

—Ése es mi deseo.

—Temo entristeceros.

—Me arriesgaré.

—Concededme vuestra confianza y os evitaré una desilusión.

—Creo ser lo bastante fuerte para afrontarlo.

Chenar pareció desolado.

—Ramsés ha sido contratado como escriba de la expedición que salió hacia las canteras de arenisca de Gebel Silsileh. Le corresponde redactar un informe y las actas de los trabajos. Una tarea de una rara mediocridad, que lo condenará a permanecer largos meses con los canteros y a instalarse en el sur. Mi padre, una vez más, ha dado pruebas de su conocimiento de las personas; ha puesto a mi hermano en su justo lugar. ¿Y si ahora pensamos en nuestro futuro común?

—Estoy extenuada, Chenar, yo...

—Os había prevenido.

Se levantó y le tomó la mano derecha.

El contacto repugnó a la joven. Sí, Ramses estaba eliminado de la primera fila del escenario; sí, Chenar sería el amo absoluto. Ser amada por él aportaría a la feliz elegida gloria y fortuna; ¿acaso no deseaban decenas de nobles damitas casarse con el heredero de la corona?

Ella se apartó con brusquedad.

—¡Dejadme!

—No estropeéis vuestra suerte.

—Amo a Ramsés.

—¡Qué importa el amor! No me interesa, y vos lo olvidaréis. Os pido que seáis bella, que me deis un hijo y que seáis la primera dama de Egipto. Dudar sería insensato.

—Consideradme, pues, como loca.

Chenar tendió el brazo hacia ella.

—¡No os vayáis! Si no...

—¿Si no?

El rostro de Chenar se tornó inquietante.

—Ser enemigos, qué complicado... Apelo a vuestra inteligencia.

—Adiós, Chenar. Vos seguid vuestro camino, el mío ya está trazado.

Menfis era una ciudad ruidosa y animada. Al puerto, en permanente actividad, llegaban cantidad de barcos mercantes procedentes del sur o del norte; las salidas eran organizadas con rigor por las autoridades administrativas encargadas del tráfico fluvial y los cargamentos controlados por un ejército de escribas. En uno de los numerosos almacenes había material de escritura, entre el cual se veían decenas de panes de tinta.

Ameni, amparándose en su calidad de secretario del hijo menor del faraón, fue autorizado a examinarlos. Se concentró en los productos de primera calidad, cuyo precio era el más elevado; las investigaciones resultaron infructuosas.

Tomando callejuelas abarrotadas de mirones y de asnos cargados con frutas, verduras o sacos de cereales, Ameni aprovechó su pequeña estatura y su débil corpulencia para deslizarse hasta el barrio próximo al templo de Ptah, que Seti había ampliado: ante su pilón de setenta y cinco metros de ancho, unos colosos reales de granito rosado ponían de manifiesto la presencia de lo sagrado. El joven escriba amaba la vieja capital fundada por Menes, el unificador del norte y el sur. Parecía un cáliz colocado bajo la protección de la diosa de oro. ¡Qué dulce era contemplar sus lagos cubiertos de lotos, respirar el perfume de las flores que embalsamaba sus plazas, descansar sentándose, ocioso, bajo un árbol, y admirar el Nilo! Lástima, no era momento para callejeos. Apartándose de los arsenales en los que se almacenaban las armas destinadas a los diferentes cuerpos del ejército, Ameni se presentó en la puerta de un taller en el que se preparaban panes de tinta para las mejores escuelas de la ciudad.

El recibimiento fue muy frío, pero el nombre de Ramsés le permitió franquear el umbral e interrogar a los artesanos; uno de ellos, próximo a la jubilación, se mostró muy cooperador y deploró el descuido de algunos fabricantes, que no obstante habían recibido el beneplácito de palacio. Persuasivo, Ameni obtuvo una dirección en el barrio norte, más allá de la antigua ciudadela de blancos muros.

El joven escriba evitó los muelles, demasiado populosos, y cruzó el barrio de Ankh-taui, «la vida de las dos tierras» (1); bordeó uno de los cuarteles y se aventuró por un suburbio

(1) Es decir, el Alto y el Bajo Egipto. Menfis, situada en el centro, encarnaba el polo de equilibrio del país.

muy poblado, en el que grandes villas alternaban con pequeños inmuebles de dos pisos y tenduchos de artesanos. Se perdió en varias ocasiones, pero gracias a la amabilidad de las amas de casa que discutían mientras barrían las callejuelas, terminó por descubrir el taller que quería visitar. Fuera cual fuese el peso del cansancio, Ameni exploraría Menfis, convencido de que la solución del enigma se encontraba en la fuente de producción de los panes de tinta.

En el umbral, un cuarentón hirsuto armado con un bastón.

—Te saludo, ¿puedo entrar?

—Está prohibido.

—Soy el secretario particular de un escriba real.

—Sigue tu camino, pequeño.

—Ese escriba real se llama Ramsés, hijo de Seti.

—El taller está cerrado.

—Razón de más para permitirme inspeccionarlo.

—Cumplo órdenes.

—Mostrándote conciliador, evitarás un pleito oficial.

—Vete.

Ameni lamentó ser tan enclenque; Ramsés no habría tenido ningún problema para levantar a aquel grosero y tirarlo a un canal. Desprovisto de fuerza, el joven escriba emplearía la astucia.

Saludó al guarda, aparentó alejarse, y utilizó una escalera para trepar al techo de un granero próximo a la parte trasera del taller. Caída la noche, un tragaluz le permitió introducirse en él. Sirviéndose de una lámpara colocada en una estantería, examinó las reservas. La primera hilera de panes de tinta lo decepcionó; eran de excelente calidad. Pero la segunda, que estaba sellada con la marca de control «de primera calidad», presentaba anomalías: tamaño reducido, color dudoso, peso insuficiente. Una prueba de escritura bastó para convencer a Ameni: acababa de descrubrir el centro de producción del fraude.

Lleno de alegría, el escriba no oyó acercarse al guarda, que lo dejó sin sentido de un bastonazo; se echó el cuerpo inanimado sobre los hombros y lo abandonó en un basurero cercano, lugar colectivo donde se amontonaban los desechos que se quemaban al amanecer.

El curioso no tendría ocasión de hablar.

14

Arrastrando de la mano a su hijita, que aún no estaba despierta del todo, el comisionado de vialidad avanzaba con paso lento por las callejuelas adormecidas del barrio norte de Menfis. Antes del alba debía prender fuego en los basureros repartidos entre las manzanas de casas. Quemar diariamente basuras y desechos era un buen medio de sanear y respetar las reglas de higiene impuestas por la administración. La tarea era rutinaria pero relativamente bien pagada, y daba la sensación de ser útil a los conciudadanos.

El comisionado conocía a las dos familias más sucias del lugar. Tras haberlas amonestado, no había constatado ninguna mejora y se vería obligado a multarlos. Refunfuñando contra la pereza inherente al género humano, recogió la muñeca de trapo que su hijita había dejado caer y consoló a ésta. Una vez terminado su trabajo, la invitaría a un copioso desayuno y dormirían a la sombra de un tamarindo en el jardín cercano al templo de la diosa Neith.

Por fortuna, el basurero no estaba muy lleno; con la antorcha, el comisionado encendió varios focos para que la combustión fuera rápida.

—Papá... Quiero la muñeca grande...

—¿Qué dices?

—La muñeca grande, aquélla.

La chiquilla tendió la mano hacia una forma humana; un brazo sobresalía de los detritos. El humo lo ocultó.

—La quiero, papá.

Intrigado, el comisionado entró en el basurero, exponiéndose a quemarse los pies.

Un brazo... ¡El brazo de un muchacho! Con precaución, liberó el cuerpo inerte. En la nuca tenía sangre seca.

Durante el viaje de regreso, Ramsés no había vuelto a ver a su padre. Ningún detalle faltaría en su diario de a bordo, y el texto sería incorporado a los anales reales que relataban los hechos importantes del sexto año del reinado de Seti. El príncipe, abandonando el traje y el material de escriba, simpatizó con la tripulación y participó en las maniobras. Aprendió a hacer nudos, a izar velas e incluso a utilizar el timón. Y, sobre todo, se familiarizó con el viento; ¿no decían que el misterioso dios Amón, cuya forma nadie conocía, manifestaba su presencia hinchando la vela de los navíos que llevaba a buen puerto? El invisible se manifestaba aunque permaneciera invisible.

El capitán del barco se prestó al juego, puesto que el hijo del rey olvidaba su condición y rechazaba los privilegios. Así pues, lo sometió a los mil y un trabajos de la vida de un marino. Ramsés no rechistó, lavó el puente y se instaló en el banco de los remeros con buena disposición. Ir hacia el norte exigía un buen conocimiento de las corrientes y una tripulación valiente. Sentir deslizarse el barco sobre el agua, estar en armonía con ella para aumentar más la velocidad, fue un placer intenso.

El regreso de una expedición era motivo de una gran fiesta. En los muelles del puerto principal de Menfis, que llevaba el evocador nombre de «buen viaje», se amontonaba una muchedumbre. En cuanto sus pies tocaron de nuevo el suelo de Egipto, los marineros recibieron collares de flores y copas de cerveza fresca; se cantó y bailó en su honor, se celebró su valor y la bondad del río que los había guiado.

Unas graciosas manos pusieron alrededor del cuello de Ramsés un collar de acianos.

—¿Bastará esta recompensa a un príncipe? —preguntó Iset la bella, con aire vivaracho.

Ramsés no se apartó.

—Debes de estar furiosa.

La tomó en sus brazos y ella aparentó resistirse.

—¿Crees que el volver a verte es suficiente para borrar tu grosería?

—¿Por qué no, ya que no soy culpable?

—Incluso en el caso de una salida precipitada, habrías podido avisarme.

—Ejecutar una orden del faraón no admite ningún retraso.

—Quieres decir...

—Mi padre me ha llevado con él a Gebel Silsileh, y no era un castigo.

Iset la bella se puso mimosa.

—Largas jornadas de viaje en su compañía... Te has aprovechado de sus confidencias.

—Desengáñate, he servido como escriba, cantero y marinero.

—¿Por qué razón te ha obligado a viajar?

—Sólo él lo sabe.

—He visto a tu hermano, me ha contado tu caída en desgracia. Según él, ibas a establecerte en el sur a fin de ocupar allí un puesto mediocre.

—A los ojos de mi hermano, todo es mediocre... salvo él.

—Pero has regresado a Menfis, y soy tuya.

—Eres bonita e inteligente: dos cualidades indispensables para una buena esposa real.

—Chenar no ha renunciado a casarse conmigo.

—¿Por qué dudas? No es juicioso rechazar un destino grandioso.

—No soy juiciosa, sino que estoy enamorada de ti.

—El futuro...

—Sólo me interesa el presente. Mis padres están en el campo, la villa está vacía... ¿No sería más cómoda que una choza de cañas?

¿Era amor aquel loco placer que compartía con Iset la bella? Ramsés se lo preguntaba. Le bastaba vivir una pasión carnal, saborear los momentos embriagadores en los que sus cuerpos se ajustaban tan bien que formaban un único ser, llevados por un torbellino. Mediante las caricias, su amante sabía provocar su deseo y despertarlo, sin lograr acabar con él. ¡Qué difícil era abandonarla, desnuda y lánguida, con los brazos tendidos para retener a su amante!

Por primera vez, Iset la bella había hablado de matrimonio. El príncipe, rebelde, no mostró ningún entusiasmo; le gustaba su compañía tanto como le irritaba la idea de formar una pareja. Cierto, a pesar de su juventud, ya eran un hombre y una mujer, y nadie se habría opuesto a su unión. Pero Ramsés no se creía preparado para lanzarse a esa aventura. Iset no le dirigió ningún reproche, pero se prometió convencerle; cuanto más lo conocía, más creía en él. Cualquiera que fuera la conducta que le dictaba la razón, ella escucharía su instinto.

Un ser que daba tanto amor era un tesoro irremplazable, más preciado que cualquier riqueza.

Ramsés se dirigió al centro de la ciudad, al barrio de los palacios; Ameni debía de aguardar su regreso con impaciencia. ¿Habría continuado su investigación y obtenido algún resultado?

Un policía armado guardaba la entrada de los apartamentos del príncipe.

—¿Qué sucede?

—¿Sois el príncipe Ramsés?

—Lo soy.

—Vuestro secretario ha sido víctima de una agresión, por lo que se me ha ordenado velar por él.

Ramsés corrió a la habitación de su amigo.

Ameni estaba tendido en la cama, con la cabeza vendada; en su cabecera había una enfermera.

—Silencio —exigió ella—; duerme.

La enfermera llevó al príncipe fuera de la estancia.

—¿Qué le ha sucedido?

—Lo han encontrado en un basurero del barrio norte; parecía muerto.

—¿Sobrevivirá?

—El médico es optimista.

—¿Ha hablado?

—Unas palabras incomprensibles. Las drogas suprimen el dolor, pero lo sumen en un profundo sueño.

Ramsés se entrevistó con el adjunto del jefe de policía, ocupado este último en una gira de inspección al sur de Menfis. Desolado, el funcionario no le proporcionó ninguna información; nadie en el barrio había visto al agresor. A pesar de profundos interrogatorios, no habían obtenido indicio alguno. Sucedió lo mismo con el asunto del carretero; sin duda alguna había desaparecido y quizá hubiera abandonado Egipto.

De regreso en su casa, el príncipe asistió al despertar de Ameni; al ver a Ramsés, la mirada del herido se iluminó.

—Has vuelto... ¡Lo sabía!

La voz era titubeante, pero clara.

—¿Cómo te sientes?

—¡Lo he logrado, Ramsés, lo he logrado!

—Si continúas arriesgándote así terminarás por romperte los huesos.

—Son sólidos, puedes comprobarlo.

—¿Quién te atacó?

—El guarda de un taller donde están almacenados unos panes de tinta manipulados.

—Así pues, lo has logrado.

El orgullo animó el rostro de Ameni.

—Indícame el lugar —exigió Ramsés.

—Es peligroso... No vayas sin la policía.

—No te preocupes y descansa; cuanto antes estés en pie, antes me ayudarás.

Gracias a las indicaciones de Ameni, Ramsés encontró sin problemas el taller. Aunque el sol se había alzado hacía tres horas, la puerta estaba cerrada. Intrigado, el príncipe vagó por el barrio, pero no observó ningún movimiento sospechoso. El almacén parecía abandonado.

Temiendo una trampa, Ramsés esperó hasta la noche. A pesar de las numerosas idas y venidas, nadie entró en el edificio.

Preguntó a un aguador que ofrecía de beber a los artesanos.

—¿Conoces este taller?

—Fabrican panes de tinta.

—¿Por qué está cerrado?

—La puerta está cerrada desde hace una semana, es extraño.

—¿Qué les ha sucedido a sus propietarios?

—Lo ignoro.

—¿Quiénes son?

—Aquí sólo se veía a los obreros, no al patrón.

—¿A quién entregaban sus productos?

—No es asunto mío.

El aguador se alejó.

Ramsés adoptó la misma estrategia que Ameni; trepó por la escalera y pasó por el techo del granero para entrar en el edificio.

La inspección le llevó poco tiempo. El almacén estaba vacío.

En compañía de los demás escribas reales, Ramsés fue convocado al templo de Ptah, el dios que había creado el mundo mediante el verbo. Cada uno compareció ante el gran sacerdote y entregó un sucinto informe sobre sus actividades recientes. El maestro de los artesanos les recordó que debían manejar la palabra como un material y modelar su discurso según la enseñanza de los sabios.

Una vez terminada la ceremonia, Sary felicitó a su antiguo alumno.

—Estoy orgulloso de haber sido tu mentor; a pesar de las malas lenguas, parece que sigues el camino del saber. No dejes de aprender y serás un hombre considerado.

—¿Es eso más importante que alcanzar la verdad del propio ser?

Sary no ocultó su contrariedad.

—En el momento en el que por fin sientas el juicio, he oído desconcertantes rumores respecto a ti.

—¿Qué rumores?

—Se murmura que buscas a un carretero huido y que tu secretario particular ha sido gravemente herido.

—No son habladurías.

—Deja actuar a las autoridades y olvida esos temas, la policía es más competente que tú. Terminarán por encontrar a los culpables, créeme; tú tienes mucho que hacer. Lo más importante es respetar tu rango.

Almorzar a solas con su madre era un privilegio que Ramsés apreciaba en su justo valor. Muy ocupada en el gobierno del Estado, en el que participaba de manera activa, en los rituales diarios y estacionales, para no hablar de sus innumerables cargas en la corte, la gran esposa real disponía de poco tiempo para sí y sus allegados.

Los platos de alabastro habían sido dispuestos en mesas bajas, bajo un quiosco de columnitas de madera, que dispensaba una sombra sosegante. Al salir de un consejo dedicado al nombramiento de las cantantes principales del dios Amón, responsables de la parte musical de los ritos, Tuya estaba vestida con una larga túnica de lino plisado y llevaba un ancho collar de oro. Ramsés sentía por ella un afecto sin límites, mezclado con una creciente admiración. Ninguna mujer podía compararsele, ninguna mujer osaba compararsele; a pesar de su modesta cuna, había nacido reina. Solamente ella podía suscitar el amor de Seti y gobernar Egipto a su lado.

En el menú, lechuga, pepinos, una costilla de buey, queso de cabra, un pastel redondo de miel, galletas de espelta y vino de los oasis diluido en agua. La reina apreciaba el momento del almuerzo, al que no invitaba a inoportunos ni a pedigüeños; la quietud de su jardín privado, dispuesto alrededor de un estanque, la alimentaba tanto como los alimentos elegidos con cuidado por su cocinero.

—¿Cómo ha ido tu viaje a Gebel Silsileh?

—He vivido el poder de los canteros y el de los marineros.

—Y ni uno ni otro te han atraído...

—Mi padre no lo ha querido.

—Es un maestro exigente que te pedirá más de lo que puedes dar.

—¿Sabes lo que ha decidido para mí?

—Hoy no tienes mucho apetito.

—¿Es indispensable dejarme en la ignorancia?

—¿Temes al faraón o confías en él?

—El temor no anida en mi corazón.

—Emprende con todo tu ser el combate que te has propuesto, no mires atrás, ignora los reproches y los remordimientos, no seas ni envidioso ni celoso. Y disfruta de cada segundo pasado con tu padre como una ofrenda del cielo. ¿Qué importa lo demás?

El príncipe degustó la costilla de buey, asada al punto y sazonada con ajo y finas hierbas. Por el cielo, de un azul perfecto, pasó un gran ibis.

—Necesito tu ayuda; la policía se burla de mí.

—Es una grave acusación, hijo mío.

—La creo fundada.

—¿Tienes pruebas?

—Ninguna, por eso me dirijo a ti.

—Yo no estoy por encima de las leyes.

—Si tú exiges una verdadera investigación, la llevarán a cabo. Nadie busca al hombre que pagó a mi agresor, nadie quiere identificar al que fabrica panes de tinta defectuosos, que son vendidos a los escribas como productos de primera calidad. Mi amigo Ameni ha estado a punto de morir porque ha descubierto el taller; pero el criminal ha vaciado el almacén, y ningún habitante del barrio se atreve a atestiguar contra él. Así pues, es alguien importante, tan importante que aterroriza a la gente.

—¿En quién piensas?

Ramsés guardó silencio.

—Actuaré —prometió Tuya.

15

El barco del faraón bogaba hacia el norte. Al salir de Menfis había seguido el curso principal del Nilo antes de tomar uno de los ramales que penetraban profundamente en el corazón del Delta.

Ramsés estaba deslumbrado.

Allí no había desierto; en aquel paisaje, que pertenecía a Horus, mientras Seth (1) reinaba en el valle donde el río se abría paso entre dos orillas luchando contra la aridez, el agua era todopoderosa. La parte salvaje del Delta parecía un inmenso marjal, poblado de miles de pájaros, bosques de papiro y peces. Ninguna ciudad, ni siquiera aldeas; sólo algunas cabañas de pescadores en la cumbre de pequeñas lomas. La luz no era inmóvil, como en el valle; un viento procedente del mar hacía danzar las cañas.

Flamencos negros, patos, garzas y pelícanos compartían el inmenso territorio en el que se perdían sinuosos canales; aquí, una gineta devoraba los huevos en un nido de martín pescador, allá, una serpiente se deslizaba en una espesura a cuyo alrededor revoloteaban mariposas multicolores. El hombre todavía no había conquistado aquel territorio.

El barco avanzaba cada vez más lentamente, bajo el prudente gobierno de un capitán acostumbrado a los caprichos de aquel dédalo; a bordo, una veintena de marineros experimentados y el amo del país, de pie, en la proa. Su hijo lo observaba sin ser visto, fascinado por su prestancia; Seti encarnaba Egipto, era Egipto, heredero de una estirpe milenaria, consciente de la grandeza divina y de la pequeñez humana. A los ojos de su pueblo, el faraón seguía siendo un personaje

(1) Horus y Seth, los dos hermanos que compartían el universo y Egipto, en función del juicio de los dioses.

misterioso, cuya verdadera patria era el cielo estrellado; su presencia en la tierra mantenía un vínculo con el más allá, su mirada abría las puertas del mismo a su pueblo. Sin él, la barbarie habría invadido rápidamente las dos orillas; con él, el futuro era promesa de eternidad.

Aunque ignoraba la meta, Ramsés también escribía el relato de esa expedición. Ni su padre ni la tripulación habían aceptado hablar de ello. El príncipe percibía una inquietud latente, como si peligros ocultos amenazaran el barco. En cualquier instante podía surgir el monstruo y devorar la embarcación.

Como sucediera en el primer viaje, Seti no había dado tiempo a su hijo para prevenir a Iset la bella y a Ameni. Ramsés imaginaba el furor de la primera y la inquietud del segundo; pero ningún motivo, ya fuera el amor o la amistad, hubiera podido impedirle seguir a su padre allí donde deseara llevarlo.

El canal se despejó; la progresión fue más cómoda, y el barco atracó en un islote herboso en el que se veía una extraña torre de madera. Cogiendo una escalera de cuerda, el rey descendió; Ramsés lo imitó. El faraón y su hijo subieron a lo alto de la torre, ocultada por una obra de estacas y ramas. Desde allí, sólo se veía el cielo.

Seti estaba tan concentrado que Ramsés no se atrevía a hacerle ninguna pregunta.

De pronto, la mirada del faraón se animó.

—¡Mira, Ramsés, mira bien!

Tan alto en el azul que parecía tocar el sol, una bandada de pájaros migradores, dispuestos en V, se dirigían al sur.

—Vienen de más allá de todos los mundos conocidos —indicó Seti—, de una inmensidad en la que los dioses crean la vida a cada instante. Cuando residen en el océano de energía, tienen la forma de pájaro con cabeza humana y se alimentan de luz; cuando franquean las fronteras de la tierra, toman la forma de una golondrina o de otro migrador. No dejes de contemplarlos, pues son nuestros antepasados resucitados, que interceden ante el sol para que su fuego no nos destruya; son ellos quienes inspiran el pensamiento de un faraón y le trazan el camino que los ojos humanos no ven.

En cuanto cayó la noche y las estrellas centellearon, Seti mostró el cielo a su hijo. Le desveló el nombre de las constelaciones, el movimiento de los planetas infatigables, del sol y de la luna, y el significado de los decanos (2). ¿No debía el faraón extender su poder hasta los límites del cosmos, de forma que su brazo no fuera negado por ninguna tierra?

Con los oídos y el corazón abiertos, Ramsés escuchó; se llenó del alimento así dispensado, no desperdició ninguna migaja. El alba llegó demasiado pronto.

Debido a la abundante vegetación el barco real no podía avanzar. Seti, Ramsés y cuatro marineros, armados de lanzas, arcos y bastones arrojadizos, subieron a una barca ligera de papiro; el propio faraón indicó la dirección a los remeros.

Ramsés se sintió transportado a otro mundo, sin nada en común con el valle. Ninguna huella, aquí, de la actividad humana; los papiros, de ocho metros de alto, ocultaban a veces el sol. Si su piel no hubiera sido untada con una espesa capa de ungüento graso, el príncipe habría sido devorado por los miles de insectos, cuya agitación provocaba un estrépito ensordecedor.

Después de haber cruzado un bosque acuático, el esquife se deslizó por una especie de lago en el centro del cual sobresalían dos islotes.

—Las ciudades santas de Pé y de Dep —reveló el faraón.

—¿Ciudades? —se sorprendió Ramsés.

—Están destinadas a las almas de los justos; su ámbito es la naturaleza entera. Cuando la vida surgió del océano primigenio, se manifestó bajo la forma de una loma de tierra emergiendo de las aguas; éstos son dos montículos sagrados que, reunidos en tu espíritu, forman el país único en el que a los dioses les gusta residir.

En compañía de su padre, Ramsés pisó el suelo de las «ciudades santas» y se prosternó ante un modesto santuario, una simple choza de cañas ante la cual estaba plantado un bastón con el extremo tallado en forma de espiral.

—Éste es el símbolo de la función —precisó el rey—; cada cual debe encontrar la suya y desempeñarla, antes de preocuparse de sí mismo. La del faraón es ser el primer servidor de los dioses. Si pensara en servirse a sí mismo, sólo sería un tirano.

(2) En astrología, un mes tiene tres decanos, del 1 al 10, del 11 al 20 y del 21 al 30. *(N. del t.)*

A su alrededor, innumerables fuerzas inquietantes; imposible la paz en aquel caos en el que había que estar permanentemente alerta. Sólo Seti parecía inaccesible a toda forma de emoción, como si aquella naturaleza indescifrable se plegara a su voluntad. Si una tranquila certeza no hubiera poblado su mirada, Ramsés habría estado seguro de perderse en medio de los papiros gigantes.

De pronto, el horizonte se despejó; la barca se deslizó sobre un agua verdosa que bañaba una orilla en la que habitaban pescadores. Desnudos, hirsutos, vivían en cabañas rudimentarias, utilizaban red, caña y nasa, cortaban los pescados con largos cuchillos, los vaciaban y los dejaban secar al sol. Dos de ellos llevaban una perca del Nilo tan enorme que hacía doblar la vara a la que la habían colgado.

Sorprendidos por esa inesperada visita, los pescadores parecieron asustados y hostiles; apretándose unos contra otros, blandieron sus cuchillos.

Ramsés se adelantó; las miradas agresivas convergieron en él.

—Inclinaos ante el faraón.

Los cuchillos se alzaron, los dedos se relajaron, las armas cayeron al suelo esponjoso. Luego los súbditos de Seti se prosternaron ante su soberano, antes de invitarle a compartir su comida.

Los pescadores bromeaban con los soldados. Éstos les ofrecieron dos vasijas de cerveza. Cuando el sueño los venció, Seti se dirigió a su hijo, a la luz de las antorchas cuya llama alejaba insectos y animales salvajes.

—Éstos son los más pobres de los hombres, pero realizan su función y esperan tu apoyo. El faraón es el que socorre al débil, protege a la viuda, alimenta al huérfano, responde a cualquiera que tiene necesidad, el pastor valiente que vela día y noche, el escudo que protege a su pueblo. Aquel que Dios elige para ejercer la función suprema, para que digan de él: «Nadie tuvo hambre en su tiempo.» No hay tarea más noble que convertirse en el *ku* de Egipto, hijo mío, en el alimento del país entero.

Ramsés permaneció varias semanas con los pescadores y los recolectores de papiros. Aprendió a conocer las numerosas clases de peces comestibles y a fabricar barcas ligeras, desarrolló su instinto de cazador, se perdió y se volvió a encontrar en el dédalo de canales y marjales, escuchó el relato de los atletas que habían sacado del agua enormes peces al final de varias horas de lucha.

A pesar de la rudeza de su existencia, no deseaban cambiarla; la de los habitantes del valle les parecía apagada e insípida. Cortas estadías en ese paisaje demasiado civilizado les bastaba; tras haber gustado de la ternura de las mujeres y haberse hartado de carne y de verduras, regresaban a los marjales del Delta.

El príncipe se alimentó de su poder; adoptó su mirada y su manera de escuchar, se endureció con su contacto, no emitió ninguna queja cuando el cansancio desgarraba su carne y olvidó una vez más los privilegios de su rango. Su fuerza y su habilidad hicieron maravillas. Él, solo, se mostró tan eficaz como tres pescadores veteranos. Pero esta hazaña suscitó más celos que admiración, y el hijo del rey fue dejado de lado.

Un sueño se rompió: el de convertirse en otro, el de renunciar a la fuerza misteriosa que lo animaba para parecerse a los demás y vivir una juventud semejante a la de los canteros, a la de los marineros o los pescadores. Seti lo había conducido a la frontera del país, en esos lugares perdidos en el que el mar, tan próximo, empezaba a absorber la tierra, para que tomara conciencia de su verdadero ser, liberado de las ilusiones de la infancia.

Su padre lo había abandonado. Pero ¿acaso no había trazado la noche anterior a su partida un camino hacia la realeza? Sus palabras se dirigían a él, a Ramsés, y a nadie más.

Un sueño, un momento de gracia, nada más. Seti hablaba al viento, al agua, a la inmensidad del Delta, su hijo sólo le servía para realzar su valor. Llevándole al extremo del mundo, había roto su vanidad y sus fantasmas. La existencia de Ramsés no sería la de un monarca.

No obstante, éste se sentía próximo a Seti, aunque la personalidad de su padre fuera aplastante e inaccesible; deseaba oír sus enseñanzas, probarle sus capacidades, ir más allá de sí mismo. No, no era un fuego ordinario el que ardía en él; su padre lo había advertido, y poco a poco le desvelaba los secretos del oficio de rey.

Nadie vendría a buscarlo; a él le tocaba decidirse a partir.

Ramsés abandonó a los pescadores antes del alba, mientras aún dormían apretujados alrededor del fuego. Provisto de dos remos, hizo avanzar directamente al sur su canoa de papiro, a ritmo sostenido. La observación de las estrellas le permitió tomar la dirección correcta. Luego se fió de su instinto, antes de llegar a un brazo mayor del río. El viento del norte lo empujó. Infatigables, sus brazos continuaron remando. Orientado hacia su meta, concediéndose breves etapas, alimentándose de pescado seco que había llevado con él, Ramsés cedió a la corriente en vez de luchar contra ella. Unos cormoranes lo sobrevolaron, el sol lo bañaba con sus rayos.

Más allá, en la punta del Delta, estaba la muralla blanca de Menfis.

16

El calor se hacía sofocante. Hombres y animales trabajaban lentamente, esperando la crecida, sinónimo ésta de un largo período de reposo para aquellos que no tuvieran deseos de ser empleados como peones en las obras del faraón. Una vez recogida la cosecha, la tierra parecía estar a punto de morir de sed. Pero el color del Nilo había cambiado, y su tono marrón anunciaba la próxima subida de las aguas beneficiosas de las que dependía la riqueza de Egipto.

En las grandes ciudades se buscaba la sombra; en los mercados, los comerciantes se refugiaban bajo grandes telas tendidas entre estacas. Acababa de empezar el período más temido: el de los cinco últimos días del año, que no pertenecían al armonioso calendario que comprendía doce meses de treinta días. Esos cinco días fuera del ciclo regular formaban el dominio de Sekhmet, la terrorífica diosa con cabeza de león que hubiera acabado con la humanidad, rebelada contra la luz, si el creador no hubiera intervenido una vez más en su favor haciendo creer a la fiera divina que él bebía sangre humana cuando tomaba cerveza roja, a base de cizaña. Cada año, en este mismo período, Sekhmet ordenaba a sus hordas de enfermedades y miasmas que se desplegaran por el país, y se encarnizaba en librar a la tierra de la presencia de humanos viles, cobardes y conspiradores. En los templos se cantaban día y noche letanías destinadas a apaciguar a Sekhmet, y el faraón en persona dirigía una liturgia secreta que permitiría una vez más, si el rey era justo, transformar la muerte en vida.

Durante esos cinco temibles días, la actividad económica era casi nula; se aplazaban proyectos y viajes, los barcos permanecían en el muelle, muchos campos estaban vacíos. Algunos rezagados se apresuraban a consolidar los diques que exigían los últimos refuerzos, temiendo la aparición de vientos violentos, testimonio de la cólera de la leona vengadora. Sin la intervención del faraón, ¿qué habría quedado del país, devastado por un despliegue de poderes destructivos?

También al jefe de seguridad del palacio de Menfis le habría gustado esconderse en su despacho y esperar la fiesta del primer día del año, cuando los corazones, liberados del temor, se abrían a una alegría desbordante. Pero acababa de ser llamado por la reina Tuya, y no dejaba de preguntarse sobre el motivo de esa convocatoria. Habitualmente no tenía contacto directo con la gran esposa real y recibía las órdenes de su chambelán. ¿Por qué este procedimiento desacostumbrado?

La gran dama lo aterrorizaba, como a muchos notables. Vinculada al carácter ejemplar de la corte de Egipto, no soportaba la mediocridad. Disgustarla era una falta sin remedio.

Hasta entonces el jefe de seguridad de palacio había llevado una carrera tranquila, sin alabanzas ni amonestaciones, subiendo los escalones de la jerarquía sin molestar a nadie. Tenía el arte de pasar inadvertido y de arraigar en el puesto que ocupaba. Desde su toma de posesión, ningún incidente había perturbado la quietud de palacio.

Ningún incidente, salvo esta convocatoria.

¿Alguno de sus subordinados, que codiciaba su puesto, lo habría calumniado? ¿Un íntimo de la familia real buscaba su perdición? ¿De qué error sería acusado? Estas preguntas lo obsesionaban y le provocaban una jaqueca insoportable.

Temblando, afectado por un tic que le hacía pestañear, el jefe de seguridad fue admitido en la sala de audiencias en la que se encontraba la reina. Aunque era más alto que ella, le pareció inmensa.

Se prosternó.

—Majestad, que los dioses os sean favorables y que...

—Basta de fórmulas huecas, sentaos.

La gran esposa real le señaló una silla confortable; el funcionario no se atrevió a levantar los ojos hacia ella. ¿Cómo una mujer tan menuda podía poseer tanta autoridad?

—Vos sabéis, supongo, que un palafrenero ha intentado suprimir a Ramsés.

—Sí, majestad.

—Y también sabéis que se busca al carretero que acompañaba a Ramsés en la cacería, y que quizá es el instigador del crimen.

—Sí, majestad.

—Sin duda estáis informado del estado en que se encuentra la investigación.

—Temo que sea larga y difícil.

—Teméis... ¡Sorprendente expresión! ¿Teméis descubrir la verdad?

El jefe de seguridad se levantó como si hubiera sido picado por una avispa.

—¡Por supuesto que no! Yo...

—Sentaos y escuchadme con atención. Tengo la sensación de que se desea sofocar este asunto y reducirlo a un simple caso de legítima defensa. Ramsés ha sobrevivido, su agresor ha muerto y su instigador ha desaparecido. ¿Por qué buscar más? A pesar de la insistencia de mi hijo, no existe ningún elemento nuevo. ¿Estamos reducidos al estado de un principado bárbaro, o es que la noción de justicia ya no tiene ningún sentido?

—¡Majestad! Conocéis la abnegación de la policía, vos...

—Compruebo su ineficacia y espero que sólo sea pasajera; si alguien bloquea la investigación, lo descubriré. Más exactamente, seréis vos quien lo identifique.

—¿Yo? Pero...

—Vuestra posición es la mejor para llevar a cabo investigaciones rápidas y discretas. Encontrad al carretero que condujo a Ramsés a una emboscada y traedlo ante un tribunal.

—Majestad, yo...

—¿Alguna objeción?

Hundido, el jefe de seguridad se sintió atravesado por una de las flechas de Sekhmet. ¿Cómo lograría satisfacer a la reina sin tomar riesgos y sin disgustar a nadie? Si el verdadero responsable de la agresión era un personaje bien situado, quizá se mostraría más feroz que Tuya... Pero esta última no soportaría un fracaso.

—No, por supuesto que no... Pero no será fácil.

—Si os he llamado no es para un trabajo de rutina. Sin embargo, os confío una segunda tarea, mucho más fácil.

Tuya habló de los panes de tinta fraudulentos y del misterioso taller en el que eran fabricados; gracias a las indicaciones proporcionadas por Ramsés, ella precisó el emplazamiento y exigió el nombre del propietario.

—¿Los dos asuntos están relacionados, majestad?

—Es poco probable, pero ¿quién sabe? Vuestras diligencias nos lo aclararán.

—No lo dudéis.

—Me sentiré muy satisfecha. Ahora, a la caza.

La reina se retiró.

Abatido, con jaqueca, el notable se preguntó si su único recurso no sería la magia.

Chenar resplandecía.

Alrededor del hijo primogénito del faraón, en una de las salas de recepción de palacio, decenas de mercaderes acudieron del mundo entero. Chipriotas, fenicios, egeos, sirios, libaneses, africanos, orientales de piel amarilla, hombres de rostro muy pálido venidos de las brumas del norte habían respondido a su llamada. El esplendor internacional del Egipto de Seti era tal que una invitación a la corte era considerada como un honor; sólo faltaban los representantes del Estado hitita, cada vez más hostiles a la política llevada por el faraón.

Para Chenar, el comercio internacional era el futuro de la humanidad. En los puertos de Fenicia, en Biblos, en Ugarit, ya atracaban barcos procedentes de Creta, de África o del lejano Oriente. ¿Por qué Egipto permanecía reticente a la expansión de este tráfico, bajo el pretexto de preservar su identidad y sus tradiciones? Chenar admiraba a su padre, pero le reprochaba no ser un hombre de progreso. En su lugar, habría procedido a la desecación de la mayor parte del Delta y a la creación de numerosos puertos mercantes en la costa mediterránea. Como sus antepasados, Seti estaba obsesionado por la seguridad de las Dos Tierras. En lugar de desarrollar el sistema defensivo y preparar al ejército para la guerra, ¿no era mejor comerciar con los hititas y, si era necesario, pacificar a los más belicosos enriqueciéndolos?

Cuando subiera al trono, Chenar aboliría la violencia. Odiaba el ejército, a los generales y a los soldados, el espíritu limitado de los militaristas iracundos, el dominio por la fuerza bruta. No era así como se ejercía el poder, un poder con posibilidades de durar. Cualquier día, un pueblo vencido se volvía vencedor al revelarse contra el ocupante. Por el contrario, aprisionarlo en una red de leyes económicas que sólo comprendía y manipulaba una pequeña casta eliminaría rápidamente toda tentativa de resistencia.

Chenar agradecía al destino el haberle ofrecido la posición de hijo primogénito del rey y de sucesor designado del trono. Claro, no sería Ramsés, inquieto e incompetente, quien le impidiera llevar a cabo sus grandiosos sueños: una red mercantil a escala del mundo civilizado de la que sería amo absoluto, alianzas favorables a sus intereses, una sola nación en la que desaparecerían los particularismos y las costumbres... ¿Había proyecto más excitante?

Qué importaba Egipto... Serviría de base de partida, cierto, pero pronto se mostraría insuficiente. El sur, paralizado en sus tradiciones, no tenía futuro. Cuando Chenar hubiera triunfado, se establecería en un país acogedor, desde donde controlaría su imperio.

Habitualmente, los mercaderes extranjeros no eran recibidos en la corte. Mediante esa recepción, el sucesor de Seti subrayaba su interés por ellos. Así preparaba un futuro que deseaba cercano. Convencer a Seti de que modificara su actitud no sería fácil; pero un soberano, aunque fuera respetuoso de Maat, ¿no debía someterse a los imperativos del momento? Chenar se jactaba de utilizar buenos argumentos.

La recepción fue un verdadero éxito. Los mercaderes extranjeros prometieron a Chenar ofrecerle las más bellas vasijas que realizaban sus artesanos; así enriquecería su colección, reputada en todo el Próximo Oriente y hasta en Creta. ¿Qué no habría sacrificado a fin de adquirir un objeto perfecto, de curvas delicadas y colores fascinantes? El placer de poseer se agregaba al de contemplar. Solo frente a sus tesoros, Chenar se hartaba con un goce que nadie le arrebataba.

Uno de sus informadores se acercó a él, después de interrumpir una calurosa conversación con un negociante asiático.

—Problemas —murmuró el informador.

—¿De qué naturaleza?

—Vuestra madre no se contenta con los resultados de las investigaciones oficiales.

Chenar hizo una mueca.

—¿Es un capricho?

—Mucho más que eso.

—¿Quiere investigar ella misma?

—Se lo ha encargado al jefe de seguridad del palacio.

—Un inepto.

—Puesto contra la pared, podría convertirse en molesto.

—Dejemos que se mueva.

—¿Y si obtiene resultados?

—Es poco probable.

—¿No sería bueno ponerle en guardia?

—Temo una reacción imprevisible. Los imbéciles son inmunes al razonamiento. Además, no descubrirá ninguna pista seria.

—¿Cuáles son vuestras órdenes?
—Observar y mantenerme al corriente.
El informador desapareció. Chenar se volvió hacia sus huéspedes. A pesar de su irritación, puso buen semblante.

17

La policía fluvial vigilaba permanentemente el acceso al puerto septentrional de Menfis. Las idas y venidas de los barcos estaban reglamentadas para evitar accidentes. Cada unidad era identificada, y en caso de aglomeración debía esperar antes de atracar.

El encargado del canal principal lo observaba todo con ojos casi distraídos. A la hora del almuerzo, el tráfico era escaso. Desde lo alto de la torre blanca abrumada por un sol ardiente, el policía contemplaba, no sin orgullo, el Nilo, los canales y el campo verdoso, cuya anchura anunciaba el nacimiento del Delta. En menos de una hora, cuando el sol empezara a bajar del cenit, volvería a su casa, en el suburbio sur de la ciudad, y disfrutaría de una siesta reparadora antes de jugar con sus hijos.

Su estómago gritaba de hambre; así pues, masticó un trozo de empanada rellena de ensalada cogida aquella misma mañana. Su trabajo era más fatigoso de lo que parecía. Le exigía una gran concentración.

De pronto apareció un extraño espectáculo.

Primero creyó que era un espejismo provocado por el juego de la luz del verano sobre el azul del río. Luego, olvidando su refrigerio, fijó la mirada en la increíble embarcación que se abría paso entre dos barcazas cargadas de ánforas y sacos de grano.

Era una canoa de papiro... A bordo, ¡un joven que manejaba el remo a un ritmo infernal!

Habitualmente, este tipo de esquifes no salían del laberinto acuático del Delta... Y sobre todo, ¡no estaba inscrito en la lista de los barcos autorizados a circular aquel día! Utilizando un espejo, el policía dirigió una señal óptica al grupo de intervención rápida.

Tres veloces barcas, movidas por equipos de remeros bien entrenados, se precipitaron sobre el intruso, que fue obligado a detenerse. El príncipe Ramsés desembarcó entre dos policías.

Iset la bella dejó estallar su furor.

—¿Por qué Ramsés se niega a recibirme?

—Lo ignoro —respondió Ameni, que aún tenía la cabeza adolorida.

—¿Está enfermo?

—Espero que no.

—¿Te ha hablado de mí?

—No.

—¡Deberías ser más hablador, Ameni!

—No es el papel de un secretario particular.

—Volveré mañana.

—Como queráis.

—Trata de ser más conciliador. Si me abres su puerta, serás recompensado.

—Me basta mi salario.

La joven se encogió de hombros y se retiró.

Ameni estaba perplejo; desde su regreso del Delta, Ramsés se había encerrado en su habitación y no había pronunciado una palabra. Consumía sin apetito las comidas que le traía su amigo, releía las máximas del sabio Ptah-hotep, o permanecía en la terraza, desde donde contemplaba la ciudad y, a lo lejos, las pirámides de Gizeh y de Saqqara.

Aunque no lograba suscitar su interés, Ameni le había informado del resultado de sus investigaciones. Sin duda alguna, según los borradores de documentos, el taller sospechoso pertenecía a un importante personaje que empleaba varios artesanos, pero Ameni se topaba con un muro de silencio que no tenía capacidad de romper.

Loco de alegría, *Vigilante* festejó a su amo y no lo abandonó, por miedo a perderlo de nuevo. Ávido de caricias o acostado a los pies del príncipe, el perro amarillo oro, con las orejas colgantes y la cola en espiral, representaba sin desfallecer su papel de guardián. Sólo él recogía las confidencias de Ramsés.

La víspera de Año-Nuevo y de la fiesta de la crecida, Iset la bella perdió la paciencia y, a pesar de la prohibición de su amante, fue a verle a la terraza en la que meditaba en compañía de su perro. *Vigilante* mostró los dientes, emitió un gruñido y levantó las orejas.

—¡Calma a esa bestia!

La mirada glacial de Ramsés impidió a la joven acercarse.

—¿Qué sucede? ¡Habla, te lo ruego!

Ramsés se volvió, indiferente.

—No tienes derecho a tratarme así... Temo por ti, te amo, ¡y ni siquiera me concedes una mirada!

—Déjame solo.

Ella se arrodilló, suplicante.

—¡Al fin una palabra!

Vigilante pareció menos hostil.

—¿Qué quieres de mí?

—Mira el Nilo, Iset.

—¿Puedo acercarme?

Él no contestó, y ella se atrevió. El perro no se interpuso.

—La estrella Sothis va a salir de las tinieblas —indicó Ramsés—. Mañana se levantará por oriente con el sol y anunciará el comienzo de la crecida.

—¿No es así todos los años?

—¿No entiendes que este año no será semejante a ningún otro?

La gravedad del tono impresionó a Iset la bella. No tuvo fuerzas para mentir.

—No, no lo comprendo.

—Mira el Nilo.

Tiernamente, ella se colgó de su brazo.

—No seas tan enigmático; no soy tu enemiga. ¿Qué ha sucedido en el Delta?

—Mi padre me ha puesto frente a mí mismo.

—¿Qué quieres decir?

—No tengo derecho a huir. Ocultarme sería inútil.

—Yo creo en ti, Ramsés, sea cual sea tu destino.

Suavemente, él acarició sus cabellos. Ella lo contempló, desconcertada. Allá, en las tierras del norte, la prueba vivida lo había transformado.

El adolescente se había hecho hombre.

Un hombre de una belleza deslumbrante, un hombre del que estaba perdidamente enamorada.

Los especialistas de los nilómetros no se habían equivocado al anunciar el día en que la crecida tomaría por asalto las orillas de Menfis.

En seguida se organizó la fiesta; por todas partes se clamaba que la diosa Isis, al final de una larga búsqueda, había encontrado y resucitado a Osiris. Poco después del alba, el dique que cerraba el principal canal que abastecía a la ciudad fue abierto, y la oleada de la crecida se precipitó con fogosidad; a fin de que aumentara sin destruir, se echaron miles de estatuillas en la corriente. Representaban a Hapy, el poder fecundador del Nilo, simbolizado por un hombre con senos colgantes y un tocado de papiros en la cabeza y que llevaba bandejas cargadas de vituallas. Cada familia conservaba una cantimplora de loza llena de agua de la crecida, cuya posesión garantizaba la prosperidad.

En palacio había actividad. En menos de una hora se organizaría la procesión que iría hasta el Nilo, con el faraón a la cabeza, para realizar allí un rito de ofrenda. Y cada cual se preguntaba acerca de qué lugar ocuparía en la jerarquía desvelada a los ojos del pueblo.

Chenar daba vueltas en redondo. Por segunda vez, preguntó al chambelán.

—¿Mi padre ha confirmado por fin mi papel?

—Todavía no.

—¡Es insensato! Pregúntale al ritualista.

—El propio rey dará la orden a la cabeza de la procesión.

—¡Todo el mundo lo conoce!

—Perdonadme, no sé nada más.

Nervioso, Chenar comprobó los pliegues de su largo traje de lino y ajustó el collar de tres vueltas de perlas de cornalina. Hubiera deseado más lujo, pero no debía hacer sombra a su padre. Así que los rumores se verificaban. Seti tenía la intención de modificar algunas disposiciones del protocolo, de acuerdo con la reina. Pero ¿por qué no estaba él al tanto? Si la pareja real lo mantenía aparte, alguna desgracia se perfilaba en el horizonte. ¿Y quién podía ser el instigador, sino el ambicioso Ramsés?

Chenar, estaba seguro de ello, se había equivocado al subestimar a su hermano. Aquella serpiente no dejaba de intrigar contra él entre bastidores y creía haber dado un golpe decisivo al calumniarlo. Tuya había escuchado sus mentiras e influido en su marido.

Sí, ése era el plan de Ramsés: ocupar el primer lugar detrás de la pareja real durante una gran ceremonia pública, y probar que había suplantado a su hermano mayor.

Chenar pidió audiencia a su madre.

Dos sacerdotisas terminaban de vestir a la gran esposa real, cuyo tocado, una corona dominada por dos altas plumas, recordaba que encarnaba el soplo de vida fecundando el país entero. Mediante su presencia, la sequía sería vencida y volvería la fecundidad.

Chenar se inclinó ante su madre.

—¿A qué viene tanta indecisión conmigo?

—¿De qué te lamentas?

—¿No debería secundar a mi padre durante el ritual de ofrendas en el Nilo?

—Es él quien debe decidirlo.

—¿No estáis informada de su decisión?

—¿Pierdes la confianza en tu padre? Habitualmente eres el primero en elogiar la sabiduría de sus decisiones.

Chenar permaneció callado, lamentando su diligencia. Frente a su madre, se sentía a disgusto; sin agresividad, pero con una precisión temible, ella horadaba su caparazón y daba en el clavo.

—Continúo aprobándolas, estad segura de ello.

—En ese caso, ¿por qué inquietarse? Seti actuará en el mejor interés de Egipto. ¿No es eso lo esencial?

A fin de ocupar las manos y el espíritu, Ramsés copiaba sobre un papiro una máxima del sabio Ptah-hotep: «Si eres un guía encargado de dar directrices a un gran número de hombres —preconizaba—, busca en cada ocasión ser eficiente, de manera que tu modo de gobernar no tenga errores.» El príncipe se imbuyó de este pensamiento, como si el viejo autor, a través de los siglos, se dirigiera directamente a él.

En menos de una hora, un ritualista vendría a buscarlo y le indicaría su lugar en la procesión. Si su instinto no lo engañaba, ocuparía el que habitualmente estaba reservado a Chenar. La razón exigía que Seti no trastornara en absoluto el orden establecido; pero ¿por qué el protocolo dejaba planear un misterio sobre la jerarquía que sería desvelado a la inmensa muchedumbre congregada a orillas del Nilo? El faraón preparaba un golpe de efecto. Y ese golpe de efecto era la sustitución de Chenar por Ramsés.

Ninguna ley obligaba al rey a designar a su hijo primogénito como su sucesor; ni siquiera estaba obligado a elegirlo entre los notables. Muchos faraones y reinas habían pertenecido a familias modestas o sin contacto con la corte. La propia Tuya sólo era una provinciana sin fortuna.

Ramsés recordaba los episodios vividos con su padre. Ninguno era fruto de la casualidad. Discontinuamente, mediante brutales tomas de conciencia, Seti lo había despojado de sus ilusiones para poner a la luz su verdadera naturaleza. Del mismo modo que un león nacía para ser león, Ramsés se sentía nacido para reinar.

Al contrario de lo que había creído, no disponía de ninguna libertad. El destino trazaba el camino y Seti velaba para que no se apartara en absoluto de él.

Gran cantidad de mirones se apretujaban al borde del camino que llevaba del palacio al río; era una de las escasas ocasiones para ver al faraón, a su esposa, a sus hijos y a los principales dignatarios, en ese día de fiesta que marcaba el nacimiento del nuevo año y el regreso de la crecida.

Desde la ventana de sus apartamentos, Chenar miraba a los curiosos que poco después asistirían a su caída. Seti ni siquiera le había concedido la posibilidad de defender su causa y de demostrar que Ramsés era incapaz de ejercer como rey. Falto de lucidez, el monarca se mantenía en una decisión arbitraria e injusta.

No todos los cortesanos lo admitirían. A Chenar le correspondía reunirlos y fomentar una oposición cuya influencia Seti no podría desdeñar. Muchos notables tenían confianza en Chenar. Si Ramsés daba algún paso en falso, su hermano mayor pronto recuperaría la delantera. Y si no lo hacía por sí mismo, Chenar montaría las trampas de las que no escaparía.

El ritualista jefe rogó al hijo primogénito del rey que le siguiera, la procesión estaba a punto de comenzar.

Ramsés siguió al ritualista.

La procesión se extendía desde la puerta del palacio a la salida del barrio de los templos. El príncipe fue conducido hacia la cabeza, en la que se encontraba la pareja real, precedido por el adalid. Los sacerdotes, con el cráneo rasurado, vestidos de blanco, miraron pasar al hijo menor de Seti, cuya prestancia los sorprendió. Algunos todavía lo consideraban como un adolescente dedicado a juegos y diversiones sin fin, destinado a una existencia fácil y sin brillo.

Ramsés avanzó.

Superó a algunos cortesanos influyentes y grandes damas con suntuosos atavíos. Por primera vez, el príncipe aparecía en público. No, no había soñado; su padre, el mismo día del Año Nuevo, iba a asociarlo al trono.

Pero el avance se detuvo en seco.

El ritualista le rogó que se situase detrás del gran sacerdote de Ptah, por detrás de la pareja real, por detrás de Chenar, que, a la derecha de su padre, se mostraba todavía como el sucesor designado por Seti.

18

Durante dos días, Ramsés se negó a comer y a hablar con nadie.

Ameni, consciente de la inmensa decepción de su amigo, supo retirarse y permanecer silencioso. Como una sombra, veló sobre el príncipe sin importunarlo. Ramsés, ciertamente, había salido del anonimato y en lo sucesivo figuraba entre las personalidades de la corte autorizadas a participar en los rituales del Estado, pero el lugar que le habían atribuido hacía de él un simple figurante. A los ojos de todos, Chenar seguía siendo el heredero de la corona.

El perro amarillo oro, con las orejas colgantes, se dio cuenta de la tristeza de su amo, y no le pidió ni paseos ni juegos. Gracias a su confianza, el príncipe salió de la prisión en la que él mismo se había encerrado. Alimentando a *Vigilante*, aceptó por fin tomar la comida que le proponía su secretario particular.

—Soy un imbécil y un vanidoso, Ameni. Mi padre me ha dado una buena lección.

—¿De qué sirve torturarte?

—Me creía menos estúpido.

—¿El poder es tan importante?

—El poder, no, pero realizar las dotes naturales de cada uno ¡sí! Y yo estaba convencido de que mis dotes naturales me exigían reinar. Mi padre me apartaba del trono, y yo estaba ciego.

—¿Aceptarás tu destino?

—¿Acaso tengo alguno?

Ameni temía una locura. La desesperación de Ramsés era tan profunda que podía arrastrarlo a una aventura insensata en la que se destruiría sin remedio. Sólo el tiempo atenuaría la decepción, pero la paciencia era una virtud desconocida por el príncipe.

—Sary nos invita a una competición de pesca —murmuró Ameni—. ¿Querrás venir? Nos divertiremos.

—Como quieras.

El joven escriba contuvo un arranque de alegría. Si Ramsés saboreaba de nuevo los placeres cotidianos, se curaría pronto.

El ex ayo de Ramsés y su esposa habían reunido a brillantes elementos de la juventud cultivada para iniciarlos en un placer sutil: la pesca con caña en un estanque en el que abundaban peces de criadero. Cada participante contaba con un trípode y una caña de pescar de madera de acacia; el más hábil sería proclamado vencedor del concurso y ganaría un espléndido papiro que relataba las aventuras de Sinuhé, una novela clásica que generaciones de letrados habían apreciado.

Ramsés dejó su lugar a Ameni, que apreció mucho esta distracción inédita. ¿Cómo iba a comprender que ni su amistad ni el amor de Iset la bella apagarían el fuego que devoraba su alma? El tiempo no hacía más que atizar esa llama insaciable que debía alimentar. Dijera lo que dijese su destino, no aceptaría una existencia mediocre. Sólo dos seres lo fascinaban: su padre, el rey, y su madre, la reina. Era su visión la que quería compartir, nada más.

Afectuosamente, Sary colocó la mano en el hombro de su antiguo alumno.

—¿Te aburre este juego?

—La recepción es un éxito.

—Tu presencia lo garantizaba.

—¿Te ha dado por la ironía?

—No es ésa mi intención; tu posición está bien consolidada. Muchos cortesanos te han admirado durante la procesión.

El jovial Sary parecía sincero. Llevó a Ramsés bajo un quiosco donde servían cerveza fresca.

—La función de escriba real es la más envidiable que existe —declaró con entusiasmo—. Te ganas la confianza del rey, tienes acceso a los tesoros y a los graneros, recibes una buena parte de las ofrendas después de ser consagradas en el templo, vas bien vestido, posees caballos y una barca, vives en una hermosa villa, cobras las rentas de tus campos, y celosos servidores se preocupan de tu bienestar. Tus brazos no se cansan, tus manos permanecen suaves y blancas, tu espalda es sólida, no llevas cargas pesadas, no manejas ni la azada ni el pico, escapas de los trabajos pesados y tus órdenes son ejecutadas con diligencia. Tu paleta, tus cálamos y tu rollo de papiro aseguran tu prosperidad y hacen de ti un hombre rico y respetado. ¿Y la gloria?, me dirás. ¡Pero si te pertenece! Los contemporáneos de los escribas sabios han caído en el olvido, mientras la posteridad canta las alabanzas de los escritores.

—Sé escriba —recitó Ramsés con voz neutra—, pues un libro es más duradero que una estela o una pirámide. Conservará tu nombre mejor que cualquier construcción. Como herederos, los escribas tienen sus libros de sabiduría. Los sacerdotes que celebran sus ritos funerarios son sus escritos. Sus hijos son las tablillas en las que escriben, y las piedras cubiertas de jeroglíficos sus esposas. Los edificios más robustos se desmenuzan y desaparecen, la obra de los escribas cruza las edades.

—¡Espléndido! —exclamó Sary—; no has olvidado ni una migaja de mis enseñanzas.

—Son las de nuestros padres.

—Cierto, cierto... Pero soy yo quien te las ha transmitido.

—Y te rindo homenaje por ello.

—¡Cada vez estoy más orgulloso de ti! Sé un buen escriba real y no pienses en nada más.

Otros invitados requirieron las atenciones del anfitrión. Se conversaba, se bebía, se pescaba con caña, se hacían falsas confidencias, y Ramsés se aburría, ajeno a ese pequeño mundo satisfecho de su mediocridad y de sus privilegios.

Su hermana mayor lo tomó tiernamente por el brazo.

—¿Eres feliz? —preguntó Dolente.

—¿No se me nota?

—¿Crees que soy hermosa?

Él se apartó y la miró. Su vestido era más bien exótico, con un exceso de colores vivos, una peluca demasiado complicada, pero parecía menos aburrida que de costumbre.

—Eres una perfecta dueña de casa.

—Un cumplido viniendo de ti... ¡Es tan raro!

—Pues tanto mejor.

—Tu contribución fue muy apreciada durante el ritual de ofrendas al Nilo.

—Me quedé inmóvil y no pronuncié palabra.

—Precisamente... ¡Una excelente sorpresa! La corte había previsto otra reacción.

—¿Cuál?

En la mirada picante de Dolente apareció un fulgor malicioso.

—Una protesta... Quizá incluso una agresión. Cuando no obtienes lo que deseas, habitualmente te muestras más violento. ¿El león se habrá convertido en cordero?

Ramsés cerró los puños para no abofetearla.

—¿Sabes qué deseo, Dolente?

—Lo que posee tu hermano y que tú nunca tendrás.

—Te equivocas, no soy envidioso. Sólo busco mi verdad.

—El tiempo de las vacaciones ha llegado. Menfis se vuelve sofocante. Nosotros nos vamos a nuestra residencia del Delta. Ven con nosotros, ¡la familia está tan pocas veces reunida! Nos enseñarás a navegar, nadaremos y pescaremos grandes peces.

—Mi misión...

—Ven, Ramsés; ya que ahora todo está claro, sé atento con tus parientes y aprovéchate de su afecto.

El vencedor del concurso de pesca lanzó un grito de alegría; la dueña de casa se vio obligada a felicitarle, mientras su esposo le entregaba el papiro con el relato de las aventuras de Sinuhé.

Ramsés hizo un gesto a Ameni.

—Mi caña se ha roto —confesó el joven escriba.

—Vámonos.

—¿Ya?

—El juego ha terminado, Ameni.

Chenar, suntuosamente vestido, se acercó a Ramsés.

—Lamento llegar tan tarde, no he podido admirar tu técnica.

—Ameni me ha sustituido.

—¿Cansancio pasajero?

—Piensa lo que quieras.

—Está bien, Ramsés, cada día tomas más conciencia de tus límites. No obstante esperaba que me estuvieras agradecido.

—¿Por qué razón?

—Si has sido admitido en esa magnífica procesión, es gracias a mi intervención. Seti deseaba excluirte. Temía, con razón, una falta de modales. Por suerte te has comportado bien: continúa así y tendrenos buenas relaciones.

Seguido de una corte de celadores, Chenar se alejó. Sary y su esposa se inclinaron ante él, encantados por su inesperada aparición.

Ramsés acarició la cabeza de su perro. Presa de éxtasis, *Vigilante* cerró los ojos. El príncipe contemplaba las estrellas circumpolares que se consideraban imperecederas. Según los sabios, formaban en el más allá el corazón del faraón resucitado, una vez que había sido reconocido «sólo por la voz» por el tribunal divino.

Desnuda, Iset la bella se agarró a su cuello.

—Olvida un poco ese perro... Voy a terminar por estar celosa de él. ¡Me haces el amor y me abandonas!

—Te has dormido, yo no tenía sueño.

—Si me besas, te revelaré un pequeño secreto.

—No me gusta el chantaje.

—He logrado hacerme invitar por tu hermana mayor; así estarás menos solo con tu querida familia, y daremos razones al rumor que ya nos ve casados.

Se tornó tan tierna y tan felina que el príncipe no pudo ignorar sus caricias. La tomó en sus brazos, cruzó la terraza, la depositó en la cama y se tendió sobre ella.

Ameni estaba feliz. Ramsés había recuperado su feroz apetito.

—Todo está dispuesto para la partida —anunció con orgullo—; yo mismo he comprobado el equipaje. Estas vacaciones nos serán beneficiosas.

—Te las has ganado. ¿Piensas dormir un poco?

—Cuando he comenzado un trabajo, no consigo detenerme.

—En casa de mi hermana estarás ocioso.

—Temo que no; tu posición implica conocer muchos informes y...

—¡Ameni!, ¿por qué no te relajas?

—A tal maestro, tal servidor.

Ramsés lo tomó por los hombros.

—Tú no eres mi servidor, sino mi amigo. Sigue mi consejo: descansa unos días.

—Lo intentaré, pero...

—¿Tienes alguna preocupación?

—Los panes de tinta alterados, el taller sospechoso... Quiero saber la verdad.

—¿Está a nuestro alcance?

—Ni Egipto ni nosotros mismos podemos tolerar semejante malversación.

—Tienes las dotes de un hombre de Estado...

—Piensas como yo, estoy seguro de ello.

—He pedido a mi madre que nos ayude.

—Es... ¡es maravilloso!

—Por el momento no hay ningún resultado.

—Lo conseguiremos.

—No me importan esos panes de tinta y ese taller, pero quiero tener frente a mí al hombre que intentó matarte y al que dio la orden.

La determinación de Ramsés hizo estremecer a su secretario particular.

—Mi memoria es infalible, Ameni.

Sary había fletado un elegante barco en el que unas treinta personas disponían de todas las comodidades. Disfrutaba ante la idea de bogar en un verdadero mar que había causado la inundación y llegar a una confortable residencia situada en la cumbre de una loma, en un palmeral. Allí, el calor sería más soportable y las jornadas pasarían perezosas y cautivadoras.

El capitán tenía prisa por partir. La policía fluvial acababa de autorizarlo a salir del puerto. Si perdía su turno, necesitaría esperar dos o tres horas.

—Ramsés se está retrasando —lamentó su hermana mayor.

—No obstante, Iset la bella ya está a bordo —recordó Sary.

—¿Y su equipaje?

—Embarcado al alba, antes de la canícula.

—¡Ahí está su secretario! —gritó Dolente.

Ameni corría a pequeños trompicones. Poco acostumbrado a ese tipo de ejercicio, recuperó el aliento antes de expresarse.

—Ramsés ha desaparecido —anunció.

19

Acompañado de un perro amarillo oro de orejas colgantes, el viajero llevaba a la espalda una estera enrollada y atada con una correa; en la mano izquierda tenía una bolsa de cuero que contenía un taparrabo y unas sandalias, y en la derecha un bastón. Cuando se detenía para descansar, desplegaba la estera a la sombra de un árbol y se dormía, bajo la protección de su fiel compañero.

El príncipe Ramsés había realizado la primera parte de su viaje en barco y la segunda a pie. Al tomar los estrechos caminos trazados sobre las lomas que sobresalían del agua, había cruzado muchas pequeñas aldeas y había comido con los campesinos. Harto de la ciudad, descubría un mundo apacible, eternamente similar a sí mismo, viviendo al ritmo de las estaciones y las fiestas.

Ramsés no había avisado ni a Ameni ni a Iset la bella. Deseaba viajar solo, como cualquier egipcio que partía a visitar a su familia o se dirigía a una de las numerosas obras abiertas durante el período de crecida.

En algún caso, para ir de un pueblo a otro, había requerido a un barquero que transportaba a los pobres o a los que no poseían barca, ni siquiera rudimentaria. En una extensión de agua gigante se cruzaban decenas de embarcaciones de diversos tamaños, algunas cargadas con niños, que a fuerza de gesticular caían al agua y se lanzaban a carreras desenfrenadas.

Era tiempo de descanso, de juegos y de viajes... Ramsés notaba la respiración del pueblo de Egipto, su alegría poderosa y serena, anclada en la confianza que sentía en el faraón. Aquí y allá, se hablaba de Seti con respeto y admiración. Su hijo se sintió orgulloso y se juró ser digno de él, incluso si seguía siendo un simple escriba real, encargado de vigilar la entrada de los granos o el registro de los decretos.

A la entrada del Fayum —provincia verde en la que reinaba Sobek, el dios cocodrilo—, el harén real de Mer-Ur, «el gran amor», se extendía sobre varias hectáreas que cultivaban jardineros experimentados. Una red de canales sabiamente dispuestos recorrían la vasta propiedad que algunos consideraban como la más hermosa de Egipto. Nobles damas ancianas disfrutaban allí de una tranquila jubilación, admirando a las soberbias jóvenes admitidas a trabajar en los talleres de tejeduría y en las escuelas de poesía, música y danza. Especialistas del esmalte perfeccionaban su técnica al lado de las creadoras de joyas. Verdadera colmena, el harén runruneaba de actividades incesantes.

Antes de presentarse en la puerta de la propiedad, Ramsés se cambió de taparrabo, calzó unas sandalias y sacudió el polvo del perro. Juzgándolo presentable, abordó a un guardia de rasgos desagradables.

—Vengo a ver a un amigo.

—¿Tu carta de recomendación, joven?

—No la necesito.

El guardia levantó el cuello.

—¿Por qué tanta pretensión?

—Porque soy el príncipe Ramsés, hijo de Seti.

—¡Te burlas de mí! El hijo de un rey se desplaza con escolta.

—Me basta con el perro.

—Sigue tu camino, muchacho; las bromas no me divierten.

—Te ordeno que te apartes.

La firmeza del tono y la agudeza de la mirada sorprendieron al policía. ¿Era necesario rechazar a aquel impostor o había que tomar algunas precauciones?

—¿Cómo se llama tu amigo?

—Moisés.

—Espera aquí.

Vigilante se sentó sobre sus posaderas, a la sombra de una persea. El aire estaba embalsamado, centenares de pájaros anidaban en los árboles del harén. ¿Podía la existencia ser más dulce?

—¡Ramsés!

Empujando al guardia, Moisés corrió hacia Ramsés. Los dos amigos se dieron un abrazo y luego franquearon la puerta, seguidos por *Vigilante,* que no sabía dónde meter el morro, tan agradables le parecían los olores que procedían de la cocina del puesto de guardia.

Moisés y Ramsés tomaron por una avenida embaldosada que serpenteaba entre sicómoros y que llevaba a un estanque donde crecían lotos blancos de grandes hojas abiertas. Se sentaron en un banco formado por tres bloques de caliza.

—¡Qué gran sorpresa, Ramsés! ¿Has sido destinado aquí?

—No, tenía ganas de verte.

—¿Has venido solo, sin escolta?

—¿Te sorprende?

—¡Ése es tu carácter! ¿Qué has hecho desde el desmembramiento de nuestro pequeño grupo?

—Me convertí en escriba real y creí que mi padre me había elegido como sucesor.

—¿Con el consentimiento de Chenar?

—Sólo era un sueño, por supuesto, pero estaba obsesionado. Cuando mi padre me desautorizó públicamente, la ilusión se disipó, aunque...

—¿Qué...?

—Aunque una fuerza, la misma fuerza que me ha engañado sobre mis capacidades, continúa incitándome. Adocenarme como un acaudalado me disgusta. ¿Qué hacer de nuestra vida, Moisés?

—Es la única pregunta importante, tienes razón.

—¿Cómo respondes tú a ella?

—Tan mal como tú. Soy uno de los ayudantes del jefe de este harén, trabajo en un taller de tejeduría, controlo el trabajo de los alfareros, dispongo de una casa con cinco habitaciones, un jardín, y de buenos alimentos. Gracias a la biblioteca del harén, yo, un hebreo, ¡me instruyo en toda la sabiduría de los egipcios! ¿Qué más puedo desear?

—Una hermosa mujer.

Moisés sonrió.

—Aquí no faltan, ¿ya te has enamorado?

—Quizá.

—¿Quién es la afortunada?

—Iset la bella.

—Un bocado de rey —dijo—; me das envidia... Pero ¿por qué dices «quizá»?

—Es soberbia, nos entendemos a las mil maravillas, pero soy incapaz de afirmar que la amo. Me imaginaba el amor de otra manera, más intenso, más loco, más...

—No te tortures y disfruta del presente: ¿no es ése el consejo de los arpistas que halagan nuestros oídos en los banquetes?

—Y tú, ¿has encontrado el amor?

—Amores, sin duda... Pero ninguno me satisface. También a mí me quema un fuego que no logro conocer. ¿Qué es mejor, olvidarlo o dejarlo crecer?

—No hay elección, Moisés; si huimos, nos desvaneceremos como sombras nefastas.

—¿Piensas que este mundo es luz?

—La luz está en este mundo.

Moisés levantó los ojos hacia el cielo.

—¿No se oculta en el corazón del sol?

Ramsés obligó a su amigo a bajar los ojos.

—No lo mires de frente, te cegará.

—Descubriré lo que está oculto.

Un grito de espanto interrumpió el diálogo. En una avenida paralela, dos tejedoras huían a todo correr.

—Es mi turno de sorprenderte —dijo Moisés—. Vamos a castigar al demonio que espanta a esas desdichadas.

El causante de los disturbios no había intentado ocultarse. Con la rodilla en tierra, recogía un reptil de un hermoso color verde oscuro y lo metía en un saco.

—¡Setaú!

El especialista en serpientes no manifestó ninguna emoción. Cuando Ramsés se sorprendió de encontrarlo allí, le explicó que la venta de veneno al laboratorio del harén aseguraba su independencia. Además, la perspectiva de pasar unos días en compañía de Moisés lo regocijaba en grado sumo. Sin molestarse ni uno ni otro con preceptos morales agobiantes, llevarían una gran vida antes de que sus caminos se separaran de nuevo.

—He enseñado a Moisés algunos elementos de mi arte. Cierra los ojos, Ramsés.

Cuando el príncipe recibió la orden de abrirlos, Moisés, bien firme sobre sus piernas, tenía en la mano derecha un bastón muy delgado, marrón oscuro.

—No es una gran hazaña.

—Mira más atentamente —recomendó Setaú.

El bastón cobró vida y se onduló; Moisés lanzó al suelo una serpiente de buen tamaño que Setaú recuperó en seguida.

—¿No es un hermoso juego de magia natural? Un poco de sangre fría, y se logra sorprender a cualquiera, ¡incluso al hijo de un rey!

Enséñame a manejar ese tipo de bastón.

—¿Por qué no?

—Llegas en el momento preciso —anunció Ameni—. La reina desea verte lo antes posible y Acha nos invita a cenar.

Acha recibió a Ramsés y a Ameni en la mansión que el Ministerio de Asuntos Exteriores acababa de atribuirle, en el centro de la ciudad, no lejos de la sede administrativa de la que dependía. A pesar de su juventud, parecía un diplomático experimentado, de maneras untuosas y tono conciliador. Preocupado por su apariencia, seguía la última moda menfita, mezcla de clasicismo en las formas y de exuberancia en los colores. A su elegancia innata se añadía una seguridad que Ramsés no le conocía. Era evidente que Acha había encontrado su camino.

—Pareces feliz de tu suerte —observó Ramsés.

—He sido bien orientado y la suerte me ha ayudado. Mi informe sobre la guerra de Troya ha sido considerado como el más preciso.

—¿De qué se trata exactamente?

—La derrota de los troyanos es inevitable. Contrariamente a los que creen en la clemencia de Agamenón, yo preveo una matanza y la destrucción de la ciudad. No obstante, nosotros no intervendremos. Egipto no se ve afectado por ese conflicto.

—Preservar la paz es el mayor deseo de Seti.

—Es por ello que está tan preocupado.

Ramsés y Ameni hicieron la misma angustiada pregunta a una sola voz:

—¿Temes un conflicto?

—Los hititas empiezan a agitarse de nuevo.

En el primer año de su reinado, Seti había tenido que hacer frente a una revuelta de los beduinos; azuzados por los hititas, invadieron Palestina y proclamaron un reino independiente en el que en seguida las facciones se mataron entre sí. Cuando volvió la calma, el faraón partió en campaña para pacificar Canaán, anexionar el sur de Siria y controlar los puertos fenicios. En el tercer año de reinado, todos habían creído en un choque frontal con las fuerzas hititas, pero los ejércitos habían acampado en sus posiciones antes de regresar a sus bases de retaguardia.

—¿Qué sabes con precisión? —preguntó Ramsés.

—Son informaciones confidenciales. Aunque eres escriba real, no perteneces a los servicios diplomáticos.

Con el índice derecho, Acha se alisó su pequeño bigote impecablemente recortado. Ramsés se preguntó si hablaba en serio, pero un fulgor de burla en los chispeantes ojos de su amigo lo tranquilizó.

—Los hititas fomentan disturbios en Siria. Algunos príncipes fenicios, a cambio de una considerable retribución, están dispuestos a ayudarles. Los consejeros militares del rey recomiendan una intervención rápida. Según los últimos rumores, Seti la juzga indispensable.

—¿Irás tú en la expedición?

—No.

—¿Has caído en desgracia?

—No exactamente.

El fino rostro de Acha se crispó ligeramente, como si las preguntas de Ramsés le parecieran inconvenientes.

—Me han confiado otra misión.

—¿De qué se trata?

—Esta vez debo morderme la lengua.

—¡Una misión secreta! —exclamó Ameni—. Fascinante, pero... peligroso.

—Estoy al servicio del Estado.

—¿En verdad no puedes confiarnos nada?

—Parto hacia el sur, no me preguntéis más.

Vigilante apreciaba en su justo valor el privilegio concedido: una copiosa comida servida en el jardín de la reina. Tuya, divertida, había recibido las señales de ternura que expresaba una lengua afectuosa para todos. Impaciente, Ramsés mascaba una ramita.

—Tienes un buen perro, hijo mío, es una suerte. Apréciala.

—Deseabas verme. Aquí estoy.

—¿Cómo ha ido tu estancia en el harén de Mer-Ur?

—¡Siempre lo sabes todo!

—¿No debo ayudar al faraón a reinar?

—¿Y las investigaciones?

—El jefe de seguridad se ha mostrado más eficaz de lo que suponía. Hemos progresado, pero las noticias no son buenas. El carretero que te condujo a una trampa ha sido encontrado muerto. Su cadáver yacía en una granja abandonada, al sur de Menfis.

—¿Cómo llegó allí?

—No hay testimonios fiables. En lo que se refiere al taller que fabricaba panes de tinta, es imposible identificar a su propietario. El papiro en que constaba su nombre ha sido destruido en el servicio de archivos.

—¡Sólo un notable ha podido cometer ese delito!

—Tienes razón. Un notable lo bastante rico y poderoso para comprar complicidades.

—Esta corrupción me repugna... ¡No debemos contentarnos con eso!

—¿Sospechas que me acobardo?

—¡Madre!

—Me gusta tu rebelión. No aceptes jamás la injusticia.

—¿Cómo actuaremos ahora?

—El jefe de seguridad es incapaz de ir más lejos. Yo tomaré el relevo.

—Estoy a tu disposición. Ordena y obedeceré.

—¿Estás dispuesto a semejante sacrificio para obtener la verdad?

La sonrisa de la reina era a la vez burlona y tierna.

—Ni siquiera puedo descubrir la que hay en mí.

Ramsés no se atrevió a confiarse más y hacer el ridículo a los ojos de Tuya.

—Un verdadero hombre no se contenta con esperar, actúa.

—¿Incluso cuando el destino le es contrario?

—A él le toca modificarlo. Si no es capaz de ello, que culpe a su propia mediocridad y no acuse a los demás de su desdicha.

—Supón que Chenar sea el manipulador que ha intentado suprimirme.

Una expresión de tristeza se grabó en el rostro de la reina.

—Es una horrible acusación.

—¿También a ti te ha asaltado la sospecha?

—Sois mis hijos, y os amo a los dos. Incluso si vuestros caracteres son diferentes, incluso si vuestra ambición es cierta, ¿cómo puedo admitir que tu hermano sea tan vil?

Ramsés se sintió trastornado. Su deseo de reinar lo había cegado hasta el punto de imaginar la más siniestra de las conspiraciones.

—Mi amigo Acha teme que la paz esté amenazada.

—Está bien informado.

—¿Ha decidido mi padre combatir a los hititas?

—La situación lo obliga a ello.

—Quiero partir con él y luchar por mi país.

21

En el ala del palacio reservada a Chenar, los empleados y el cuerpo de funcionarios tenían cara de pocos amigos. Estaban amedrentados y desempeñaban sus labores cumpliendo estrictamente las consignas; ni risas ni conversaciones turbaban la agobiante atmósfera.

La noticia había llegado a última hora de la mañana: movilización inmediata de los dos regimientos especiales para una intervención urgente. En suma, ¡había guerra contra los hititas! Chenar estaba aterrado; aquella reacción violenta comprometía la política comercial que él comenzaba a ejecutar y cuyos frutos esperaba cosechar muy pronto.

Aquel estúpido enfrentamiento generaría un sentimiento de inseguridad, perjudicial para las transacciones. Como muchos de sus predecesores, Seti se metía en líos. Aquella moral obsoleta, aquella voluntad de preservar el territorio egipcio, de afirmar la grandeza de una civilización, ¡desperdiciando una energía que habría sido tan útil en otras cosas! Chenar no había tenido tiempo de desbaratar la reputación de los consejeros militares del rey ni de probar su ingenuidad; aquellos militaristas sólo pensaban en guerrear, considerándose conquistadores ante los cuales todos los pueblos debían inclinarse. Si la expedición era un fracaso, Chenar se aprestaba a expulsar del palacio a todos aquellos incapaces.

¿Quién dirigiría el país durante la ausencia del faraón, de su primer ministro y del general en jefe? La reina Tuya, por supuesto. Incluso si las entrevistas con Chenar se espaciaban y a veces se volvían agrias, sentían un mutuo y real afecto. Había llegado la hora de que tuvieran una explicación franca y clara. Tuya no sólo lo comprendería, sino que influiría en Seti para mantener la paz. Por ello insistió en verla lo antes posible pese a lo cargado de sus compromisos.

Tuya lo recibió a media tarde, en la sala de audiencias.

—¡Qué marco tan solemne, querida madre!

—Apuesto a que tu gestión no es privada.

—Como siempre, lo habéis adivinado. ¿De dónde os viene ese sexto sentido?

—Un hijo no debe halagar a su madre.

—A vos no os gusta la guerra, ¿no es cierto?

—¿A quién le gusta?

—La decisión de mi padre me parece un poco precipitada.

—¿Lo crees capaz de actuar por capricho?

—No, pero las circunstancias... los hititas...

—¿Te gustan los vestidos hermosos?

Chenar se sintió desconcertado.

—Sí, pero...

—Acompáñame.

Tuya llevó a su hijo a una sala contigua. Sobre una mesa baja había una larga peluca de guedejas onduladas, una camisa de amplias mangas, una larga falda plisada y ribeteada de flecos, una faja cruzada que pasaría por las caderas y apretaría el traje a la cintura.

—¿No es cierto que es espléndido?

—Un trabajo admirable.

—Este vestuario es para ti; tu padre te ha elegido como portaestandarte, a su derecha, en la próxima campaña de Siria.

Chenar palideció.

El portaestandarte, a la derecha del rey, sostendría una pica terminada en una cabeza de carnero, uno de los símbolos de Amón, el dios de las victorias. El hijo mayor del faraón partiría en campaña con su padre y estaría en primera línea de combate.

Ramsés se impacientaba.

¿Por qué Ameni tardaba tanto en llevarle el decreto con las principales personalidades de palacio que Seti llevaría con él? El príncipe estaba impaciente por conocer el grado que le habían otorgado. Poco le importaba el rimbombante título con que lo disfrazaran. Lo importante era combatir.

—¡Por fin llegas! ¿Y la lista?

Ameni bajó la cabeza.

—¿Por qué pones esa cara?

—Lee tú mismo.

Por decreto real, Chenar había sido nombrado portaestandarte a la derecha del faraón. En cuanto a Ramsés, ni siquiera se lo mencionaba.

Todos los regimientos de Menfis estaban en pie de guerra. Al día siguiente, la infantería y los carros tomarían el camino de Siria bajo el mando del rey en persona.

Ramsés pasó el día en el patio del regimiento principal. Cuando su padre salió del consejo de guerra, al caer la noche, se atrevió a abordarlo.

—¿Puedo dirigiros una súplica?

—Te escucho.

—Deseo partir con vos.

—El decreto es definitivo.

—No me importa no ser oficial. Sólo deseo vencer al enemigo.

—Así que mi decisión fue justa.

—No... no lo entiendo.

—Un deseo tan inverosímil como el tuyo no es más que futilidad. Para vencer a un enemigo hay que estar capacitado. No es tu caso, Ramsés.

Cuando la cólera y la decepción pasaron, Chenar no se sintió descontento con sus nuevas funciones, agregadas a una retahíla de honores. En efecto, era imposible estar adscrito al trono sin haber demostrado cualidades de guerrero. Desde la era de los primeros reyes tebanos, el rey debía probar su capacidad para preservar la integridad del territorio y expulsar a los invasores. Así, Chenar se inclinaba ante una tradición que deploraba pero que era esencial a los ojos del pueblo. Casi le pareció divertida cuando vio la mirada de despecho de Ramsés al paso de la vanguardia de la que formaba parte el portaestandarte.

La partida del ejército en campaña, como todo acontecimiento excepcional, estaba acompañada por una fiesta. La población gozaba de un día festivo y ahogaba sus preocupaciones con cerveza. Aunque, ¿quién dudaba de la victoria de Seti?

Pese a su triunfo personal, Chenar no estaba libre de angustia. Durante el combate, incluso el mejor soldado estaba expuesto a un paso en falso. Imaginarse herido, disminuido o inválido le daba náuseas. En el frente se preocuparía ante todo de cuidar de sí mismo, dejando las tareas peligrosas a los especialistas.

Una vez más, la suerte lo favorecería. Durante aquella campaña tendría oportunidad de hablar con su padre y proyectar su futuro. Esta perspectiva bien valía un esfuerzo, pese a que alejarse del palacio representara una dura prueba.

La decepción de Ramsés era un excelente estímulo.

El contingente de provincianos disgustaba a Bakhen. Cuando amenazaba guerra, se formaba a futuros soldados, voluntarios que soñaban con hazañas en tierras lejanas. Pero aquella tropa de toscos campesinos no llegaría más allá de los arrabales de Menfis y rápidamente volvería a sus campos. Controlador de las cuadras del reino, dotado de una fuerza poco común, con el rostro cuadrado adornado con una corta barba, Bakhen estaba encargado asimismo de la instrucción de los jóvenes reclutas.

Con voz grave y ronca, les ordenó levantar un saco lleno de piedras, echárselo al hombro y correr a lo largo de los muros del regimiento hasta que les diera la orden de detenerse.

La selección fue cruel y rápida. La mayoría dosificaron mal sus fuerzas. Sin aliento, dejaron caer la carga. Bakhen esperó, e interrumpió la prueba cuando unos cincuenta candidatos quedaron en liza.

Asombrado, creyó reconocer a uno de los aprendices de soldado. Sobrepasando a sus compañeros por una buena cabeza, manifestaba una sorprendente ausencia de fatiga.

—Príncipe Ramsés, éste no es lugar para vos.

—Deseo hacer este entrenamiento y obtener el certificado de aptitud.

—Pero... no tenéis necesidad. Os basta con...

—Yo no lo pienso así ni tú tampoco. No se forma a un soldado entre papiros.

Tomado por sorpresa, Bakhen movió las pulseras de cuero que ponían de relieve el tamaño de sus bíceps.

—Es delicado...

—¿Tienes miedo, Bakhen?

—¿Yo, miedo? ¡Formad con los demás!

Durante tres interminables días, Bakhen acosó a los hombres hasta el límite de sus fuerzas. Seleccionó a los veinte más resistentes: Ramsés estaba entre ellos.

Al cuarto día comenzó el manejo de las armas: mazas, espadas cortas y escudos. Bakhen se contentó con algunos consejos y luego lanzó a los muchachos unos contra otros.

Cuando uno de ellos fue herido en el brazo, Ramsés puso su espada en el suelo. Sus compañeros lo imitaron.

—¿Qué sucede? —chilló Bakhen—. Reanudad el ejercicio. Si no, ¡largaos!

Los reclutas se plegaron a las exigencias del instructor. Los débiles y los torpes fueron excluidos. Del contingente primitivo sólo quedaron doce voluntarios considerados aptos para ser soldados profesionales.

Ramsés aguantó. Diez días de ejercicios intensivos no habían agotado su entusiasmo.

—Necesito un oficial —declaró Bakhen la mañana del undécimo día.

Con excepción de uno solo de ellos, los candidatos demostraron una habilidad semejante con el arco de madera de acacia que disparaba flechas a unos cincuenta metros en tiro directo.

Gratamente sorprendido, Bakhen les mostró un arco de gran tamaño, cuya parte frontal estaba recubierta de cuerno; luego colocó un lingote de cobre a ciento cincuenta metros de los arqueros.

—Tomad este arma y traspasad la diana.

La mayoría no logró tensar el arco; dos lograron disparar, pero sus flechas no pasaron de los cien metros.

Ramsés se presentó el último, bajo la mirada socarrona de Bakhen. Como sus compañeros, tenía derecho a tres flechas.

—Un príncipe debería evitar el ridículo. Hombres más fuertes que vos han fracasado.

Concentrado, sólo se preocupaba de la diana; lo demás no existía.

Tensar el arco le exigió un esfuerzo enorme; con los músculos doloridos, Ramsés dominó la cuerda de tensión, fabricada con un tendón de buey.

La primera flecha pasó a la izquierda de la diana. Bakhen se rió maliciosamente.

Ramsés sacó el aire de sus pulmones, contuvo el aliento y disparó inmediatamente la segunda flecha, que voló por encima del lingote de cobre.

—La última oportunidad —anunció Bakhen.

El príncipe cerró los ojos más de un minuto y visualizó la diana dentro de sí mismo. Se convenció de que estaba cerca, que él era la flecha, que ésta sentía un intenso deseo de unirse al lingote.

El tercer tiro fue un alivio. La flecha hendió el aire como un agresivo abejorro y traspasó el lingote de cobre.

Los demás reclutas aclamaron al vencedor. Ramsés devolvió el gran arco a Bakhen.

—Voy a agregar una prueba más —indicó el instructor—: una lucha a mano limpia conmigo.

—¿Así es la regla?

—Es mi regla. ¿Tenéis miedo de enfrentaros a mí?

—Dame mi licencia de oficial.

—Luchad, probad que sois capaz de enfrentaros a un verdadero soldado.

Ramsés era más alto que Bakhen, pero menos musculoso y mucho menos entrenado. Por lo tanto, apostó por la rapidez de sus reflejos. El instructor atacó sin avisar; el príncipe lo esquivó y el puño de Bakhen rozó su hombro derecho. Cinco veces los asaltos del instructor terminaron en el vacío; exasperado, logró agarrar la pierna izquierda de su adversario y desequilibrarlo. De una patada en el rostro, Ramsés se liberó y, con el canto de la mano, golpeó la nuca de Bakhen.

Ramsés creyó haber ganado el duelo. Dando un brinco de orgullo, Bakhen se levantó y echando la cabeza hacia adelante, golpeó el pecho del príncipe.

Iset la bella untó el torso de su amante con un bálsamo tan eficaz que el dolor desapareció.

—¿Tengo la mano curadora?

—Fui un estúpido —murmuró Ramsés.

—Ese monstruo te pudo matar.

—Hacía su trabajo y yo creí haberlo vencido. En el frente, yo estaría muerto.

La mano de Iset la bella se hizo más suave y más audaz.

—Estoy muy contenta de que te hayas quedado. La guerra es abominable.

—A veces es necesaria.

—No sabes hasta qué punto te amo.

La joven se tendió sobre su amante con la suavidad de un tallo de loto.

—Olvida los combates y la violencia; ¿acaso yo no soy preferible?

Ramsés no la rechazó y se dejó invadir por el placer que ella le ofrecía; sin embargo, sentía una dicha más intensa de la cual no habló: la dicha de haber obtenido la licencia de oficial.

22

El regreso del ejército egipcio fue celebrado con fasto. En palacio se habían seguido con ansiedad los progresos del conflicto. Los libaneses sublevados sólo habían resistido algunos días. Pronto hicieron protestas de lealtad eterna y de una voluntad inconmovible de ser fieles súbditos del faraón. Seti había exigido, en contrapartida, una gran cantidad de cedros de primera calidad para levantar nuevos mástiles delante de los templos y construir varias barcas divinas que llevarían en procesión. Al unísono, los príncipes del Líbano proclamaron que el faraón era la encarnación de Ra, la luz divina, y que él les daba la vida.

Gracias a la rapidez de su intervención, Seti había entrado en Siria sin encontrar resistencia. El rey hitita Muwattali no había tenido tiempo de reunir soldados con experiencia y había preferido observar desde lejos la situación. Razón por la cual la ciudad fortificada de Kadesh, símbolo del poder hitita, había abierto sus puertas. Tomada de improviso, no habría podido resistir varias oleadas de asalto. Seti, para sorpresa de sus generales, se había contentado con erigir una estela en el interior de Kadesh en lugar de arrasar la fortaleza. Se habían hecho veladas críticas, preguntándose sobre la finalidad de aquella increíble estrategia.

En cuanto el ejército egipcio se hubo alejado de Kadesh, Muwattali y un poderoso ejército habían invadido la fortaleza, de nuevo bajo obediencia hitita.

Entonces comenzaron las negociaciones. A fin de evitar un enfrentamiento sangriento, los dos soberanos, con la mediación de sus embajadores, convinieron en que los hititas no organizarían ningún disturbio en el Líbano ni en los puertos fenicios, y que los egipcios no atacarían Kadesh y su región.

Era la paz, precaria, es cierto, pero la paz.

Como sucesor designado y nuevo jefe de la guerra, Chenar presidió un banquete al que fueron invitadas más de mil personas, encantadas de degustar alimentos refinados, de beber un vino excepcional, que databa del año dos del reinado de Seti, y contemplar las insinuantes formas de jóvenes bailarinas desnudas, evolucionando al son de las melodías de flautas y arpas.

El rey sólo hizo una breve aparición, cediendo a su hijo mayor la gloria dimanada de una expedición triunfante. Como antiguos alumnos del Kap destinados a un brillante porvenir, Moisés, Ameni e incluso Setaú, vestido para la circunstancia con un suntuoso traje que le había regalado Ramsés, estaban entre los numerosos invitados.

Ameni, cuya obstinación no cejaba, conversaba con los notables de Menfis y hacía preguntas anodinas sobre los talleres que fabricaban panes de tinta cerrados desde hacía poco. Su perseverancia no se vio coronada por el éxito.

Setaú fue llamado urgentemente por el intendente de Chenar debido a la presencia de una serpiente en la reserva de jarras de leche. El joven encontró el agujero sospechoso, le metió ajo y lo taponó con un pescado. El desdichado reptil no saldría más de la madriguera. La satisfacción del intendente, que Setaú encontraba demasiado pagado de sí mismo, fue de corta duración. Cuando el especialista hizo aparecer una serpiente roja y blanca, con los colmillos clavados detrás del hueso maxilar, el pretencioso huyó a todo correr. «¡Qué imbécil! —pensó Setaú—, es evidente que esta raza es del todo inofensiva.»

Moisés estaba rodeado de hermosas mujeres que apreciaban su prestancia y su virilidad. A la mayoría le habría gustado acercarse a Ramsés, pero Iset la bella montaba una estricta guardia. La reputación de los dos jóvenes no hacía más que crecer. Le prometían a Moisés altas funciones administrativas y se interesaban por la valentía de Ramsés, que obtendría seguramente en el ejército el cargo que se le negaba en la corte.

Los dos amigos lograron escapar entre dos bailes y se encontraron en el jardín, bajo una persea.

—¿Escuchaste el discurso de Chenar?

—No, mi tierna novia tenía otras preocupaciones.

—Tu hermano mayor afirma a quien quiera oírlo que él es el gran vencedor de esta campaña. Gracias a él, las pérdidas egipcias se redujeron al mínimo, y la diplomacia tomó la delantera a la fuerza de las armas. Además, murmura que Seti parecía muy cansado; el poder desgasta y el nombramiento de Chenar como regente no debería tardar. Ya tiene un programa de gobierno: prioridad al comercio internacional, rechazo de todo conflicto, alianzas económicas con nuestros peores enemigos.

—Me da asco.

—Él no parece muy lúcido, cierto, pero sus proyectos merecen atención.

—Moisés, tiende la mano a los hititas y te cortarán el brazo.

—La guerra no resuelve nada.

—Chenar hará de Egipto un país sometido y arruinado. La tierra de los faraones es un mundo aparte. Cuando fue débil o ingenua, la invadieron los asiáticos. Se necesitó mucho heroísmo para expulsar al ocupante y arrojarlo lejos de nuestras fronteras. Si deponemos las armas seremos exterminados.

La fogosidad de Ramsés sorprendió a Moisés.

—Ésas son palabras de un jefe, estoy de acuerdo, pero ¿es ésa la buena dirección?

—No existe ninguna otra para preservar la integridad de nuestro territorio y permitir a los dioses residir en esta tierra.

—Los dioses... ¿existen los dioses?

—¿Qué quieres decir?

Moisés no tuvo tiempo de responder. Una corte de jovencitas se interpuso entre él y Ramsés y les hicieron mil preguntas sobre su porvenir. Iset la bella no tardó en intervenir para liberar a su amante.

—Tu hermano mayor me tenía cogida —confesó ella.

—¿Con qué propósito?

—No renuncia a casarse conmigo. La corte es formal, los rumores van en la misma dirección: Seti está a punto de asociar a Chenar al trono. Me propone que me convierta en la gran esposa real.

Se produjo un fenómeno extraño. El espíritu de Ramsés abandonó bruscamente Menfis y voló hasta el harén de Mer-Ur para contemplar allí a una joven estudiosa, que copiaba las máximas de Ptah-hotep a la luz de los candiles.

Iset la bella notó la turbación de su amante.

—¿Estás enfermo?

—Debes saber que no conozco la enfermedad —respondió él con sequedad.

—Parecías tan lejano...

—Estaba pensando. ¿Vas a aceptar?

—Ya le respondí.

—Felicidades, Iset. Tú serás mi reina y yo tu servidor.

Ella le golpeó el pecho con varias puñadas. El joven la cogió por las muñecas.

—Te amo, Ramsés, y quiero vivir contigo. ¿Cómo hay que hacértelo entender?

—Antes de ser marido y padre, debo adquirir una visión más clara del camino que deseo seguir. Dame tiempo.

En la noche tranquila, el silencio se impuso poco a poco. Músicos y bailarinas se habían retirado, igual que las cortesanas de más edad. Aquí y allá, en el vasto jardín del palacio, se intercambiaban informaciones y se tramaban pequeñas conspiraciones para trepar en la jerarquía apartando a algún rival.

Por el lado de las cocinas, un grito desgarrador turbó la serenidad del momento.

Ramsés fue el primero en llegar. Con un atizador, el intendente golpeaba a un anciano que se protegía el rostro con las manos. El príncipe apretó el cuello del agresor hasta casi asfixiarlo. Éste dejó el arma, la víctima huyó, para refugiarse entre los que fregaban platos.

Moisés intervino.

—¡Vas a matarlo!

Ramsés soltó a su presa; el intendente, con el rostro enrojecido, recuperó el aliento con dificultad.

—Ese anciano es sólo un prisionero hitita —explicó—. Estoy obligado a educarlo.

—¿Ésa es tu manera de tratar a los empleados?

—¡Sólo a los hititas!

Chenar, cuyos adornos, de una riqueza enorme, habrían eclipsado a los atuendos más elegantes, apartó a los curiosos.

—Dispersaos, esto es asunto mío.

Ramsés agarró al intendente por los cabellos y lo arrojó al suelo.

—¡Acuso a este cobarde de tortura!

—Vamos, vamos, querido hermano. No te enfades... Mi intendente es a veces un poco severo, pero...

—Voy a denunciarlo y seré testigo en el tribunal.

—¡Tú, que detestas a los hititas!

—Tu empleado ya no es un enemigo. Trabaja en nuestra casa y debe ser respetado. ¡Es lo que exige la ley de Maat!

—¡Déjate de grandes palabras! Olvida este incidente y te lo agradeceré.

—Yo también testificaré —declaró Moisés—. Nada puede justificar tales acciones.

—¿Es necesario enconar la situación?

—Llévate al intendente —le pidió Ramsés a Moisés—, y confíalo a nuestro amigo Setaú. Mañana pediré un proceso urgente.

—¡Eso es un secuestro!

—¿Te comprometes a presentar a tu intendente delante del tribunal?

Chenar cedió. Había demasiados testigos de peso... Era mejor no entablar un combate perdido de antemano. El culpable sería condenado al exilio en un oasis.

—La justicia es algo bueno —concluyó Chenar, bonachón.

—Respetarla es el fundamento de nuestra sociedad.

—¿Quién pretende lo contrario?

—Si gobiernas el país con tales métodos tendrás en mí a un adversario.

—¿Qué te imaginas?

—Yo no imagino, observo. ¿Los grandes proyectos son compatibles con el desprecio de los demás?

—No te extravíes, Ramsés. Me debes respeto.

—Nuestro soberano, el amo del Alto y del Bajo Egipto todavía es Seti, me parece.

—La burla tiene sus límites. Mañana tendrás que obedecerme.

—Mañana está todavía lejos.

—A fuerza de equivocarte, terminarás mal.

—¿Te propones tratarme como a un prisionero hitita?

Irritado, Chenar terminó bruscamente la conversación.

—Tu hermano es un hombre poderoso y peligroso —observó Moisés—, ¿crees que es necesario desafiarlo así?

—No me da miedo. ¿Qué querías decir sobre los dioses?

—Ni yo mismo lo sé. Extraños pensamientos me invaden y me desgarran. Mientras no desvele su misterio no tendré paz.

23

Ameni no abandonó. Como secretario particular del escriba real Ramsés, tenía acceso a muchos servicios administrativos y logró hacerse amigos que lo ayudaron en su búsqueda. Así, verificó las listas de los talleres que fabricaban pan de tinta y obtuvo el nombre de sus propietarios. Tal como la reina Tuya había informado a Ramsés, los archivos sobre el taller sospechoso habían desaparecido.

Puesto que aquella pista era impracticable, Ameni emprendió un trabajo de hormiga: identificar a los notables relacionados directamente con la actividad de los escribas y consultar el inventario de sus bienes, esperando así descubrir el taller. Largos días de búsqueda terminaron en fracaso.

Sólo le restaba una diligencia: el registro sistemático de los basureros, comenzando por aquel en el que Ameni estuvo a punto de morir. Antes de inscribir cualquier dato en un papiro, un escriba concienzudo utilizaba un trozo de caliza como borrador, y éste era tirado, junto a miles de otros, en un gran hoyo que se llenaba a medida que se llevaban a cabo los trabajos administrativos.

Ameni no estaba seguro siquiera de que existiera un doble del acta de propiedad del taller. Sin embargo, se dedicó a aquella exploración, dos horas cada día, sin preguntarse sobre sus posibilidades de éxito.

Iset la bella veía con malos ojos la amistad entre Moisés y Ramsés. El hebreo, atormentado e inestable, ejercía una mala influencia sobre el egipcio. De esta forma, la joven arrastraba a su amante a un torbellino de placer, cuidándose de no volver a hablar de sus deseos de boda. Ramsés cayó en la trampa. Yendo de villa en villa, de jardín en jardín, de recepción en recepción, llevó la existencia ociosa de un noble, dejando a su secretario particular el cuidado de despachar los asuntos diarios.

Egipto era un sueño realizado, un paraíso que ofrecía cada día sus maravillas con la generosidad de una madre inagotable. La felicidad corría a mares para quien supiera apreciar la sombra de un palmeral, la miel de un dátil, la música del viento, la belleza del loto o el perfume de los lirios. Cuando a esto se agregaba la pasión de una mujer enamorada, ¿no era esto la perfección?

Iset la bella creyó que el espíritu de Ramsés le pertenecía. Su amante era alegre, de una imaginación sin igual. Sus juegos amorosos no tenían fin, el amor compartido los animaba. En cuanto a *Vigilante*, desplegaba su talento de gastrónomo probando los platos preparados por los cocineros de las mejores familias de Menfis.

Con toda seguridad, el destino había trazado el camino de los dos hijos de Seti. Para Chenar, los asuntos del Estado; para Ramsés, una existencia común y brillante. Iset la bella se acomodaba a las mil maravillas a este reparto de tareas.

Una mañana encontró la habitación vacía. Ramsés se había levantado antes que ella. Inquieta, corrió al jardín sin haberse maquillado y llamó a su amante. Como no respondía, se trastornó. Finalmente lo encontró, sentado cerca del pozo, meditando en medio de un parterre de iris.

—¿Qué sucede? Me has dado un susto de muerte.

Se arrodilló junto a él.

—¿Qué nueva preocupación te obsesiona?

—No estoy hecho para la existencia que tú construyes para mí.

—Te equivocas. ¿Es que no somos felices?

—Esa felicidad no me basta.

—No le pidas demasiado a la vida. Ésta terminará por volverse contra ti.

—Buen enfrentamiento me espera.

—El orgullo, ¿es una virtud?

—Si es exigencia y superación, sí. Debo hablar con mi padre.

Desde que se había establecido la tregua con los hititas, las críticas se habían apagado. Todos estaban de acuerdo en que Seti había tenido razón en no provocar una guerra de resultado incierto, incluso aunque el ejército egipcio pareciese capaz de vencer a las tropas hititas.

Pese a la propaganda llevada a cabo por Chenar, nadie pensaba en su papel decisivo, pues él era el único que se lo atribuía. Según los oficiales superiores, el hijo mayor del rey no había participado en ningún enfrentamiento, contentándose con observar los asaltos a una distancia prudente.

El faraón escuchaba y trabajaba.

Escuchaba a sus consejeros, de los que algunos eran honrados, seleccionaba las informaciones, separando el trigo de la cizaña, y no tomaba ninguna decisión sin meditarla previamente.

Trabajaba en el gran despacho del palacio principal de Menfis, que iluminaban tres grandes ventanas *a claustra*. Los muros eran blancos y ningún adorno los alegraba. Sencillo y austero, el mobiliario se componía de una gran mesa, un sillón de respaldo recto para el monarca y sillas de paja para sus visitantes, y un armario para guardar papiros.

Allí, en la soledad y el silencio, el Amo de las Dos Tierras orientaba el porvenir del Estado más poderoso del mundo e intentaba mantenerlo en el camino de Maat, encarnación de la regla universal.

Un silencio que repentinamente fue roto por unos aullidos provenientes del patio interior, donde se estacionaban los carros reservados al rey y a sus consejeros.

Desde una de las ventanas de su despacho, Seti constató que un caballo acababa de tener un ataque de locura. Tras lograr cortar la cuerda que lo ataba a una estaca, galopaba en todas direcciones, amenazando a cualquiera que intentara acercársele. De una coz derribó a un miembro del servicio de seguridad; de otra, a un anciano escriba que tardó en ponerse a salvo.

En el momento en que el caballo recuperaba el aliento, Ramsés surgió de detrás de un pilar, saltó sobre su lomo y tiró de las riendas. El caballo loco se encabritó e intentó, en vano, derribar al jinete. Vencido, resopló jadeando y se calmó.

Ramsés saltó a tierra. Un soldado de la guardia real se acercó a él.

—Vuestro padre quiere veros.

Por primera vez, el príncipe era admitido en el despacho del faraón. La desnudez del lugar lo sorprendió. Esperaba un lujo fastuoso y se encontró con una habitación casi vacía, sin ningún atractivo. El rey estaba sentado, con un papiro desenrollado frente a él.

No sabiendo cómo comportarse, Ramsés se inmovilizó a dos metros de su padre, que no le ofreció asiento.

—Te has arriesgado mucho.

—Sí y no. Conozco bien ese caballo, no es malo. Debe haberlo irritado el sol.

—Con todo, te has arriesgado demasiado. Mi guardia lo habría dominado.

—Creí actuar bien.

—¿Pensando hacerte notar?

—Bueno...

—Sé sincero.

—Dominar un caballo loco no es nada fácil.

—¿Debo deducir por ello que tú mismo organizaste el incidente para sacar alguna ventaja?

Ramsés enrojeció de indignación.

—¡Padre! ¿Cómo podéis...?

—Un faraón debe ser un estratega.

—¿Habríais apreciado esa estrategia?

—A tu edad habría visto una señal de duplicidad que habría augurado muy mal el porvenir. Pero tu reacción me convence de tu sinceridad.

—Sin embargo, buscaba algún medio de hablaros.

—¿Sobre qué?

—Cuando partisteis a Siria me reprochasteis mi incapacidad para luchar como un soldado. Durante vuestra ausencia llené esa laguna; ahora soy titular de una licencia de oficial.

—Titulado en lucha a muerte, me han dicho.

Ramsés ocultó mal su sorpresa.

—¿Vos... lo sabíais?

—Así que eres oficial.

—Sé montar a caballo, luchar con espada, con lanza o con escudo, y tirar al arco.

—¿Te gusta la guerra, Ramsés?

—¿Acaso no es necesaria?

—La guerra conlleva muchos sufrimientos. ¿Deseas aumentarlos?

—¿Existe otro medio de resguardar la libertad y la prosperidad de nuestro país? Nosotros no agredimos a nadie. Pero cuando nos amenazan, respondemos. Y eso está bien.

—En mi lugar, ¿habrías arrasado la fortaleza de Kadesh?

El joven meditó.

—¿En qué datos me basaría? No sé nada de vuestra campaña, aparte que la paz fue preservada y que el pueblo de Egipto respira libremente. Daros una opinión desprovista de fundamento sería una prueba de estupidez.

—¿No deseas hablarme de otras cosas?

Ramsés se había preguntado durante días y noches, dominando con mucha dificultad su impaciencia, si debía hablarle a su padre de su conflicto con Chenar y revelarle que el sucesor designado se jactaba de una victoria que no había logrado. El príncipe utilizaría las palabras justas y manifestaría su indignación con tal vehemencia que su padre comprendería finalmente que una serpiente latía en su seno.

Delante del faraón, hacerlo le pareció mezquino e infamante. Él representando el papel de delator, tener el descaro de pensar que él era más lúcido que Seti.

Sin embargo, no cometió la cobardía de mentir.

—Es verdad, deseaba deciros...

—¿Por qué vacilas?

—Lo que sale de nuestra boca puede ensuciarnos.

—¿No podría conocer algo más del asunto?

—Lo que os diría, vos lo sabéis ya. Si no es así, mis sueños sólo merecen la nada.

—¿No pasas de un extremo al otro?

—Un fuego me atormenta, una exigencia cuyo nombre ignoro. Ni el amor ni la amistad pueden apartarla de mí.

—¡Qué palabras tan definitivas! ¡A tu edad!

—¿Acaso el peso de los años me tranquilizará?

—No cuentes con nadie más que contigo mismo y la vida se mostrará a veces generosa.

—¿Qué es ese fuego, padre?

—Plantea mejor la pregunta y conocerás la respuesta.

Seti se inclinó sobre el papiro que estudiaba. La entrevista había terminado.

Ramsés se inclinó. Cuando se retiraba, la voz grave de su padre lo dejó clavado en el suelo.

—Tu intervención llegó en buen momento, pues tenía intención de convocarte hoy mismo. Mañana, después de los ritos del alba, partiremos hacia las minas de turquesas, en la península del Sinaí.

24

En el octavo año del reinado de Seti, Ramsés festejó su decimosexto aniversario en la pista del desierto del este que llevaba a las famosas minas de Serabit el-Khadim (1). A pesar de la vigilancia de la policía, el itinerario seguía siendo peligroso, y nadie se aventuraba por capricho en aquella zona estéril, poblada por genios temibles y beduinos saqueadores. A pesar de los arrestos y las condenas, no vacilaban en atacar las caravanas obligadas a cruzar la península del Sinaí.

Aunque la expedición no tenía carácter militar, numerosos soldados aseguraban la protección del faraón y los mineros. La presencia del rey daba un carácter excepcional al viaje. La corte sólo había sido informada la víspera de la partida, antes de los ritos nocturnos. En ausencia del monarca, la reina Tuya llevaría el timón del barco del Estado.

Ramsés obtenía su primer puesto oficial de importancia: comandante de infantería, a las órdenes de Bakhen, promovido éste a jefe militar de la expedición. El encuentro, en el momento de la partida, había sido glacial; pero ni uno ni otro podían crear un conflicto ante la mirada del rey. Mientras durara la misión, les sería necesario acomodarse a los respectivos caracteres; Bakhen marcó en seguida las distancias ordenando a Ramsés que se colocara en retaguardia, donde, según su opinión, «un neófito haría correr un mínimo riesgo a sus subordinados».

Más de seiscientos hombres formaban el contingente encargado de traer turquesas, la piedra de la celeste Hathor, que

(1) Conservamos los nombres modernos, Sinaí y Serabit el-Khadim, para facilitar la descripción. Este último lugar se encuentra al sur de la península del Sinaí, a 160 km del golfo de Suez.

había elegido esta encarnación en el corazón de una tierra árida y desolada.

La pista, en sí misma, no presentaba muchas dificultades. Bien trazada, mantenida con regularidad, jalonada de fortines y puntos de agua, cruzaba regiones hostiles en las que se alzaban montañas rojas y amarillas, cuya altura desconcertó a los novatos; algunos tuvieron miedo, temiendo que malos espíritus surgieran de las cumbres para apoderarse de sus almas. Pero la presencia de Seti y la seguridad de Ramsés terminaron por calmarlos.

Ramsés había esperado una ruda prueba durante la cual podría probar a su padre su verdadero valor; así pues, lamentó la facilidad de la tarea. Su autoridad se impuso sin problemas a los treinta infantes puestos bajo su mando; todos habían oído hablar de sus dotes de tirador con arco y de la manera con la que había dominado una yegua furiosa. Creían que servir bajo sus órdenes les valdría una promoción.

Ante la insistencia de Ramsés, Ameni había renunciado a la aventura. Por un lado, su débil constitución le impedía hacer un esfuerzo tan intenso; por otro, acababa de descubrir, en un basurero al norte del taller sospechoso, un fragmento de caliza que llevaba una extraña inscripción. Aún era demasiado pronto para afirmar que se trataba de una buena pista, pero el joven escriba no cejaba en sus esfuerzos. Ramsés le suplicó que fuera prudente. Ameni aprovecharía la protección de *Vigilante* y, en caso de necesidad, llamaría a Setaú, que empezaba a hacer fortuna vendiendo veneno a los laboratorios de los templos y expulsando de las villas acaudaladas algunas cobras indeseables.

El príncipe permaneció alerta. Él, que tanto había amado el desierto, donde estuvo a punto de perder la vida, no apreciaba mucho el del Sinaí: demasiadas rocas mudas, demasiadas sombras inquietantes, demasiado caos. A pesar de las razones de Bakhen, Ramsés temía un ataque de los beduinos. Era cierto que, debido al mayor número de egipcios, aquéllos evitarían un ataque frontal. Pero ¿no intentarían asaltar a un rezagado o, peor aún, introducirse en el campamento durante la noche? Inquieto, el príncipe multiplicó las precauciones y se excedió en las consignas. Tras un breve altercado con Bakhen, se decidió que este último supervisaría la seguridad, teniendo en cuenta las observaciones de Ramsés.

Una noche, el hijo del rey se alejó de su retaguardia y remontó la columna, campamento tras campamento, a fin de obtener un poco de vino para sus hombres, que la intendencia desaconsejaba. Se le rogó que se dirigiera al responsable, que trabajaba en su tienda. Ramsés levantó un faldón de tela, se agachó y contempló desconcertado a un hombre sentado como un escriba y que consultaba un mapa a la luz de las lámparas.

—¡Moisés! ¿Tú aquí?

—Orden del faraón; estoy encargado de dirigir la intendencia y de levantar un mapa más preciso de la región.

—Y yo de mandar la retaguardia.

—Ignoraba tu presencia... A primera vista, a Bakhen no le gusta mucho hablar de ti.

—Nuestra relación mejora.

—Salgamos de aquí, estamos muy estrechos.

Los dos jóvenes tenían aproximadamente igual corpulencia; la complexión atlética y la fuerza natural los envejecían. En ellos, el adulto había expulsado al adolescente.

—Fue una gran sorpresa —confesó Moisés—. Me aburría en el harén cuando llegó la convocatoria. Sin esta bocanada de aire puro creo que habría huido.

—¿Mer-Ur no es un lugar maravilloso?

—No para mí; las mujercitas me irritan, los artesanos son celosos de sus secretos y el puesto de administrador no me conviene.

—¿Has ganado con el cambio?

—¡Mil veces! Me gusta este lugar, estas montañas implacables, este paisaje que disimula una presencia. Aquí me siento en casa.

—¿El fuego que te quema se suaviza?

—Es menos violento, es verdad. La curación se oculta en estas rocas quemadas y en estos barrancos inaccesibles.

No estoy muy convencido.

—¿No oyes una llamada que sube de esta tierra olvidada?

—Siento más bien un peligro.

Moisés se inflamó.

—¡Un peligro! Reaccionas como un militar

—Tú, como intendente, descuidas la retaguardia. Mis hombres no tienen vino.

El hebreo rió a carcajadas.

—Soy el responsable, en efecto. Nada debe debilitar la vigilancia.

—Una pequeña cantidad de vino elevará su moral.

—Éste es nuestro primer enfrentamiento —constató Moisés—. ¿Quién debe ganarlo?

—Ni tú ni yo. Sólo cuenta el bien del grupo.

—¿No es una manera de huir de ti mismo el encerrarte en un deber que se te impone desde el exterior?

—¿Me crees capaz de semejante cobardía?

Moisés miró a Ramsés directamente a los ojos.

—Tendrás vino, una pequeña cantidad; pero aprende a amar las montañas del Sinaí.

—Esto ya no es Egipto.

—No soy egipcio.

—Sí lo eres.

—Te equivocas.

—Has nacido en Egipto, allí fuiste educado, allí construirás tu futuro.

—Palabras de egipcio, no de hebreo. Mis antepasados no son los tuyos. Quizá vivieron aquí... Siento las huellas de sus pasos, sus esperanzas y sus fracasos.

—El Sinaí te ha trastornado

—No puedes comprenderlo.

—¿He perdido tu confianza?

—Por supuesto que no.

—Amo a Egipto más que a mí mismo, Moisés; nada me es más precioso que mi tierra natal. Si crees haber descubierto la tuya, soy capaz de comprender tu emoción.

El hebreo se sentó en una roca.

—Una patria... No, este desierto no es una patria. Amo a Egipto tanto como tú, aprecio los goces que me ofrece, pero siento la llamada de otra parte.

—Y la primera «otra parte» que encuentras te trastorna.

—No te equivocas.

—Juntos, cruzaremos otros desiertos; y volverás a Egipto, porque en él brilla una luz única.

—¿Cómo puedes estar tan seguro de ti mismo?

—Porque en la retaguardia no tengo tiempo para preocuparme por el futuro.

En la noche oscura del Sinaí, dos risas claras subieron hasta las estrellas.

Los asnos marcaban el ritmo, los hombres lo seguían. Cada uno llevaba una carga a la medida de sus fuerzas, ninguno carecía de agua ni de alimentos. En varias ocasiones, el rey ordenó a la expedición detenerse para permitir a Moisés establecer un mapa preciso de la región. Asistido por geómetras, el hebreo remontó el curso de los uadis secos, trepó pendientes, eligió nuevos puntos de referencia y facilitó así el trabajo de los expertos.

Una sorda inquietud embargaba a Ramsés. Así, acompañado por tres soldados experimentados, ejercía una constante vigilancia, por miedo de que su amigo fuera agredido por beduinos merodeadores. Incluso si parecía capaz de defenderse, corría el riesgo de caer en una trampa. Pero no ocurrió ningún drama. Moisés realizó un trabajo notable, que facilitaría los posteriores desplazamientos de los mineros y caravaneros.

Después de la cena, los dos amigos conversaron largamente junto al fuego. Acostumbrados a las risas de las hienas y al rugido del leopardo, se acomodaban a esa ruda existencia, lejos de la comodidad del palacio de Menfis y del harén de Mer-Ur. Con el mismo entusiasmo acechaban el próximo amanecer, persuadidos de que les revelaría un nuevo aspecto de ese misterio que jamás renunciarían a dilucidar. De pronto callaban y se contentaban con escuchar la noche. ¿Acaso ella no les murmuraba que su juventud vencería todos los obstáculos?

El largo cortejo se inmovilizó.

En mitad de la mañana era algo anormal. Ramsés dio la orden a sus hombres de dejar en el suelo sus hatos y de prepararse para el combate.

—Calma —recomendó un soldado cuyo pecho estaba cruzado por una cicatriz—. Con todo respeto, comandante, mejor sería prepararse para una plegaria de paz.

—¿Por qué tanta calma?

—Porque hemos llegado.

Ramsés dio unos pasos hacia un lado. Bajo el sol se recortaba una meseta rocosa que parecía inaccesible.

Era Serabit el-Khadim, el territorio de la diosa Hathor, soberana de las turquesas.

25

Chenar no progresaría.

Por enésima vez, la reina se había negado a asociarlo de manera más directa a la gestión de los asuntos de Estado, con el pretexto de que su padre no había dado ninguna orden precisa en ese sentido. La posición de sucesor del faraón no le daba derecho a inmiscuirse en unos informes demasiado arduos para él.

El hijo primogénito del rey se inclinó ante la voluntad de su madre y ocultó su despecho. Pero comprendió que su red de amistades y de informadores era aún demasiado débil para contrarrestar a Tuya de manera eficaz. En lugar de consumirse esperando, Chenar decidió trabajar más en su favor.

Sin ostentación, invitó a cenar a varias personalidades influyentes de la corte, muy tradicionalistas, e interpretó ante ellos a un personaje modesto, ávido de consejos. Eliminando toda arrogancia, se presentó como un hijo modelo cuya única ambición era caminar tras las huellas de su padre. Este discurso gustó mucho. Chenar, cuyo futuro estaba totalmente trazado, ganó así numerosos partidarios.

No obstante, comprobó que la política extranjera se le escapaba, aun cuando los contactos comerciales con los otros países, incluso los hostiles, seguían siendo su primera meta. ¿Cómo llegar a conocer el estado exacto de las relaciones diplomáticas si no tenía como partidario a un hombre competente y disponible? Contar con el oído de los mercaderes no bastaba. Razonaban a corto plazo e ignoraban las intenciones reales de sus gobernantes.

Convencer a un diplomático cercano a Seti de que trabajara para él... Solución ideal, pero casi utópica. No obstante, Chenar tenía necesidad de informaciones de primera mano para desarrollar su propia estrategia y estar preparado, en el momento oportuno, para modificar radicalmente la política egipcia.

El término «traición» le vino a la mente, pero le divirtió: ¿qué podía traicionar él sino el pasado y la tradición?

Desde lo alto de la terraza rocosa de Serabit el-Khadim se dominaba una maraña de montañas y de valles, cuyo desorden turbaba el alma. En ese caos, de perceptible hostilidad, sólo la montaña de las turquesas ofrecía una paz acogedora.

Ramsés miraba a sus pies, estupefacto: la preciosa piedra azul, presente en las venas de la meseta, estaba casi a flor de tierra. En otros lugares se mostraba menos accesible. Generación tras generación, los mineros habían excavado galerías y angostos pasillos subterráneos, en los que ocultaban sus herramientas entre una expedición y otra. El lugar no poseía instalaciones permanentes, pues la extracción de la turquesa no podía ser efectuada en la estación cálida, so pena de que perdiera su color y se desnaturalizara.

Los veteranos flanquearon a los nuevos, y se pusieron rápidamente al trabajo para permanecer el menor tiempo posible en aquel lugar perdido. Se instalaron en las chozas de piedra que resistían más o menos el hielo nocturno, y las repararon con cuidado. Antes de abrir la campaña de trabajos, el faraón celebró un ritual en el pequeño templo de Hathor, invocando la ayuda y la protección de la diosa del cielo. Los egipcios no venían a herir la montaña, sino a recoger el fruto de su gravidez, para ofrecerlo en los templos y hacer joyas que transmitirían la belleza eterna y regeneradora de la soberana de las estrellas.

Pronto cantaron los buriles, los mazos y los cinceles, acompañando los estribillos de los mineros repartidos en pequeños grupos. Seti en persona los alentaba. En cuanto a Ramsés, examinaba las estelas erigidas en el lugar, para rendir homenaje a los poderes misteriosos del cielo y de la tierra, y recordar las hazañas de aquellos que, siglos antes, habían descubierto enormes piedras preciosas.

Moisés tomaba muy en serio su papel de intendente y se preocupaba del bienestar de cada uno. Ningún trabajador sufría de hambre ni de sed, ningún altar carecía de incienso. Puesto que los hombres rendían homenaje a los dioses, éstos les ofrecían maravillas, semejantes a esa turquesa gigante que sostenía en su mano afortunada un joven minero.

Debido a la configuración del lugar, la expedición no temía ningún ataque sorpresa. Nadie podía escalar las abruptas pendientes que llevaban a la meseta sin ser visto por los vigías. Así pues, la tarea de Ramsés resultó muy cómoda. Los primeros días mantuvo una disciplina de hierro. Luego se dio cuenta de que era exagerado. Sin descuidar las exigencias de seguridad, permitió a los soldados distenderse y entregarse a las largas siestas que tanto les agradaban.

Incapaz de soportar la ociosidad, intentó secundar a Moisés, pero su amigo se mostró intratable, deseoso de asumir por sí solo su función. El príncipe no tuvo más éxito con los mineros. Se le desaconsejó una estancia prolongada en las galerías, hasta que Bakhen, enojado, le ordenó contentarse con el puesto que le había sido asignado y no perturbar la buena marcha del trabajo.

Así pues, Ramsés se ocupó de sus subordinados, y sólo de ellos. Se interesó en sus carreras, en sus familias, escuchó sus dolencias, rechazó algunas de sus críticas, aprobó otras. Deseaban mejores jubilaciones y más reconocimiento del Estado, teniendo en cuenta los servicios prestados en condiciones a veces difíciles, lejos de su tierra natal. Pocos de entre ellos habían tenido ocasión de entrar en batalla, pero habían sido llamados a las canteras, a grandes obras o a expediciones como aquélla. A pesar de la rudeza de la tarea, estaban orgullosos de su profesión, ¡cuántos recuerdos fabulosos podrían contar aquellos que habían tenido la suerte de viajar en compañía del faraón!

Ramsés observó.

Aprendió a conocer la práctica cotidiana de una cantera, apreció la necesidad de una verdadera jerarquía, fundada en las competencias y no en los derechos, diferenció a los animosos de los perezosos, los perseverantes de los volubles, los silenciosos de los charlatanes. Y su mirada recaía siempre en las estelas erigidas por los antepasados, en esa verticalidad exigida por el ser que construía lo sagrado en el corazón del desierto.

—Son emocionantes, ¿verdad?

Su padre lo había sorprendido.

Vestido con un simple taparrabo, idéntico a los que llevaban sus lejanos homólogos del Antiguo Imperio, no por eso era menos faraón. De su persona emanaba un poder que fascinaba a Ramsés en cada encuentro. Seti no necesitaba ningún atavío que lo distinguiera, su sola presencia bastaba para imponer su autoridad. Ningún otro hombre poseía esta magia. Todos utilizaban artificios o actitudes. Aparecía Seti, y el orden sustituía al caos.

—Me incitan a recogerme —confesó Ramsés.

—Son palabras vivas. A diferencia de los humanos, no mienten ni traicionan. Los monumentos de un destructor son destruidos, los actos de un mentiroso resultan efímeros; la única fuerza del faraón es la ley de Maat.

Ramsés se sintió trastornado. Aquellas sentencias ¿se dirigían a él? ¿Había destruido, traicionado o mentido? Quiso levantarse, correr hasta el borde de la meseta, bajar la pendiente y desaparecer en el desierto. ¿Pero qué falta había cometido? Esperó una acusación más precisa, pero no llegó. El rey se contentó con mirar a lo lejos.

Chenar... ¡Sí, con toda seguridad su padre aludía a Chenar sin nombrarlo! Se había percatado de su felonía y prevenía así a Ramsés. De nuevo el destino cambiaba. El príncipe estaba persuadido de que Seti hablaría en su favor, y su decepción fue tan grande como su esperanza.

—¿Cuál es el objetivo de esta expedición?

Ramsés vaciló. ¿La sencillez de la pregunta ocultaba una trampa?

—Llevar turquesas para los dioses.

—¿Son indispensables para la prosperidad del país?

—No, pero... ¿cómo prescindir de su belleza?

—Que el lucro no esté en el origen de nuestra riqueza, pues la destruiría desde el interior. Antepone en todo ser y en toda cosa lo que origina su prestigio, es decir, su calidad, su resplandor y su genio. Busca lo que es irremplazable.

Ramsés tuvo la sensación de que una luz penetraba en su corazón y lo fortalecía; las palabras de Seti se grabaron en él para siempre.

—Que el pequeño como el grande reciban del faraón su subsistencia y su justa ración. No descuides a uno en detrimento del otro, debes persuadirlos de que la comunidad es más importante que el individuo. Lo que es útil para la colmena es útil para la abeja, y la abeja debe servir a la colmena gracias a la cual vive.

La abeja, ¡uno de los símbolos que sirven para escribir el nombre del faraón! Seti hablaba de la práctica de la función suprema. Poco a poco desvelaba a Ramsés los secretos del oficio de rey.

De nuevo el vértigo.

—Producir es esencial —continuó Seti—; redistribuir, más aún. La abundancia de riquezas en beneficio de una casta engendra desdichas y discordia. Una pequeña cantidad bien repartida siembra el gozo. La historia de un reino debe ser la de una fiesta. Para que sea así, ningún vientre puede quedar hambriento. Observa, hijo mío, continúa observando. Pues si no eres vidente no advertirás el sentido de mis palabras.

Ramsés pasó la noche en blanco, con los ojos fijos en un filón de piedra azul que afloraba en uno de los extremos de la meseta. Rogó a Hathor que disipara las tinieblas en las que se debatía, sin más peso que una brizna de paja.

Su padre seguía un plan preciso, pero ¿cuál? Ramsés había dejado de creer en su futuro como monarca. Entonces, ¿por qué Seti, considerado avaro en confidencias, lo gratificaba con semejantes enseñanzas? Quizá Moisés habría percibido mejor las intenciones del soberano. Mas el príncipe lucharía solo y trazaría su propio camino.

Poco antes del alba, una sombra salió de la galería principal. Sin la luz de la luna que se ponía, Ramsés habría creído en la aparición de un demonio apresurado por llegar a otro cubil. Pero aquel demonio tenía forma humana y estrechaba un objeto contra el pecho.

—¿Quién eres?

El hombre se inmovilizó un instante, volvió la cabeza en dirección al príncipe, luego corrió hacia la parte más accidentada de la meseta, en la que los mineros sólo habían instalado un almacén de trabajo.

Ramsés se lanzó en persecución del fugitivo.

—¡Deténte!

El hombre aceleró, y también Ramsés. Ganó terreno y alcanzó al extraño personaje antes de que llegara a la abrupta pendiente.

El príncipe saltó y lo atrapó por las piernas. El ladrón cayó, sin soltar su carga, cogió una piedra con la mano izquierda e intentó romper el cráneo de su agresor. De un codazo en la garganta, Ramsés le cortó el aliento. El hombre logró no obstante enderezarse, pero perdió el equilibrio y cayó hacia atrás.

Hubo un grito de dolor, luego otro, después el ruido de un cuerpo que cae de bloque en bloque y se inmoviliza al pie de la pendiente.

Cuando Ramsés llegó hasta él, el fugitivo estaba muerto, estrechando aún contra el pecho un saco lleno de turquesas.

Aquel ladrón no era un desconocido. Se trataba del carretero que, durante la cacería en el desierto, había conducido a Ramsés hacia una trampa que pudo haberle costado la vida.

26

Ningún minero conocía al ladrón. Era su primera expedición y no estaba relacionado con nadie. Infatigable en el trabajo, pasaba numerosas horas en las partes menos accesibles de la mina y había adquirido la estima de sus compañeros.

Robar turquesas era un delito castigado con durísimas penas, y ningún minero había cometido aquel crimen desde hacía lustros. Los miembros de la expedición no lamentaron la muerte del culpable. La ley del desierto había aplicado una justa sanción. Debido a la gravedad de la falta, el carretero fue enterrado sin ritual. Su boca y sus ojos no serían abiertos en el otro mundo, no podría franquear la serie de puertas y se convertiría en presa de la Devoradora.

—¿Quién contrató a este hombre? —preguntó Ramsés a Moisés.

El hebreo consultó sus listas.

—Yo.

—¿Tú?

—El superior del harén me propuso a varios obreros capaces de trabajar aquí. Me limité a firmar el contrato.

Ramsés respiró.

—Ese ladrón era el carretero encargado de llevarme a la muerte.

Moisés palideció.

—No pensarás...

—Ni un instante, pero tú también has caído en una trampa.

—¿El superior del harén? Es un débil que se asusta por el menor incidente.

—Por lo tanto, mucho más fácil de manipular. Tengo prisa por volver a Egipto, Moisés, y saber qué se oculta detrás del ejecutor.

—¿No has abandonado el camino del poder?

—Poco importa, exijo la verdad.

—¿Incluso si puede disgustarte?

—¿Tienes en tu poder informaciones decisivas?

—No, te juro que no... pero ¿quién se atrevería a atentar contra el hijo menor del faraón?

—Quizá más personas de las que te imaginas.

—Si hay una conspiración, el cabecilla estará fuera del alcance.

—¿Eres tú, Moisés, quien renuncia?

—Esta locura no nos atañe. Ya que no sucederás a Seti, ¿quién intentaría perjudicarte?

Ramsés no confió a su amigo el tenor de las conversaciones con su padre. Éstas eran un secreto que debía preservar mientras no comprendiera su significado

—¿Me ayudarás, Moisés, si te necesito?

—¿Por qué lo preguntas?

A pesar del incidente, Seti no modificó el programa de la expedición. Cuando el rey juzgó suficiente la cantidad de turquesas extraídas de la montaña, dio la señal de regreso a Egipto.

El jefe de seguridad del palacio corrió a la sala de audiencias de la reina. El mensajero de Tuya no le había concedido ni un minuto para acudir a la convocatoria de la gran esposa real.

—Aquí estoy, majestad.

—¿Y vuestra investigación?

—Pero... si ya terminó.

—¿De verdad?

—Es imposible saber más.

—Hablemos de ese carretero... ¿muerto, según vos?

—¡Ay! el desdichado...

—¿Cómo es que ese muerto ha encontrado fuerzas para partir a las minas de turquesas y robar allí unas piedras?

El jefe de seguridad se encogió.

—¡Es... es imposible!

—¿Me acusáis de demencia?

—¡Majestad!

—Tres explicaciones: o estáis corrompido, o sois incompetente, o ambas a la vez.

—Majestad...

—Os habéis burlado de mí.

El alto funcionario se echó a los pies de la reina.

—He sido engañado, me han mentido, os prometo que...

—Detesto a los serviles. ¿Por cuenta de quién habéis traicionado?

Del discurso deshilvanado del jefe de seguridad se dedujo una marcada ineptitud cuya gravedad, hasta entonces, se había disimulado bajo el manto de una falsa bondad. Por miedo a perder el puesto, no se había atrevido a salir de su territorio protegido. Convencido de haber actuado correctamente, imploró la piedad de la soberana.

—Desde hoy seréis el portero de la villa de mi hijo mayor. Intentad al menos alejar a algunos inoportunos.

El funcionario se deshizo en melosos agradecimientos cuando la gran esposa real ya había abandonado la sala de audiencias.

El carro de Ramsés y Moisés penetró como una tromba en el patio del harén de Mer-Ur, al que daban los despachos de la administración. Los dos amigos lo habían conducido por turnos, rivalizando en habilidad y ardor. Cambiando de caballos en varias ocasiones, habían devorado la carretera que llevaba de Menfis al harén.

Aquella estruendosa llegada turbó la quietud del establecimiento y provocó la salida del superior, arrancado de su siesta.

—¿Os habéis vuelto locos? ¡Este lugar no es un cuartel!

—La gran esposa real me ha confiado una misión —informó Ramsés.

El superior del harén colocó sus manos nerviosas sobre su rollizo vientre.

—¡Ah!... ¿pero eso justifica tanto alboroto?

—Estamos ante un caso urgente.

—¿Aquí, en la propiedad puesta bajo mi responsabilidad?

—Aquí mismo, y el caso urgente sois vos.

Moisés asintió con un movimiento de cabeza. El superior del harén retrocedió dos pasos.

—Sin duda es un error.

—Habéis hecho contratar a un criminal para la expedición de las minas de turquesas —precisó el hebreo.

—¿Yo? ¡Deliráis!

—¿Quién os lo ha recomendado?

—No sé de qué me habláis.
—Consultemos vuestros archivos —exigió Ramsés.
—¿Disponéis de una orden por escrito?
—¿Bastará el sello de la reina?
El notable no batalló más. Exaltado, Ramsés estaba convencido de alcanzar su fin. Más reservado, no por ello Moisés dejó de sentir verdadero fervor. Ver triunfar la verdad lo emocionaba.
Los antecedentes del ladrón de turquesas fueron una decepción. El hombre no se presentaba como carretero, sino como minero experimentado, habiendo participado en varias expediciones y hallándose en Mer-Ur para enseñar la talla de las turquesas a los fabricantes de joyas. Así pues, el superior, en cuanto nombraron a Moisés, había pensado en aquel especialista como miembro del equipo dirigido por el hebreo.
Evidentemente, el notable había sido engañado. Muertos el palafrenero y el carretero, la pista del organizador de la conspiración se cortaba en seco.

Durante más de dos horas, Ramsés había estado tirando al arco, traspasando un blanco tras otro. Se obligaba a poner su cólera al servicio de la concentración, a reunir energía en lugar de dispersarla. Cuando sintió que sus músculos le dolían, se lanzó a una larga carrera solitaria a través de los jardines y los vergeles del harén. Demasiados pensamientos confusos se mezclaban en su cabeza. Cuando el animal enloquecido de su mente se agitaba hasta ese punto, sólo la actividad furiosa del cuerpo lo hacía callar.
El príncipe ignoraba la fatiga. Su nodriza, que lo había amamantado durante más de tres años, jamás había alimentado a un niño tan fuerte. Ninguna enfermedad lo había amenazado, soportaba el frío y la canícula con la misma dicha, dormía a voluntad y comía con un apetito feroz. Desde los diez años tenía un cuerpo de atleta, modelado desde entonces por el ejercicio diario.
Mientras atravesaba una avenida de tamarindos, creyó oír un canto que no salía de la garganta de un pájaro. Se detuvo y aguzó el oído.
Era una voz femenina, encantadora. Se acercó sin ruido y vio a la muchacha.
A la sombra de un sauce, Nefertari entonaba una melodía acompañándose de un laúd importado de Asia. Su voz suave

con sabor a fruta se unía a la brisa que bailaba en las hojas del árbol. A la izquierda de la joven había una tableta de escriba cubierta de cifras y de figuras geométricas.

Su belleza era casi irreal. Durante un instante, Ramsés se preguntó si no soñaba.

—Acercaos... ¿Tenéis miedo de la música?

Él apartó las ramas del arbusto tras el que se escondía.

—¿Por qué os ocultabais?

—Porque...

No pudo formular ninguna explicación. Su confusión la hizo sonreír.

—Estáis sudando; ¿habéis estado corriendo?

—Esperaba descubrir aquí el nombre de la persona que ha intentado suprimirme.

La sonrisa de Nefertari desapareció; pero su gravedad encantó a Ramsés.

—Así pues habéis fracasado.

—Sí...

—¿Se ha perdido toda esperanza?

—Eso me temo.

—No renunciaréis.

—¿Cómo lo sabéis?

—Porque vos no renunciáis nunca.

Ramsés se inclinó sobre la tableta.

—¿Estudiáis matemáticas?

—Calculo volúmenes.

—¿Esperáis hacer la carrera de geómetra?

—Me gusta instruirme, sin preocuparme del mañana.

—¿Alguna vez pensáis en distraeros?

—Prefiero la soledad.

—¿No es una elección demasiado rigurosa?

Los ojos verdiazules se tornaron severos.

—No deseaba molestaros, perdonadme.

En los labios de la joven, maquillados con discreción, se dibujó una sonrisa indulgente.

—¿Os quedaréis algún tiempo en el harén?

—No, mañana vuelvo a Menfis.

—Con la firme intención de descubrir la verdad, ¿no es así?

—¿Me lo reprocháis?

—¿Es necesario correr tantos riesgos?

—Quiero la verdad, Nefertari, y la querré siempre, cueste lo que cueste.

En su mirada, él leyó un estímulo.

—Si venís a Menfis, me gustaría invitaros a cenar.

—Debo permanecer varios meses en el harén para completar mis conocimientos. Luego regresaré a mi provincia.

—¿Os espera allí un novio?

—Sois muy indiscreto.

Ramsés se sintió estúpido. Aquella joven tan serena, tan dueña de sí misma, lo desconcertaba.

—Sed feliz, Nefertari.

27

El viejo diplomático estaba orgulloso de haber servido a su país durante largos años y, mediante sus consejos, de haber ayudado a tres faraones a cometer un mínimo de errores en política exterior. Apreciaba la prudencia de Seti, más preocupado de la paz que de hazañas guerreras sin futuro.

Pronto se jubilaría felizmente en Tebas, no lejos del templo de Karnak, en el seno de una familia a la que había descuidado demasiado a causa de sus numerosos viajes. Estos últimos días le habían proporcionado una nueva alegría: formar al joven Acha, un muchacho de dotes deslumbrantes. El joven aprendía de prisa y retenía lo esencial. De regreso del Gran Sur, donde había cumplido de manera notable una delicada misión de información, había ido espontáneamente en busca de las enseñanzas del diplomático. Este último lo había considerado en seguida como un hijo. Sin contentarse con datos teóricos, el alto funcionario le había indicado las series de trámites y le había revelado las astucias que sólo la experiencia permitían adquirir. A veces, Acha se adelantaba a su pensamiento. Su apreciación de la situación internacional se mezclaba a un agudo sentido de la realidad y de las perspectivas de futuro.

El secretario del diplomático le anunció la visita de Chenar, que solicitaba humildemente una entrevista. No se despide al hijo primogénito de faraón y designado sucesor. Así pues, a pesar de una verdadera lasitud, el alto funcionario acogió al personaje de rostro redondo, seguro éste de su importancia y de su superioridad. Los pequeños ojos marrones, no obstante, atestiguaban una gran agilidad mental. Considerarlo como un adversario desdeñable habría sido un gran error.

—Vuestra presencia me honra.

—Siento por vos una gran admiración —declaró Chenar,

afectuoso—; de todos es sabido que inspiráis la política asiática de mi padre.

—Eso es mucho decir. El faraón decide por sí mismo.

—Gracias a la calidad de vuestras informaciones.

—La diplomacia es un arte difícil; trato de hacerlo lo mejor que puedo.

—Con gran éxito, por cierto.

—Cuando los dioses me son favorables. ¿Tomaríais una cerveza dulce?

—Con mucho gusto.

Los dos hombres se instalaron bajo una glorieta, refrescada por el viento del norte. Un gato gris saltó sobre las rodillas del viejo diplomático, se hizo una bola y se durmió.

Una vez las dos copas estuvieron llenas de una cerveza ligera y digestiva, el sirviente se alejó.

—¿No os sorprende mi visita?

—Un poco, lo confieso.

—Deseo que nuestra conversación sea confidencial.

—Estad tranquilo.

Chenar se concentró. El viejo diplomático se mostraba más bien divertido. ¿Cuántas veces había afrontado a los solicitantes deseosos de utilizar sus servicios? Según las circunstancias, los ayudaba o los desalentaba. Que el hijo de un rey manifestara tanta condescendencia le halagó.

—Por lo que se dice, tenéis intención de jubilaros.

—No hago de ello ningún misterio; en un año o dos, cuando el rey haya dado su conformidad, me alejaré del servicio activo.

—¿No es lamentable?

—Me agobia el cansancio. La edad es una desventaja.

—La experiencia acumulada es un tesoro que no tiene precio.

—Es por ello que la ofrezco a jóvenes como Acha; mañana, ellos estarán a cargo de nuestra diplomacia.

—¿Aprobáis sin reservas las decisiones de Seti?

El viejo diplomático se sintió incómodo.

—No entiendo vuestra pregunta.

—¿Nuestra hostilidad hacia los hititas está aún justificada?

—Vos no los conocéis.

—¿No desean comerciar con nosotros?

—Los hititas quieren apoderarse de Egipto y jamás renunciarán a ese proyecto. No existe alternativa a la política de defensa activa que lleva el rey.

—¿Y si yo propusiera otra?

—Hablad con vuestro padre, no conmigo.

—Es con vos, y con nadie más, con quien deseo hablar.

—Me sorprendéis.

—Informadme de manera precisa sobre los principados de Asia, y os manifestaré mi agradecimiento.

—No tengo derecho a hacerlo. Lo que se dice durante los consejos debe permanecer en secreto.

—Es eso lo que me interesa.

—No insistáis.

—Mañana reinaré yo, tenedlo en cuenta.

El viejo diplomático enrojeció.

—¿Es una amenaza?

—Aún no estáis jubilado; vuestra experiencia me es indispensable. Seré yo quien lleve la política en el futuro. Sed mi aliado oculto y no lo lamentaréis.

El viejo diplomático no tenía costumbre de ceder a la cólera. Esta vez lo arrastró la indignación.

—¡Seáis quien seáis, vuestras exigencias son inaceptables! ¿Cómo el hijo primogénito del faraón puede pensar en traicionar a su padre?

—Calmaos, os lo ruego.

—¡No, no me calmaré! Vuestro comportamiento es indigno de un futuro monarca. Vuestro padre debe ser informado de ello.

—No vayáis demasiado lejos.

—¡Salid de mi casa!

—¿Olvidáis con quién habláis?

—¡Con un ser despreciable!

—Exijo vuestro silencio.

—No contéis con ello.

—En ese caso os impediré hablar.

—A mí, impedirme...

Con el aliento cortado, el viejo diplomático se llevó las manos al corazón y se derrumbó. Chenar llamó en seguida a los sirvientes. Tendieron al dignatario en una cama y llamaron al punto a un médico, que sólo pudo certificar el fallecimiento debido a una crisis cardíaca fulminante.

Chenar había tenido suerte. Su arriesgada gestión terminaba de manera feliz.

Iset la bella estaba enfadada.

Enclaustrada en la villa de sus padres, rehusó volver a ver a

Ramsés, so pretexto de un cansancio que deslucía su tez. Esta vez le haría pagar sus partidas precipitadas y sus largas ausencias. Tras una cortina del primer piso, escuchó la conversación entre su doncella y el príncipe.

—Transmite mis votos de pronto restablecimiento a tu patrona —dijo Ramsés—, y avísala de que no regresaré.

—¡No! —gritó la joven.

Apartó la cortina, bajó la escalera y se lanzó en brazos de su amante.

—Parece que estás mucho mejor.

—No te vayas, si no caeré enferma de verdad.

—¿Quieres que desobedezca al rey?

—Esas expediciones son un fastidio... Sin ti, me aburro.

—¿Has rechazado la invitación a varios banquetes?

—No, pero sin cesar debo detener los avances de jóvenes nobles. Si tú estuvieras presente, no me importunarían.

—A veces no se viaja en vano.

Ramsés se apartó y presentó un cofrecillo a la joven. Ella abrió unos ojos sorprendidos.

—Ábrelo.

—¿Es una orden?

—Haz como quieras.

Iset la bella levantó la tapa. Lo que descubrió le arrancó un grito de admiración.

—¿Es para mí?

—Con la autorización del jefe de la expedición.

Ella lo besó con fogosidad.

—Pónmelo alrededor del cuello.

Ramsés lo hizo. El collar de turquesas hizo brillar de placer los verdes ojos de la joven. Ahora eclipsaría a todas sus rivales.

Ameni continuaba sus pesquisas en los basureros con una obstinación que ningún fracaso podía detener. La víspera había creído descubrir varios elementos del rompecabezas que ponían en relación la dirección del taller y el nombre de un propietario. Pero tuvo que reducir sus pretensiones. La inscripción era ilegible, faltaban letras.

Esta búsqueda de lo imposible no impedía al joven escriba asumir a la perfección su trabajo de secretario particular. Ramsés recibía un correo cada vez más abundante al que había que responder con las fórmulas de cortesía apropiadas a cada caso. Cuidaba de que la reputación del príncipe fuera impecable. Ahora había dado los últimos toques al informe concerniente al viaje a las minas de turquesas.

—Tu fama aumenta —observó Ramsés.

—Los rumores de pasillo no me interesan.

—Creen que mereces un mejor puesto.

—He hecho el voto de servirte.

—Piensa en tu carrera, Ameni.

—Está del todo decidida.

Esta amistad intachable llenaba de alegría el corazón del príncipe. Pero ¿podría mostrarse digno de ella? Con su actitud, Ameni le impedía la mediocridad.

—¿Has avanzado en tu investigación?

—No, pero no desespero. ¿Y tú?

—A pesar de la intervención de la reina, no hay ninguna pista fiable.

—Es un nombre que nadie se atreve a pronunciar —estimó Ameni.

—Con razón, ¿no crees? Acusar sin pruebas sería una falta grave.

—Me gusta oírte decir eso. ¿Sabes que te pareces cada vez más a Seti?

—Soy su hijo.

—Chenar también... Sin embargo, se diría que pertenece a otra estirpe.

Ramsés estaba nervioso. ¿Por qué Moisés, en el momento de partir hacia el harén de Mer-Ur, había sido convocado a palacio? Durante la expedición, su amigo no había cometido ninguna falta. Al contrario, mineros y soldados habían alabado la excelencia del joven intendente y deseaban que sus colegas lo tomaran como ejemplo. Pero la maledicencia y la calumnia no dejaban de rondar. Tal vez la popularidad de Moisés había ensombrecido a algún inepto bien situado.

Ameni escribía, imperturbable.

—¿No estás inquieto?

—No por Moisés. Es de tu raza: los sinsabores lo endurecen en lugar de abatirlo.

La argumentación no tranquilizó a Ramsés; el carácter del hebreo era tan firme que suscitaba más celos que estima.

—En vez de consumirte esperando —aconsejó Ameni—, será mejor que leas los últimos decretos reales.

El príncipe se puso a la tarea, concentrándose con mucha dificultad. Diez veces se levantó y deambuló por la terraza.

Poco antes del mediodía vio a Moisés salir del edificio administrativo en el que había sido convocado. Incapaz de esperar, bajó la escalera y se precipitó a su encuentro.

El hebreo parecía confundido.

—¡Cuenta!

—Me proponen un puesto de capataz en las canteras reales.

—¿Se terminó el harén?

—Participaré en la construcción de los palacios y de los templos, y deberé ir de ciudad en ciudad, para controlar los trabajos, bajo la dirección de un maestro de obras.

—¿Has aceptado?

—¿No es preferible a la existencia de molicie del harén?

—Entonces, ¡es un ascenso! Acha está en la ciudad, Setaú también. Esta noche celebraremos una fiesta.

28

Los antiguos alumnos del Kap pasaron una animada velada. Las bailarinas profesionales, el vino, la comida, los postres... Todo rozaba la perfección. Setaú contó algunas historias de serpientes y desveló su manera de seducir a las muchachas salvándolas de un reptil que él mismo introducía en sus apartamentos privados. Esta conducta, que él juzgaba un poco inmoral, le evitaba interminables preliminares.

Cada uno habló de su suerte: Ramsés estaba consagrado al ejército, Ameni a la carrera de escriba, Acha a la de diplomático, Moisés se ocuparía de trabajos públicos y Setaú de sus queridas criaturas reptantes. ¿Cuándo se volverían a ver de nuevo, felices y conquistadores?

Setaú se retiró primero, en compañía de una bailarina nubia de mirada enternecedora. Moisés debía dormir unas horas antes de partir para Karnak, donde Seti proyectaba una obra gigantesca. Ameni, poco habituado a beber, se durmió sobre unos blandos cojines. La noche era tranquila.

—Es extraño —dijo Acha a Ramsés—. La ciudad parece muy apacible.

—¿Debería ser de otra manera?

—Mis viajes a Asia y a Nubia me han vuelto menos confiado; vivimos en una falsa seguridad. En el norte, como en el sur, hay pueblos más o menos temibles que sólo piensan en apoderarse de nuestras riquezas.

—En el norte, los hititas... Pero ¿en el sur?

—¿Te olvidas de los nubios?

—¡Están sometidos desde hace mucho tiempo!

—Es lo que yo creía antes de ir allí y de realizar una misión de exploración. Las lenguas se soltaron, oí discursos menos oficiales y me acerqué a otra realidad, diferente de la que se pinta en la corte.

—Eres muy enigmático.

Acha, fino y distinguido, no parecía preparado para largos viajes a regiones inhóspitas. No obstante, seguía con su carácter discreto, no alzaba el tono y mostraba una tranquilidad a toda prueba. Su fuerza interior y su agilidad mental sorprendían a aquellos que lo subestimaban. En aquel instante supo Ramsés que jamás desdeñaría una opinión de Acha. Su refinamiento era engañoso. Tras la apariencia de hombre de mundo se ocultaba un ser resuelto y seguro de sí.

—¿Sabes que hablamos de secretos de Estado?

—Tu especialidad —ironizó Ramsés.

—Esta vez te conciernen de manera directa. Es por ello que, en calidad de amigo, considero que mereces una noche de adelanto sobre Chenar. Mañana por la mañana figurarás entre los miembros del consejo que reunirá el faraón.

—¿Traicionas tu palabra en mi favor?

—No traiciono a mi país, pues estoy convencido de que debes jugar un papel en este asunto.

—¿Podrías ser más claro?

—En mi opinión, y contra la de los expertos, se prepara una revuelta en una de nuestras provincias de Nubia. No un trivial movimiento de protesta, sino una verdadera insurrección que podría causar numerosas víctimas si el ejército egipcio no interviene de manera rápida.

Ramsés estaba estupefacto.

—¿Te has atrevido a presentar una hipótesis tan increíble?

—La he desarrollado por escrito, precisando mis argumentos. No soy adivino, simplemente lúcido.

—¡El virrey de Nubia y los generales te acusarán de delirio!

—Es cierto, pero el faraón y sus consejeros leerán mi informe.

—¿Por qué iban a aceptar tus conclusiones?

—Porque reflejan la verdad. Ella es la guía de nuestro soberano, ¿verdad?

—Cierto, pero...

—No seas incrédulo y prepárate.

—¿Prepararme?

—Cuando el faraón decida ahogar la revuelta tendrá que enviar allí a uno de sus hijos. Ése debes ser tú y no Chenar: es la ocasión soñada para imponerte como un verdadero soldado.

—Y si te equivocas...

—Ni pensarlo. Debes estar temprano en el palacio real.

Una desacostumbrada animación reinaba en el ala del palacio donde el faraón había reunido a los miembros de su consejo, compuesto por los «nueve únicos amigos», generales y algunos ministros. Habitualmente, el rey se contentaba con una entrevista con el visir y atendía los informes que juzgaba esenciales. Aquella mañana, sin que ningún indicio lo hubiera dejado prever, el consejo ampliado había sido convocado con urgencia.

Ramsés se presentó al asistente del visir y pidió audiencia con el faraón. Le dijeron que esperara. Como Seti detestaba la palabrería, el príncipe creyó que las deliberaciones serían de corta duración. No fue así. Se prolongaron de manera anormal, hasta el punto de superar la hora del almuerzo e iniciar la tarde. Graves disensiones debían enfrentar a los participantes, y el rey no resolvería antes de estar seguro de seguir la vía justa.

Cuando el sol declinaba, los «únicos amigos», con el rostro grave, salieron de la sala del consejo, seguidos por los generales. Un cuarto de hora más tarde, el asistente del visir fue en busca de Ramsés.

No fue Seti quien lo recibió, sino Chenar.

—Deseo ver al faraón.

—Está ocupado; ¿qué deseas?

—Ya volveré.

—Estoy habilitado para responderte, Ramsés. Si te niegas a hablarme, haré un informe. Nuestro padre no apreciará tu conducta. Olvidas demasiado a menudo que me debes respeto.

La amenaza no impresionó a Ramsés, decidido a arriesgarlo todo.

—Somos hermanos, Chenar, ¿lo has olvidado?

—Nuestra respectiva posición...

—¿Amistad y confianza nos están prohibidas?

El argumento turbó a Chenar, cuyo tono se tornó menos cortante.

—No, por supuesto... Pero eres tan impulsivo, tan vehemente...

—Yo sigo mi camino y tú el tuyo. El período de las ilusiones ha terminado.

—Y... ¿cuál es tu camino?

—El ejército.

Chenar se palpó el mentón.

—En él brillarás, es cierto... ¿Por qué motivo querías ver al faraón?

—Para combatir a su lado en Nubia.

Chenar se sobresaltó.

—¿Quién te ha hablado de una guerra en Nubia?

Ramsés permaneció imperturbable.

—Soy escriba real y oficial superior. Me falta un nombramiento efectivo en un campo de batalla. Concédemelo.

Chenar se levantó, se paseó y volvió a sentarse.

—No cuentes con ello.

—¿Por qué?

—Es demasiado peligroso.

—¿Te preocupas por mi salud?

—Un príncipe real no puede correr riesgos innecesarios.

—¿No irá el faraón en persona a la cabeza de nuestras tropas?

—No insistas; tu lugar no está allí.

—¡Al contrario!

—Mi decisión es irrevocable.

—Recurriré a mi padre.

—Sin escándalos, Ramsés. El país tiene otras preocupaciones antes que un enfrentamiento protocolario.

—Deja de interponerte en mi camino, Chenar.

El rostro lunar del heredero al trono se endureció.

—¿De qué me acusas?

—¿Mi nombramiento está decidido?

—Es el rey quien decide.

—Sobre tu propuesta...

—Necesito reflexionar.

—Hazlo de prisa.

Acha miró a su alrededor. Una habitación de buen tamaño, con dos ventanas juiciosamente dispuestas para asegurar la circulación del aire, paredes y techo decorados con frisos florales y motivos geométricos en rojo y azul, varias sillas, una mesa baja, esteras de buena calidad, arcas para la ropa, un armario para guardar papiros... El despacho que acababan de asignarle en el Ministerio de Asuntos Exteriores le pareció perfecto, a la espera de uno mejor. Eran escasos los funcionarios tan jóvenes que se beneficiaban de tanta comodidad.

Acha dictó el correo a su secretario, despachó con colegas ávidos de reunirse con la persona que el ministerio consideraba un funcionario excepcional. Luego recibió a Chenar, deseoso de conocer a un nuevo funcionario destinado a un futuro glorioso.

—¿Estáis satisfecho?

—Lo estaría por mucho menos.

—El rey ha apreciado vuestro trabajo.

—Ojalá mi abnegación pueda satisfacer siempre a su majestad.

Chenar cerró la puerta del despacho y habló en voz baja.

—Yo también aprecio vuestro trabajo. Gracias a vos, Ramsés se ha precipitado de cabeza en la trampa. ¡Su único sueño es luchar en Nubia! Por supuesto, para excitarle más, empecé por rechazar sus exigencias, luego, poco a poco, cedí.

—¿Su nombramiento ha sido decidido?

—El faraón aceptará llevarlo a Nubia para que tenga su primer enfrentamiento. Ramsés ignora que los nubios son temibles guerreros y que la revuelta actual corre el riesgo de ser sanguinaria. Su paso por las minas de turquesas lo ha enfebrecido. Ya se tiene por un veterano. A él mismo no se le habría ocurrido la idea de alistarse. ¿Hemos maniobrado bien, querido?

—Eso espero.

—¿Y si hablamos de vos, Acha? No soy ingrato y vos ejercéis con brillantez vuestras dotes de joven diplomático. Un poco de paciencia, dos o tres informes notables y comenzarán los ascensos.

—Mi única ambición es servir a mi país.

—La mía también, por supuesto. Pero una posición elevada permite ser más eficaz. ¿Os interesa Asia?

—¿Acaso no es el campo de acción privilegiado de nuestra diplomacia?

—Egipto necesita profesionales de vuestro valor. Formaos, aprended, escuchad y sedme fiel; no lo lamentaréis.

Acha se inclinó.

Aunque al pueblo de Egipto no le gustaban los conflictos, la partida de Seti hacia Nubia no suscitó mucha inquietud. ¿Cómo iban a resistir las tribus negras a un ejército poderoso y bien organizado? La expedición se relacionaba más con una operación de orden público que con un verdadero conflicto. Los rebeldes, duramente castigados, no volverían a levantar cabeza en mucho tiempo y Nubia volvería a ser una provincia apacible.

Gracias al informe alarmista de Acha, Chenar sabía que los egipcios se toparían con una fuerte resistencia. Ramsés intentaría probar su valentía con la inconsciencia de la juventud. En el pasado, las flechas y las hachas nubias habían puesto fin a la existencia de soldados imprudentes, demasiado imbuidos de su superioridad. Con un poco de suerte, Ramsés caería en el mismo error.

La vida sonreía a Chenar. En el juego del poder, disponía de peones para ganar la partida. La intensa actividad agotaba al faraón. En un futuro próximo se vería obligado a designar a su hijo primogénito como regente y le concedería cada vez más iniciativas. Dominarse, no ser impaciente, actuar en la sombra: tales eran las claves del éxito.

Ameni corrió hasta el embarcadero principal de Menfis. Poco acostumbrado al ejercicio, avanzaba lentamente. A duras penas se abrió paso entre la muchedumbre que saludaba al cuerpo expedicionario. Al explorar un nuevo basurero había descubierto un indicio importante, quizá definitivo.

Su calidad de secretario de Ramsés le permitió franquear el cordón de seguridad. Con el aliento entrecortado, llegó al muelle.

—¿El barco del príncipe?

—Ha partido —respondió un oficial.

29

El ejército egipcio, que salió de Menfis el vigesimocuarto día del segundo mes de la estación de invierno, en el año ocho del reinado de Seti, avanzaba muy de prisa en dirección al sur. En Asuán, desembarcó y volvió a embarcar más allá de las rocas de la primera catarata. La altura del Nilo, en ese período, habría permitido franquear los pasos peligrosos, pero el faraón prefirió utilizar barcos adaptados para remontar el río hacia Nubia.

Ramsés estaba encantado. Nombrado escriba del ejército, dirigía la expedición bajo las órdenes directas de su padre. Se alojaba en el mismo barco en forma de media luna cuyos extremos sobresalían muy por encima del nivel del agua. Dos timones, uno a babor, otro a estribor, permitían hacer maniobras suaves y rápidas. Una vela inmensa, sostenida por un único mástil de buen tamaño, se hinchaba con un fuerte viento del norte. La tripulación comprobaba a menudo la tensión de las cuerdas.

En el centro había una gran cabina dividida en habitaciones y despachos. Y cerca de la proa y de la popa, otras cabinas, más exiguas, reservadas al capitán y a los dos timoneles. A bordo de la nave real, como en las demás unidades de la flota de guerra, reinaba una alegre animación; marineros y soldados tenían la sensación de realizar un paseo sin riesgos, y ningún oficial los desmentía. Todos conocían las consignas del rey: no ser agresivos con los civiles, no enrolar a nadie por la fuerza, tener modales correctos, no proceder a ningún arresto arbitrario. Era deseable que el paso del ejército inspirara temor y provocara respeto al orden establecido. Pero que fuera sinónimo de terror o de pillaje era inaceptable. Aquellos que no respetaran el código de honor serían severamente castigados.

Nubia fascinó a Ramsés, quien durante el viaje no abandonó la proa del navío. Colinas desérticas, islotes de granito, delgadas franjas verdes que se resistían al desierto y el cielo de un azul muy puro formaban un paisaje de grandeza que le dejó maravillado. Unas vacas dormitaban en las márgenes, unos hipopótamos en el agua. Grullas coronadas, flamencos rosa y golondrinas sobrevolaban las palmeras donde jugaban babuinos. Ramsés experimentó una inmediata simpatía por aquella región salvaje; era de la misma naturaleza que él, inflamada por el mismo ardor indomable.

Desde Asuán a la segunda catarata, el ejército egipcio cruzó una región tranquila. Se detuvo junto a apacibles aldeas en las que ofreció alimentos y utensilios. La provincia de Uauat (1), pacificada desde hacía tiempo, se extendía a lo largo de trescientos cincuenta kilómetros. Ramsés vivía un sueño, satisfecho, feliz; así conmovía aquella tierra su corazón.

Se despertó a la vista de un increíble monumento, la enorme fortaleza de Buhen, con muros de ladrillo de once metros de alto y cinco de ancho, y torres rectangulares, intercaladas a lo largo del camino de ronda almenado, desde donde los vigías egipcios vigilaban la segunda catarata y sus alrededores. Ninguna incursión nubia podía franquear la serie de plazas fuertes, de la que Buhen era la más importante. Tres mil soldados residían en ella permanentemente y se comunicaban con Egipto mediante un correo de postas.

Seti y Ramsés accedieron a la fortaleza por la entrada principal, situada frente al desierto. Dos puertas dobles, unidas por un puente de madera, la cerraban. Un presunto agresor habría sucumbido bajo una lluvia de flechas, venablos y piedras lanzadas con hondas. Las troneras de tres aberturas estaban dispuestas para atrapar al adversario bajo un tiro cruzado que no le dejaría ninguna posibilidad de escapar.

Una parte del contingente había sido alojada en la pequeña aldea que se desplegaba al pie de la plaza fuerte. Un cuartel, casas elegantes, almacenes y talleres, un mercado, e instalaciones sanitarias hacían la existencia asaz agradable. El cuerpo expedicionario apreciaría unas horas de expansión antes de entrar en la segunda provincia nubia, el país de Kush; por entonces, la moral era buena.

El comandante de la fortaleza recibió al rey y a su hijo en la sala regia de Buhen. Allí dictaba justicia, después de la

(1) Este término significa: «la ardiente».

aprobación de sus decisiones por el visir. Se ofreció cerveza fresca y dátiles a los significados visitantes.

—¿Está ausente el virrey de Nubia? —preguntó Seti.

—No debe tardar, majestad.

—¿Ha cambiado de residencia?

—No, majestad, ha querido evaluar personalmente la situación en el país de Irem, al sur de la tercera catarata.

—La situación... ¿una revuelta, queréis decir?

El comandante evitó la mirada de Seti.

—El término es sin duda excesivo.

—¿Cómo se entiende que se desplace tan lejos para detener a unos ladrones?

—Majestad, controlamos perfectamente la región y...

—¿Por qué, desde hace varios meses, sus informes minimizan el peligro?

—He intentado ser objetivo; los nubios de la provincia de Irem están algo agitados, es verdad, pero...

—Dos caravanas atacadas, un pozo del que los saqueadores se han apoderado, un oficial de información asesinado... ¿es poca agitación?

—Hemos tenido casos peores, majestad.

—Es cierto, pero se pronunciaron sentencias y se infligieron castigos. En aquella ocasión, el virrey y vos fuisteis incapaces de detener a los culpables, y ahora se creen seguros y se disponen a fomentar una verdadera sedición.

—Mi papel es puramente defensivo —protestó el comandante—. Ningún nubio sublevado cruzaría la barrera de nuestras fortalezas.

La cólera de Seti creció.

—¿Insinuáis que deberíamos abandonar el país de Kush y el de Irem a unos rebeldes?

—¡Ni por un instante, majestad!

—Entonces quiero la verdad.

La falta de energía del oficial superior repugnó a Ramsés. Semejantes cobardes eran indignos de servir a Egipto. En el lugar de su padre, lo habría degradado y enviado a la primera línea.

—Me parecía inútil inquietar a nuestras tropas, incluso si ciertos disturbios han perturbado nuestra serenidad.

—¿Y las pérdidas?

—Inexistentes, espero. El virrey ha partido a la cabeza de una patrulla experimentada. Ante su presencia, los nubios depondrán las armas.

—Esperaré tres días, ni uno más; luego, intervendré.

—No será necesario, majestad, pero habré tenido el honor de recibiros. Esta noche organizo una pequeña fiesta...

—Yo no asistiré; cuidaos del bienestar de mis soldados.

No había paisaje más abrupto que la segunda catarata. Altos acantilados encerraban el Nilo, que se abría paso por estrechos canales que parecían ahogar enormes bloques de basalto y de granito contra los cuales se estrellaba un agua espumosa. El río borboteaba y luchaba con tal furor que franqueaba el obstáculo y tomaba nuevo impulso. A lo lejos, chorros de arena ocre iban a morir sobre las márgenes rojas, sembradas de rocas azules. Aquí y allá, palmeras tebaicas, de doble tronco, añadían una nota de verdor.

Ramsés vivía cada sobresalto del Nilo, lo acompañaba en su combate contra las rocas, triunfaba con él. Entre el río y él, la comunión era total.

La pequeña ciudad de Buhen vivía alborozada, ajena de una guerra en la que nadie creía. Las trece fortalezas egipcias habrían desalentado a cualquier agresor; en cuanto al país de Irem, representaba una amplia zona cultivada, garantía de una dicha tranquila que nadie pensaba en destruir. Como sus predecesores, Seti se había contentado con mostrar su capacidad militar a fin de impresionar las mentes y consolidar la paz.

Ramsés, recorriendo el campamento, se dio cuenta de que ningún soldado pensaba en el combate. Dormían, comían bien, hacían el amor con encantadoras nubias, jugaban a los dados, hablaban del regreso a Egipto... pero no limpiaban las armas.

Mientras, el virrey de Nubia todavía no había vuelto de la provincia de Irem.

Ramsés notó la propensión de los humanos a rechazar lo esencial para alimentarse de ilusiones. La realidad les parecía tan poco comestible que se hartaban de espejismos, con la certeza de librarse así de sus preocupaciones. El individuo era a la vez huidizo y criminal. El príncipe se juró no retroceder ante los hechos, incluso si no se correspondían con sus esperanzas. Como el Nilo, se enfrentaría a las rocas y las vencería.

En el extremo oeste del campamento, por el lado del desierto, un hombre en cuclillas excavaba la arena, como si enterrara un tesoro.

Intrigado, Ramsés se acercó, espada en mano.

—¿Qué haces?

—¡Cállate, no hagas ruido! —exigió una voz apenas audible.

—Responde.

El hombre se levantó.

—¡Qué estúpido! La has hecho huir.

—¡Setaú! ¿Te has enrolado?

—Por supuesto que no... Estaba convencido de que había una cobra negra en ese agujero.

Vestido con un extraño abrigo con bolsillos, mal afeitado, con la piel reseca y los negros cabellos brillando a la luz lunar, Setaú no se parecía mucho a un soldado.

—Según los buenos brujos, el veneno de las serpientes nubias es de una calidad excepcional. ¡Una expedición como ésta era una suerte inesperada!

—¿Y... el peligro? ¡Se trata de una guerra!

—No percibo el olor de la sangre. Los imbéciles de los soldados se atracan de comida y se emborrachan. En el fondo, es su actividad menos peligrosa.

—Esta calma no durará.

—¿Estás seguro o es una profecía?

—¿Piensas que el faraón habría desplazado tantos hombres para un simple desfile?

—Me importa poco con tal de que me dejen cazar serpientes. ¡Son de un tamaño y unos colores espléndidos! En lugar de arriesgar tontamente la vida, deberías venir conmigo al desierto. Haríamos hermosas capturas.

—Estoy a las órdenes de mi padre.

—Yo soy libre.

Setaú se tendió en el suelo y se durmió. Era el único egipcio que no temía las incursiones nocturnas de los reptiles.

Ramsés contemplaba la catarata y compartía los incesantes esfuerzos del Nilo. La noche acababa de desgarrarse cuando sintió una presencia tras él.

—¿Has olvidado dormir, hijo mío?

—He velado a Setaú y he visto varias serpientes acercarse a él, inmovilizarse y luego alejarse. Ejerce su poder incluso durante el sueño. ¿No sucede así con un monarca?

—El virrey ha vuelto —anunció Seti.

Ramsés miró a su padre.

—¿Ha pacificado Irem?

—Cinco muertos, diez heridos graves y una retirada precipitada. Esto es lo esencial de su acción. Las previsiones de tu amigo Acha se muestran exactas; ese muchacho es un notable observador que ha sabido sacar buenas conclusiones de las informaciones recogidas.

—A veces me incomoda, pero su inteligencia es extraordinaria.

—Desgraciadamente ha tenido razón, en contra de muchos consejeros.

—¿Habrá guerra?

—Sí, Ramsés. Nada me disgusta más, pero el faraón no puede tolerar ni a los rebeldes ni a los alborotadores. De lo contrario sería el fin del reinado de Maat y el advenimiento del desorden. Este último engendra la desdicha para todos, grandes y pequeños. Al norte, Egipto se protege de la invasión controlando Canaán y Siria. Al sur, Nubia. El rey que flaquee, como Akhenatón, pondría el país en peligro.

—¿Lucharemos?

—Esperemos que los nubios sean razonables. Tu hermano ha insistido mucho en que confirme tu nombramiento. Parece creer en tus cualidades de soldado. Pero nuestros adversarios son temibles. Si se embriagan, lucharán hasta la muerte, insensibles a las heridas.

—¿Me juzgáis incapaz de combatir?

—No estás obligado a correr riesgos innecesarios.

—Me habéis confiado una responsabilidad y la asumiré.

—¿Tu vida no es más preciosa?

—En absoluto. Quien traicione su palabra no merece vivir.

—Entonces, si los sublevados no se someten, lucha. Lucha como un toro, un león y un halcón, sé demoledor como la tormenta. Si no, serás vencido.

30

El ejército abandonó Buhen con pesar, para franquear la segunda catarata, la barrera segura de las fortalezas, e introducirse en el país de Kush, ciertamente pacificado pero poblado por robustos nubios de legendario valor. Hasta la isla de Sai, en la cual se levantaba la plaza fuerte de Shaat, residencia secundaria del virrey, el viaje fue de corta duración. A unos kilómetros río abajo, Ramsés había observado otra isla, Amara, cuya belleza salvaje lo había conquistado. Si el destino le sonreía, pediría a su padre que mandara construir allí una capilla en homenaje al esplendor de Nubia.

En Shaat, los cantos despreocupados se apagaron. La ciudadela, de mucha menor importancia que Buhen, estaba llena de refugiados que habían huido de la rica llanura de Irem, caída en manos de los rebeldes. Embriagados por la victoria y por la ausencia de reacción del virrey, que se había contentado con oponerles algunos veteranos, rápidamente dispersados, dos tribus habían franqueado la tercera catarata y avanzaban hacia el norte. El viejo sueño renacía: reconquistar el país de Kush, expulsando a los egipcios, y lanzar un asalto decisivo contra las fortalezas.

Shaat era la primera en peligrar.

Seti ordenó que se diera la alerta. En cada tronera, un arquero. En lo alto de las torres, honderos. Al abrigo de los fosos y desplegada a los pies de los altos muros de ladrillo, la infantería.

Luego el faraón y su hijo, acompañados por el virrey de Nubia, silencioso y abatido, interrogaron al comandante de la fortaleza.

—Las noticias son desastrosas —confesó—. Desde hace una semana, la sedición ha adquirido proporciones increíbles. Habitualmente, las tribus disputan entre ellas y rechazan toda

alianza. ¡Esta vez se entienden entre sí! He enviado mensajes a Buhen, pero...

La presencia del virrey impidió al comandante emitir una crítica demasiado viva.

—Continuad —exigió Seti.

—Habríamos podido sofocar esta revuelta en embrión si hubiéramos intervenido a tiempo. Ahora me pregunto si no sería más prudente replegarnos.

Ramsés estaba consternado. ¿Cómo era posible que los responsables de la seguridad de Egipto fueran tan cobardes e imprevisores?

—¿Son tan terribles esas tribus? —preguntó él.

—Como fieras —respondió el comandante—. Ni la muerte ni el sufrimiento les asusta. Sienten placer en luchar y en matar. No le reprocharé a nadie que huya cuando se lancen al ataque aullando.

—¿Huir? ¡Pero eso es una traición!

—Cuando los veáis, lo comprenderéis. Sólo un ejército muy superior en número puede atajarlos. Y hoy no sabemos si nuestros enemigos son centenares o son miles.

—Partid para Buhen con los refugiados y llevaos al virrey —ordenó Seti.

—¿Debo enviaros refuerzos?

—Ya veremos, mis mensajeros os tendrán al corriente. Haced bloquear el Nilo y que todas las fortalezas se preparen para rechazar un asalto.

El virrey desapareció. Había temido otras sanciones. El comandante preparó la evacuación; dos horas más tarde, una larga columna inició el camino hacia el norte. En Shaat sólo quedaban el faraón, Ramsés y mil soldados, cuya moral se había ensombrecido bruscamente. Se murmuraba que diez mil negros, ávidos de sangre, se dejarían caer sobre la ciudadela y matarían hasta el último egipcio.

Seti dejó a Ramsés la tarea de informar de la verdad a la tropa. El joven no se contentó con exponer los hechos tal como eran y disipar los falsos rumores, sino que hizo una llamada al valor de cada uno y al deber de proteger su país, aunque fuera al precio de su vida. Sus palabras fueron sencillas, directas, y su entusiasmo comunicativo. Al enterarse de que el hijo del rey lucharía entre ellos, sin privilegios, los soldados recuperaron la esperanza. El ardor de Ramsés, añadido a las cualidades de estratega de Seti, los salvaría del desastre.

El rey había decidido avanzar hacia el sur y no esperar un eventual ataque. Le parecía preferible llevar la guerra a las filas adversarias. Siempre se podían batir en retirada si eran demasiado numerosos. Al menos sabría a qué atenerse.

Durante una larga velada, Seti estudió el mapa del país de Kush en compañía de Ramsés y enseñó a éste a leer las indicaciones de los geógrafos. Tanta confianza por parte del faraón dejó al joven exultante. Aprendió muy de prisa y prometió guardar cada detalle en la memoria. Sucediera lo que sucediese, el día siguiente sería un día glorioso.

Seti se retiró a la cámara de la fortaleza reservada al soberano. Ramsés se tendió en un rudimentario lecho. Sus sueños de victoria fueron turbados por risas y suspiros que provenían de la habitación contigua. Intrigado, se levantó y empujó la puerta.

Estirado boca abajo, Setaú gozaba de manera ruidosa del masaje de una joven nubia desnuda, de rostro muy fino y cuerpo magnífico. Su piel de ébano resplandecía, sus rasgos no tenían nada de negroide y hacían pensar en los de una noble tebana. Era ella la que reía, divertida al ver a Setaú tan satisfecho.

—Tiene quince años y se llama Loto —reveló el encantador de serpientes—. Sus dedos distienden la espalda con una perfección sin igual. ¿Deseas aprovecharte de sus dotes?

—Me odiaría si te robara una conquista tan hermosa.

—Además, tiene tratos con los reptiles más peligrosos sin el menor temor. Juntos hemos recogido ya una gran cantidad de veneno. ¡Qué suerte, por todos los dioses! Esta expedición me gusta... Hice bien en no perdérmela.

—Mañana os cuidaréis de la fortaleza.

—¿Vas a atacar?

—Avanzaremos.

—De acuerdo, Loto y yo serviremos de guardianes. Trataremos de capturar una docena de cobras.

En invierno, el amanecer era muy frío. Por esta razón los soldados de infantería vestían una túnica larga, que se quitarían en cuanto los rayos del sol nubio calentara su sangre. Ramsés, conduciendo un carro liviano, iba a la cabeza de las tropas, justo detrás de los rastreadores. Seti se encontraba en medio de su ejército, protegido por su guardia especial.

Un bramido turbó el silencio de la estepa. Ramsés dio la orden de parar, saltó a tierra y siguió a los rastreadores.

Un enorme animal, provisto de trompa, aullaba de dolor. Con una lanza clavada en el extremo de su increíble nariz, se debatía a fin de liberarse de aquel dardo que lo volvía loco de dolor. Un elefante... El animal que en tiempos pasados había dado nombre a la isla Elefantina, en la frontera sur de Egipto, de donde había desaparecido.

Era la primera vez que el príncipe contemplaba un ejemplar.

—Un enorme macho —comentó uno de los rastreadores—. Cada colmillo pesa al menos ochenta quilos. Sobre todo no os acerquéis.

—¡Pero si está herido!

—Los nubios intentaron matarlo. Nosotros los hemos hecho huir.

El enfrentamiento era inminente.

Mientras un rastreador corría a avisar al rey, Ramsés se dirigió hacia el elefante. A unos veinte metros del monstruo se paró y buscó su mirada. El animal herido dejó de debatirse y observó a aquella minúscula criatura.

Ramsés mostró sus manos vacías. El macho gigante levantó la trompa, como si comprendiera las pacíficas intenciones del bípedo. El príncipe avanzó muy lentamente.

Un rastreador quiso gritar, pero un compañero le cerró la boca. Al menor incidente, el elefante pisotearía al hijo del faraón.

Ramsés no tenía miedo. En la mirada atenta del cuadrúpedo advirtió una inteligencia muy viva, capaz de descifrar sus intenciones. Unos pasos más y se encontró a un metro del herido, que con la cola se golpeaba los flancos.

El príncipe levantó los brazos y el gigante bajó la trompa.

—Te dolerá —le anunció— pero es indispensable.

Ramsés cogió el fuste de la lanza.

—¿Estás preparado?

Las grandes orejas movieron el aire, como si el elefante diera su consentimiento.

El príncipe tiró con fuerza y arrancó el hierro de un solo tirón. El gigante bramó, liberado. Estupefactos, los rastreadores creyeron que se había producido un milagro y que Ramsés no sobreviviría a su hazaña. La extremidad de la trompa ensangrentada se anudó alrededor de su cintura.

En pocos segundos sería triturado. Luego les llegaría su turno. Era mejor huir.

—¡Mirad, mirad!

La alegre voz del príncipe los detuvo. Se volvieron y lo vieron encaramado sobre la cabeza del gigante, en el lugar donde, con infinita delicadeza, la trompa lo había depositado.

—Desde lo alto de esta montaña —declaró Ramsés— apreciaré los menores movimientos del enemigo.

La hazaña del príncipe electrizó al ejército. Algunos hablaron de la fuerza sobrenatural de Ramsés, capaz de someter a su voluntad al más poderoso de los animales, cuya herida fue curada mediante parches empapados en aceite y miel. Entre el elefante y él no hubo ninguna dificultad de comunicación. Uno hablaba con la lengua y las manos, el otro con la trompa y las orejas. Protegidos por el gigante, que seguía un terreno despejado, los soldados llegaron a una aldea formada por chozas de barro seco, cubiertas por techos de palma.

Aquí y allá había cadáveres de ancianos, de niños y mujeres, unos destripados, otros degollados. Los hombres que se habían atrevido a resistir estaban algo más allá, mutilados. Habían quemado las cosechas y sacrificado los animales.

Ramsés casi vomitó.

Así que aquello era la guerra, aquella carnicería, aquella crueldad sin límites que hacía del hombre el peor de los depredadores.

—¡No bebáis agua del pozo! —gritó un soldado de edad madura.

Dos jóvenes, sedientos, habían bebido. Murieron diez minutos después con el vientre ardiendo. Los rebeldes habían envenenado los pozos para castigar a los habitantes, a sus hermanos de raza, partidarios de permanecer fieles a Egipto.

—Un caso que yo no podría tratar —lamentó Setaú—. En el campo de los venenos vegetales tengo que aprenderlo todo. Felizmente, Loto me enseñará.

—¿Qué haces aquí? —se asombró Ramsés—. ¿No debías cuidar la fortaleza?

—Eso es muy aburrido... Esta naturaleza es tan rica, tan abundante...

—Como esta aldea arrasada, por ejemplo.

Setaú puso la mano en el hombro de su amigo.

—¿Comprendes por qué prefiero las serpientes? Su manera de matar es más noble, y nos proporcionan poderosos medicamentos contra las enfermedades.

—El hombre no se reduce a este horror.

—¿Estás seguro?

—Existe Maat, existe el caos. Hemos venido al mundo para que reine Maat y el mal sea vencido, incluso si renace sin cesar.

—Sólo un faraón piensa así, y tú sólo eres un jefe guerrero que se apresta a matar a los que matan.

—O a caer bajo sus golpes.

—No atraigas el mal de ojo y ven a beber una tisana que ha preparado Loto. Te hará invencible.

Seti estaba sombrío.

Había reunido en su tienda a Ramsés y a los oficiales superiores.

—¿Qué proponéis?

—Avancemos más —propuso un veterano—. Debemos franquear la tercera catarata e invadir el país de Irem. Nuestra celeridad será la clave del éxito.

—Podríamos caer en una trampa —opinó un joven oficial—. Los nubios saben que usamos a menudo esa táctica.

—Exacto —admitió el faraón—. Para evitar la trampa es indispensable conocer las posiciones de nuestros enemigos. Necesito voluntarios que actúen de noche.

—Es muy arriesgado —observó el veterano.

—Lo sé.

Ramsés se levantó.

—Me ofrezco voluntario.

—Yo también —declaró el veterano—, y conozco a tres compañeros que tienen la misma valentía del príncipe.

31

El príncipe se sacó el casco, la cota de cuero, el taparrabos ceremonial y las sandalias. Para aventurarse en la sabana nubia debía teñirse el cuerpo con carbón vegetal y llevar sólo un puñal. Antes de partir, entró en la tienda de Setaú.

El encantador de serpientes estaba hirviendo un líquido amarillento y Loto preparaba una tisana de hibisco que proporcionaba un brebaje de color rojo.

—Una serpiente roja y negra se deslizó bajo mi estera —explicó Setaú radiante—. ¡Qué suerte! Otra especie desconocida y una buena cantidad de veneno. Los dioses están con nosotros, Ramsés. Nubia es un paraíso. ¿Cuántas especies habrá?

Alzando los ojos, miró largamente al príncipe.

—¿Adónde piensas ir en ese estado?

—A localizar los campamentos rebeldes.

—¿Cómo lo harás?

—Iré derecho hacia el sur. Terminaré por descubrirlos.

—Lo importante es volver.

—Creo en mi suerte.

Setaú movió la cabeza.

—Bebe el karkadé con nosotros. Al menos conocerás un sabor sublime antes de caer en manos de los negros.

El licor rojo era afrutado y refrescante. Loto le sirvió tres veces a Ramsés.

—En mi opinión —decretó Setaú—, cometes una estupidez.

—Cumplo con mi deber.

—No digas frases huecas. Te lanzas de cabeza sin ninguna posibilidad de éxito.

—Al contrario, yo...

Ramsés se levantó, tambaleándose...

—¿Te sientes mal?

—No, pero...
—Siéntate.
—Debo partir.
—¿En ese estado?
—Estoy bien, estoy...
Desmayado, Ramsés cayó en brazos de Setaú. Éste lo tendió en una estera, junto al fuego, y salió de la tienda. Pese a saber que vería al faraón, la estatura de Seti lo impresionó.
—Gracias, Setaú.
—Según Loto, es una droga muy suave. Ramsés se despertará al alba, fresco y descansado. En lo que respecta a su misión, no temáis. Loto y yo tomaremos su lugar. Ella me guiará.
—¿Qué deseáis para vosotros?
—Proteger a vuestro hijo de sus excesos.
Seti se alejó. Setaú se sentía orgulloso: ¿cuántos podían jactarse de haber recibido el agradecimiento del faraón?

Un rayo de sol que se deslizó dentro de la tienda despertó a Ramsés. Durante unos instantes, su mente permaneció brumosa. No sabía dónde se encontraba. Luego la verdad estalló: Setaú y la nubia lo habían drogado.

Furioso, se precipitó fuera y se topó con Setaú, sentado como un escriba, que comía pescado seco.
—¡Calma! Un poco más y me lo haces tragar atravesado.
—¡Y a mí qué me hiciste tragar!
—Una lección de cordura.
—Tenía que cumplir una misión y tú me lo has impedido.
—Besa a Loto y agradéceselo. Gracias a ella conocemos el emplazamiento del principal campo enemigo.
—Pero... ¡si Loto es uno de ellos!
—Su familia fue asesinada durante la destrucción de la aldea.
—¿Crees que es sincera?
—Tú, el entusiasta, ¿te has vuelto escéptico? Sí, es sincera. Por eso decidió ayudarnos. Los rebeldes no pertenecen a su tribu y siembran la desgracia en la región más próspera de Nubia. En lugar de gemir, levántate, come y vístete como un príncipe. Tu padre te espera.

Siguiendo las indicaciones de Loto, el ejército egipcio se puso en marcha, con Ramsés a la cabeza, montado en el elefante. Durante las dos primeras horas, el animal se mostró tranquilo, casi indolente. En el camino, se alimentaba de ramajes.

Luego su actitud cambió. Con la mirada fija, avanzó más lentamente, sin hacer el menor ruido. Livianas, sus patas se posaban en el suelo con una increíble delicadeza. De repente su trompa se levantó hacia lo alto de una palmera y se apoderó de un negro armado con una honda. El animal lo lanzó contra el tronco y le quebró el espinazo.

¿Habría tenido tiempo el centinela de avisar a los suyos? Ramsés se volvió, esperando órdenes. La señal del faraón fue inequívoca: desplegamiento y ataque.

El elefante se embaló.

Apenas habían franqueado la pequeña barrera de un palmeral, Ramsés los vio: centenares de guerreros nubios, de piel negrísima, con la parte anterior de la cabeza afeitada, la nariz chata, los labios gruesos, aros de oro en las orejas, plumas en los cabellos cortos y ensortijados, y las mejillas llenas de incisiones. Los soldados llevaban taparrabos de piel manchada; los jefes, túnicas blancas cerradas con cinturones rojos.

Era inútil conminarlos a rendirse. En cuanto divisaron el elefante y la vanguardia del ejército egipcio, echaron mano de los arcos y comenzaron a tirar flechas. Aquella precipitación les fue fatal, puesto que reaccionaron sin orden ni concierto, mientras las oleadas de asalto egipcias se sucedían con calma y determinación.

Los arqueros de Seti pusieron fuera de combate a los tiradores nubios que, aterrorizados se estorbaban entre sí. Luego los lanceros tomaron el campamento por la parte trasera y mataron a los negros que cargaban las hondas. Gracias a sus escudos, la infantería contuvo una carga a la desesperada con hachas y atravesaron a sus adversarios con sus espadas cortas.

Los nubios que sobrevivieron, presa del pánico, soltaron las armas, se arrodillaron y suplicaron a los egipcios que no los mataran.

Seti levantó el brazo derecho, y el combate, que sólo había durado unos minutos, se detuvo. Después, los vencedores ataron las manos a la espalda a los vencidos.

El elefante no había terminado su labor. Arrancó la techumbre de la choza más grande y despedazó los muros. Aparecieron dos nubios. Uno, alto y digno, con una ancha banda de tela roja en bandolera; el otro, pequeño y nervioso, ocultándose detrás de una canasta.

El segundo era el que había herido al gigante clavándole una lanza. Con la trompa, el elefante cogió al nubio como una fruta madura y, rodeándolo por la cintura, lo mantuvo en el aire largo rato. El negrito aullaba y gesticulaba, intentando inútilmente librarse de la tenaza. Cuando el gigante lo colocó en tierra, se creyó salvado; pero apenas esbozó un movimiento de fuga, una enorme pata le aplastó la cabeza. Sin brusquedad, el elefante acabó con el que lo había hecho sufrir tanto.

Ramsés se dirigió al otro nubio, que no se había movido. Con los brazos cruzados en el pecho, se había contentado con contemplar la escena.

—¿Eres tú el jefe?

—En efecto, lo soy. Eres muy joven para habernos vencido así.

—El mérito es del faraón.

—Así que ha venido en persona... Ésa es la razón por la que los brujos vaticinaron que no podríamos ganar. Debí haberlos escuchado.

—¿Dónde se ocultan las otras tribus rebeldes?

—Te lo diré e iré a su encuentro para pedirles que se rindan. ¿El faraón les perdonará la vida?

—Es él quien decide.

Seti no concedió ningún respiro a sus enemigos. El mismo día atacó otros dos campamentos. En ninguno de los dos habían escuchado los consejos de moderación del jefe vencido. Los combates duraron poco, pues los nubios luchaban sin coordinación. Recordando las predicciones de los brujos y viendo aparecer a Seti, cuya mirada quemaba como el fuego, muchos no lucharon con el ardor habitual. En sus cabezas, la guerra estaba perdida de antemano.

Al amanecer del día siguiente, las demás tribus depusieron las armas. Se hablaba con terror del hijo del rey, dueño de un elefante macho que había matado a decenas de negros. Nadie podría oponerse al ejército del faraón.

Seti hizo seiscientos prisioneros. Los acompañarían cincuenta y cuatro muchachos, setenta muchachas y cuarenta y ocho niños, que serían educados en Egipto para volver luego a Nubia, portadores de una cultura complementaria de la suya y orientada hacia la paz con su poderoso vecino.

El rey se aseguró de que el país de Irem había sido liberado en su totalidad y que los habitantes de aquella rica comarca agrícola tenían nuevamente acceso a los pozos de los que se habían apoderado los rebeldes. En adelante el virrey de Kush inspeccionaría cada mes la región a fin de evitar que estallaran nuevos disturbios. Si los campesinos tenían que formular quejas, los escucharía e intentaría darles satisfacción. En caso de litigio grave, el faraón decidiría.

Ramsés sentía nostalgia. Dejar Nubia lo afligía. No se había atrevido a pedirle a su padre el puesto de virrey, para el que se sentía capacitado. Cuando lo había abordado con aquella idea en la cabeza, la mirada de Seti lo había disuadido de formularla. El monarca le expuso su plan. Mantener en su lugar al actual virrey, exigiéndole una conducta intachable. A la menor falta, terminaría su carrera como intendente de una fortaleza.

La trompa del elefante rozó la mejilla de Ramsés. Indiferente a los requerimientos de numerosos soldados que deseaban ver al gigante desfilando en Menfis, el príncipe había decidido dejarlo libre y feliz en los paisajes que lo habían visto nacer. Ramsés le acarició la trompa, cuya herida ya cicatrizaba. El elefante le indicó la dirección de la sabana como si lo invitara a seguirlo. Pero los caminos del gigante y del príncipe se separaban allí.

Durante un largo rato, Ramsés se quedó inmóvil. La ausencia de su sorprendente aliado le atenazaba el corazón. Cuánto le habría gustado partir con él, descubrir caminos desconocidos, recibir sus enseñanzas. Pero el sueño se disipaba, había que volver a embarcar y regresar al norte. El príncipe juró volver a Nubia.

Los egipcios levantaban el campamento cantando. Los soldados no dejaban de dirigir elogios a Seti y a Ramsés, que habían transformado en triunfo una expedición peligrosa. No apagaron las brasas, que recogerían los indígenas.

Al pasar junto a un bosquecillo, el príncipe oyó un quejido. ¿Cómo habían podido abandonar a un herido?

Apartó las ramas y se encontró con un pequeño león aterrado, que respiraba con dificultad. El animal le tendió la pata derecha, hinchada. Con ojos afiebrados, gemía. Ramsés lo cogió en brazos y constató que el corazón le latía de manera irregular. Si no lo curaban, el cachorro moriría.

Felizmente, Setaú no había embarcado aún. Ramsés le presentó al enfermo. El examen de la herida no dejó lugar a duda.

—Una mordedura de serpiente —dictaminó Setaú.

—¿Y el diagnóstico?

—Muy pesimista... Mira atentamente: se ven tres agujeros que corresponden a los dos colmillos venenosos principales y al tercero de reemplazo, y la huella de veintisiete dientes. Por lo tanto, ha sido una cobra. Si este león no fuera excepcional ya habría muerto.

—¿Excepcional?

—Mira sus patas. Para un animal tan joven son enormes. Si esta fiera sobreviviera alcanzaría un tamaño monstruoso.

—Intenta salvarlo.

—Su única oportunidad deriva de la estación. En invierno el veneno de la cobra es menos activo.

Setaú trituró en vino una raíz de árbol de serpiente, procedente del desierto oriental, y se la dio a beber al pequeño león. Luego trituró muy finamente las hojas del arbusto en aceite y untó el cuerpo del animal a fin de estimular el corazón y aumentar la capacidad respiratoria.

Durante el viaje, Ramsés no abandonó al león, envuelto en un apósito compuesto de arena del desierto, mantenida húmeda, y hojas de ricino. El animal se movía cada vez menos. Alimentado con leche, se debilitaba. Sin embargo, le gustaban las caricias del príncipe y le dirigía miradas de gratitud.

—Vivirás —le prometió Ramsés— y seremos amigos.

32

Primero, *Vigilante* retrocedió. Luego se acercó.

El perro amarillo, temeroso, se atrevió a oler al cachorro de león, cuyos ojos asombrados descubrían un animal extraño. La fierecilla, aún débil, tenía ganas de jugar. Saltó sobre *Vigilante* y lo asfixió bajo su peso. El perro lanzó un ladrido, logró liberarse, pero no pudo evitar un zarpazo que le arañó el cuarto trasero.

Ramsés cogió al león por el cuello y lo sermoneó largamente. Con las orejas paradas, este último escuchó. El príncipe curó a su perro, cuya herida era superficial, y organizó una nueva confrontación entre sus dos compañeros. *Vigilante*, vengativo, administró una especie de bofetón al leoncillo, que Setaú había bautizado como *Matador*. ¿Acaso no había vencido al veneno de una serpiente y al espectro de una muerte cierta? Aquel nombre le daría suerte y era acorde con su formidable fuerza. Setaú había pensado en voz alta: un elefante gigante, un león monstruoso... ¿es que Ramsés sólo se entregaba a lo grandioso y a lo excepcional, incapaz de interesarse por lo pequeño y miserable?

Rápidamente, el cachorro de león y el perro tomaron conciencia de sus respectivas fuerzas. *Matador* aprendió a dominarse; *Vigilante* a ser menos majadero. Una amistad indestructible nació entre ellos. Juegos y locas carreras los unieron con la misma alegría de vivir. Después de las comidas, el perro se dormía apoyado en el flanco del león.

En la corte, las hazañas de Ramsés causaron mucho alboroto. Un hombre capaz de domar a un elefante y a un león estaba dotado de un poder mágico que nadie podía desdeñar. Iset la bella sintió verdadero orgullo y Chenar una profunda amargura. ¿Cómo unos notables podían conducirse con tal ingenuidad? Ramsés había tenido suerte, eso era todo. Nadie se comunica con las fieras salvajes. Cualquier día el león volvería a ser salvaje y lo haría papilla.

Sin embargo, el hijo mayor del rey decidió mantener excelentes relaciones oficiales con su hermano. Tras haber expresado alabanzas a Seti, como todo Egipto, Chenar puso de relieve el papel que había jugado Ramsés en la lucha contra los nubios rebeldes. Ensalzó sus cualidades militares y deseó que se las reconocieran de manera más oficial.

Con ocasión de una entrega de recompensas a veteranos de Asia, en la cual Chenar actuaba en delegación del rey, manifestó la intención de ver a su hermano en privado. Ramsés esperó el final de la ceremonia y los dos hombres se retiraron al despacho de Chenar, cuya decoración acababa de ser cambiada. El pintor, con verdadero arte, había representado parterres de flores sobre los que volaban mariposas multicolores.

—¿No es una maravilla? Me gusta trabajar en medio del lujo. Mis tareas me parecen más llevaderas. ¿Deseas beber vino nuevo?

—No, gracias. Esas frivolidades me aburren.

—A mí también, pero son indispensables. A nuestros valientes les gusta que se les honre. ¿No arriesgan sus vidas, como haces tú, para preservar nuestra seguridad? Tu conducta fue ejemplar en Nubia. Sin embargo, el asunto estaba mal encarado.

Chenar había engordado. Aficionado a la buena carne, sin hacer ejercicio, parecía un voluminoso notable de provincia.

—Nuestro padre ha llevado esta campaña con mano maestra. Su sola presencia ha aterrorizado al adversario.

—Es verdad, es verdad... Pero tu aparición a lomos del elefante no ha sido ajena a nuestro éxito. Se dice que Nubia te ha impresionado mucho.

—Es verdad, me gusta esa región.

—¿Qué te pareció la conducta del virrey de Nubia?

—Indigna y condenable.

—Sin embargo, el faraón lo ha confirmado en su puesto.

—Seti sabe gobernar.

—Esta situación no puede durar. El virrey no tardará en cometer una nueva falta grave.

—Quizá ha sacado alguna lección de sus errores.

—Los hombres no cambian tan fácilmente, querido hermano. Tienen tendencia a recaer en sus errores. El virrey no será una excepción a la regla, créeme.

—A cada cual su destino.

—Su caída podría arrastrarte a ti.
—¿De qué manera?
—No te hagas el ignorante. Si te has enamorado de Nubia, el único cargo que deseas es el de virrey. Yo puedo ayudarte a conseguirlo.
Ramsés no esperaba esta proposición. Chenar observó su turbación.
—Estimo tu pretensión totalmente legítima —añadió—. Si ocupas ese puesto, no se produciría ninguna tentativa de revuelta. Servirías a tu país y serías feliz.
Un sueño... Un sueño que Ramsés había expulsado de su mente. Vivir allá, con su león y su perro, recorrer cada día extensiones inmensas y desiertas, comunicarse con el Nilo, con las rocas y la arena dorada... No, era demasiado sublime.
—Te burlas de mí, Chenar.
—Probaré al rey que estás hecho para ese puesto. Seti te ha visto actuar. Numerosas voces se unirán a la mía y ganarás la partida.
—Como quieras.
Chenar felicitó a su hermano.
En Nubia, Ramsés dejaría de molestarlo.

Acha se aburría.
En pocas semanas había agotado los gozos del trabajo administrativo que la jerarquía le había confiado. La burocracia y los archivos carecían de atractivo. Sólo le gustaba la aventura sobre el terreno. Tomar contacto, hacer hablar a la gente de toda condición, denunciar la mentira, descubrir los pequeños y grandes secretos, desvelar lo que intentaban ocultarle, eso era lo que le divertía.
Debía hacer del tiempo su aliado. Humillándose, en espera del puesto que le permitiría viajar por Asia y comprender los mecanismos del pensamiento de los enemigos de Egipto, desplegó la única estrategia que podía utilizar un diplomático: merodear por los pasillos.
De esta manera conoció a hombres de experiencia, cortos de palabras y celosos de sus secretos, y supo ablandarlos. Sin exigir nada, educado, cultivado, se ganó su confianza y entabló conversaciones sin jamás importunar a sus interlocutores. Poco a poco, conoció el contenido de archivos confidenciales sin tener necesidad de consultarlos. Halagos, cumplidos muy bien pensados, preguntas pertinentes y un lenguaje selecto le

atrajeron la estima de los altos funcionarios del Ministerio de Asuntos Exteriores.

Chenar sólo escuchó palabras favorables a propósito del joven Acha. Haberlo convertido en uno de sus aliados era uno de sus mejores éxitos. Durante sus conversaciones, frecuentes y discretas, Acha lo mantenía informado de lo que se tramaba entre bastidores del poder. Chenar verificaba y completaba sus propias informaciones. Día tras día, se preparaba de manera metódica para su oficio de rey.

Desde su regreso a Nubia, Seti parecía cansado. Varios consejeros eran partidarios del nombramiento de Chenar como regente, a fin de aliviar al soberano del peso de ciertas responsabilidades. Puesto que la decisión estaba tomada y no encontraría ninguna oposición, ¿para qué esperar más tiempo?

Hábil, Chenar frenaba el juego. Su juventud y su inexperiencia, afirmaba, tenían aún ciertos inconvenientes. Había que confiar en la sabiduría del faraón.

Ameni volvió al ataque. Curado de una congestión que lo había tenido postrado en cama, estaba decidido a probarle a Ramsés que sus investigaciones no habían sido en vano. El trabajo excesivo había minado la salud del joven escriba, aunque reanudaba su labor con la misma seriedad, triste por haberla retrasado. A pesar de que Ramsés no formulaba ningún reproche, Ameni se sentía culpable. Un día de descanso le parecía una falta imperdonable.

—He registrado todos los basureros y he obtenido una prueba —le dijo a Ramsés.

—¿«Prueba» no es un término excesivo?

—Dos fragmentos de caliza que encajan de manera indiscutible. En uno aparece la mención del taller sospechoso; en el otro, el nombre del propietario, fragmento desgraciadamente roto, pero que termina por la letra R. Este indicio ¿no acusa a Chenar?

Ramsés casi había olvidado la serie de dramas que habían precedido su viaje a Nubia. El palafrenero, el carretero, los panes de tinta adulterados... Todo eso le parecía muy lejos y poco digno de interés.

—Mereces que se te felicite, Ameni, pero ningún juez aceptará instruir un proceso con tan poco.

El joven escriba bajó la mirada.

—Me temía esa respuesta... ¿No deberíamos intentarlo por lo menos?

—Sería un fracaso asegurado.

—Encontraré algo más.

—¿Es posible?

—No te dejes engañar por Chenar. Si te hace nombrar virrey de Nubia es para librarse de ti. Sus crímenes serán olvidados y tendrá el terreno libre en Egipto.

—Soy consciente de ello, Ameni, pero me gusta Nubia. Tú vendrás conmigo y podrás descubrir un país sublime, lejos de las intrigas y de las mezquindades de la corte.

El secretario particular del príncipe no respondió, seguro de que la benevolencia de Chenar ocultaba una nueva trampa. Mientras estuvieran en Menfis no renunciaría a buscar la verdad.

Dolente, la hermana mayor de Ramsés, se sentía lánguida al borde del estanque en el que se bañaba, en las horas de calor, antes de que la ungieran y masajearan. Desde el nombramiento de su marido, holgazaneaba el día entero y se sentía cada vez más fatigada. La peluquera, la manicura, la pedicura, el intendente, el cocinero... todos la agotaban.

Pese a las pomadas prescritas por el médico, su piel seguía grasienta. En realidad debería haberse cuidado de forma más concienzuda, pero sus obligaciones sociales devoraban la mayor parte de su tiempo. Estar informada de los mil y un secretitos de la corte imponía la presencia en todas las recepciones y ceremonias que llenaban la existencia de la alta sociedad egipcia.

Desde hacía unas semanas, Dolente estaba inquieta. Los allegados a Chenar le hacían menos confidencias, como si desconfiaran de ella. Por eso había juzgado indispensable hablar de ello con Ramsés.

—Puesto que habéis hecho las paces —se atrevió a decir—, tus intervenciones ya no son desatendidas.

—¿Qué esperas de mí?

—Cuando Chenar sea regente, dispondrá de poderes considerables. Temo que me deje de lado. Ya comienzan a apartarme. Pronto contaré menos que una burguesa de provincia.

—¿Qué puedo hacer yo?

—Recuérdale a Chenar mi existencia y la importancia de mi red de relaciones. En el futuro le será útil.

—Se reirá en mi cara. Para mi hermano mayor, yo ya soy virrey de Nubia y estoy lejos de Egipto.

—Vuestra reconciliación, pues, es aparente.

—Chenar ha repartido las responsabilidades.

—¿Y tú te acomodas a un exilio con los negros?

—Me gusta Nubia.

Dolente se animó, saliendo de su sopor.

—¡Rebélate, hazme caso! Tu actitud es inadmisible. Aliémonos, tú y yo, para contrarrestar a Chenar. Ese monstruo recordará que tiene una familia que no debe arrojar a las tinieblas.

—Lo siento, querida hermana, pero no me gustan las conspiraciones.

Ella se levantó furiosa.

—No me abandones.

—Sé que eres capaz de defenderte sola.

En el silencio del templo de Hathor, tras haber celebrado los ritos de la tarde y oído los cantos de las sacerdotisas, la reina Tuya meditaba. Servir a la divinidad permitía alejarse de las bajezas humanas y entrever el porvenir del país con más lucidez.

La reina, en las largas conversaciones con su marido, había tenido dudas sobre la capacidad de Chenar para gobernar. Como siempre, Seti la había escuchado muy atento. Él no ignoraba que habían atentado contra la vida de Ramsés y que el verdadero culpable, si no se trataba del carretero muerto en las minas de turquesas, seguía anónimo e impune. Pese a que la animosidad de Chenar hacia su hermano se había apaciguado, ¿podía considerársele inocente? A falta de pruebas, tales sospechas parecían monstruosas. Aunque el gusto por el poder transforma a los humanos en animales feroces.

Seti no descuidaba ningún detalle. Las opiniones de su esposa contaban más que las de los cortesanos, demasiado apegados a la causa de Chenar o acostumbrados a halagar al soberano. Juntos, Seti y Tuya examinaron el comportamiento de sus dos hijos e hicieron un balance.

Claro, la razón seleccionaba y analizaba, pero era incapaz de decidir. Era Sia, la intuición fulgurante, el conocimiento directo transmitido de corazón en corazón de los faraones, la que trazaría el camino.

Al abrir la puerta que daba al jardín privado del príncipe Ramsés, Ameni se topó con un objeto extraño: una magnífica cama en madera de acacia. La mayoría de los egipcios dormían sobre esteras. Un mueble como aquél valía una pequeña fortuna.

Escandalizado, el joven escriba corrió a despertar a Ramsés.

—¿Una cama? Imposible.

—Ven a verla tú mismo. ¡Una obra maestra!

El príncipe coincidió con su secretario particular. El ebanista era un artesano excepcional.

—¿La entramos en la casa? —preguntó Ameni.

—Ni se te ocurra. Vigílala.

Saltando al lomo de su caballo, Ramsés galopó hasta la villa de los padres de Iset la bella. Tuvo que esperar a que la joven terminara de ataviarse, de forma que resultara atractiva, maquillada y perfumada.

Su belleza perturbó a Ramsés.

—Estoy lista —dijo sonriente.

—Iset... ¿Tú enviaste la cama?

Radiante, ella lo abrazó.

—¿Quién más se habría atrevido?

Llevando a cabo «la donación de la cama», Iset la bella obligaba al príncipe a regalarle otra, aún más suntuosa, que no sería más que la de los futuros esposos, unidos de por vida.

—¿Has aceptado mi regalo?

—No, ha quedado a la intemperie.

—Es una grave injuria —murmuró ella zalamera—. ¿Para qué retrasar lo que es ineluctable?

—Necesito seguir libre.

—No te creo.

—¿Te gustaría vivir en Nubia?

—¿En Nubia...? ¡Qué horror!

—Pues ése es mi destino.

—¡Recházalo!

—Imposible.

Iset se separó de Ramsés y huyó corriendo.

Ramsés había sido invitado, junto con otros muchos notables, a escuchar la lectura de los nuevos nombramientos decretados por el faraón. La sala de audiencia estaba llena. Los veteranos mostraban una calma a veces engañosa, los más jóvenes ocultaban mal su nerviosismo. Muchos temían el juicio de Seti, que no admitía ningún retraso en la ejecución de las tareas que confiaba y se mostraba muy poco receptivo a las justificaciones de los incompetentes.

Durante las semanas que habían precedido a la ceremonia, la agitación había llegado al máximo. Cada notable se presentaba como un servidor celoso e incondicional de la política de Seti, a fin de preservar sus intereses y los de sus protegidos.

Cuando el escriba delegado comenzó la lectura del decreto en nombre del rey, se hizo un silencio total. Ramsés, que había cenado la víspera con su hermano mayor, no sentía la menor angustia. Su caso estaba zanjado; así pues, se interesó en los de los demás. Algunos rostros se iluminaron, otros se ensombrecieron, otros más esbozaron una mueca de desaprobación. Pero era la decisión del faraón y todos la respetarían.

Finalmente le tocó el turno a Nubia, que suscitaba un escaso interés. Tras los recientes hechos y las repetidas intervenciones de Chenar, el príncipe Ramsés sería designado para ser virrey.

La sorpresa fue grande: el titular del cargo había sido confirmado en sus funciones.

33

Iset la bella exultaba: a pesar de los manejos subterráneos de Chenar, ¡Ramsés no había sido nombrado virrey de Nubia! El príncipe se quedaría en Menfis, donde continuaría ocupando un cargo honorífico. La joven sabría aprovechar esta suerte inesperada para atrapar a Ramsés en las redes de su pasión. Cuanto más se rebelaba éste, más le atraía.

Pese a la insistencia de sus padres, que la instaban a responder favorablemente a las solicitudes de Chenar, Iset la bella sólo tenía ojos para el hermano de éste. Desde su regreso de Nubia, el joven le parecía aún más hermoso y más viril. Fortalecido, su espléndido cuerpo había adquirido envergadura, su nobleza natural se imponía con más fuerza. Superando por una cabeza a la mayoría de sus compatriotas, parecía invencible.

Compartir su existencia, sus emociones, sus deseos... ¡Qué futuro tan fabuloso! Nada ni nadie impediría a Iset la bella casarse con Ramsés.

Unos días después de la lectura de nombramientos, Iset se dirigió a casa del príncipe; una visita demasiado pronto habría sido inoportuna. Debía borrar la decepción de Ramsés; Iset sería un eficaz consuelo.

Ameni, que a ella no le gustaba, la recibió con deferencia. ¿Cómo podía el príncipe otorgar su confianza a un muchacho enfermizo y enclenque, inclinado sin parar sobre su tableta de escriba, incapaz de aprovechar las alegrías de la vida? Tarde o temprano convencería a su futuro marido para que se deshiciera de él y se rodeara de un personal más brillante. Ramsés no podía contentarse con individuos tan mediocres.

—Anúnciame a tu amo.

—Lo lamento, está ausente.

—¿Por cuánto tiempo?

—Lo ignoro.
—¿Dónde está?
—Lo ignoro.
—¿Te burlas de mí?
—Me cuidaría mucho de hacerlo.
—En ese caso, ¡explícate! ¿Cuándo se ha ido?
—El rey vino a buscarlo ayer por la mañana. Ramsés subió a su carro y tomaron la dirección del embarcadero.

El Valle de los Reyes, que los sabios llamaban «la gran pradera», paraíso en el que resucitaba el alma luminosa de los faraones, estaba envuelto en un silencio total. Desde el desembarcadero de la orilla occidental de Tebas hasta ese lugar sagrado, cuyo acceso estaba custodiado día y noche, el faraón y su hijo habían tomado un camino sinuoso, bordeado por altos acantilados. Dominando el Valle, se levantaba la Cima, cuyo extremo piramidal albergaba a la diosa del silencio.

Ramsés estaba paralizado.

¿Por qué su padre lo llevaba a aquel misterioso lugar, donde sólo el faraón reinante y los artesanos encargados de excavar su morada eterna estaban autorizados a entrar? Debido a los tesoros acumulados en las tumbas, los arqueros de la guardia tenían orden de tirar a matar y sin aviso sobre toda persona no identificada. El menor intento de robo, considerado como un crimen que ponía en peligro la salvaguarda de todo el país, era castigado con la pena de muerte. Pero también se hablaba de la presencia de genios armados con cuchillos, que cortaban la cabeza de los imprudentes, incapaces de responder a sus preguntas.

Ciertamente, la presencia de Seti era tranquilizadora. Pero Ramsés habría preferido diez combates contra los nubios antes que aquel viaje a un mundo temible. Su fuerza y su valor no le serían de ninguna ayuda. Se sentía desamparado, fácil presa de poderes desconocidos contra los cuales no sabía luchar.

Ni una brizna de hierba, ni un pájaro, ni un insecto... el Valle parecía haber rechazado toda forma de vida en beneficio de la piedra, única capaz de atestiguar permanentemente la victoria sobre la muerte. Cuanto más avanzaba el carro conducido por Seti, más se acercaban las murallas amenazantes. El calor se hacía agobiante, el sentimiento de salir del mundo de los vivos le oprimía la garganta.

Apareció un paso estrecho, una especie de puerta abierta en la roca. A un lado y a otro, soldados armados. El carro se inmovilizó. Seti y Ramsés descendieron de él. Los guardias se inclinaron. Conocían al soberano, que a intervalos regulares inspeccionaba el estado de los trabajos en su propia tumba, dictando él mismo a los escultores los textos jeroglíficos que quería ver grabados en las paredes de su última morada.

Una vez franqueada la puerta, a Ramsés se le cortó el aliento.

La «gran pradera» era un crisol ardiente, sin otro horizonte que la cumbre de los acantilados ocres dominados por un cielo azul. La Cima imponía un silencio casi absoluto, que aseguraba al alma de los faraones el reposo y la paz. El temor había cedido ante el deslumbramiento. El príncipe, absorbido por la luz del Valle, se sintió a la vez aplastado y elevado. Un ridículo hombrecito ante el misterio y la grandeza del lugar. No obstante, se dio cuenta de un más allá que nutría en vez de destruir.

Seti llevó a su hijo hacia un portal de piedra. Empujó la puerta de cedro dorado y bajó por una pronunciada pendiente que desembocaba en una pequeña habitación en medio de la cual destacaba un sarcófago. El rey encendió unas antorchas que no humeaban; el esplendor y la perfección del decorado mural deslumbraron a Ramsés. Oro, rojo, azul y negro brillaban con un resplandor muy vivo. El príncipe se entretuvo ante la representación de la inmensa serpiente Apofis, monstruo de las tinieblas y devoradora de la luz, que el creador, representado bajo forma humana, neutralizaba con un bastón blanco, sin destruirla. Admiró la barca del sol guiada por el dios Sia, la intuición de las causas, único capaz de discernir la vía justa en las regiones oscuras. Se extasió ante el faraón hechizado por Horus, con cabeza de halcón, y Anubis, con cabeza de chacal, y que la diosa Maat, la regla universal, acogía en el paraíso de los justos. El rey estaba representado joven, radiante de belleza, llevando el tocado tradicional, un ancho collar de oro y un taparrabo dorado. Frente a Osiris o a Nefertum, el dios coronado con un loto para manifestar la vida regenerada, el soberano aparecía sereno, con los ojos alzados hacia la eternidad. Otros cien detalles atrajeron la atención del príncipe, especialmente un texto enigmático que evocaba las puertas del otro mundo. Pero Seti no le permitió satisfacer su curiosidad y le ordenó prosternarse ante el sarcófago.

—El rey que descansa aquí llevaba tu mismo nombre,

Ramsés. Fue el fundador de nuestra dinastía. Horemheb lo designó su sucesor, cuando Ramsés, antiguo visir, se retiró después de una existencia laboriosa al servicio del país. El anciano fue arrancado de su quietud y consagró sus últimas fuerzas al gobierno de Egipto. Agotado, reinó menos de dos años; pero había justificado los nombres de su coronación: «Aquel que confirma a Maat a través de las Dos Tierras; la Luz divina lo trajo al mundo; estable es el poder de la luz divina; el Elegido del príncipe creador.» Tal era este hombre sabio y humilde, nuestro antepasado, aquel al que debemos venerar para que nos abra la mirada. Ríndele culto, honra su nombre y su memoria, pues los antepasados están ante nosotros y debemos poner nuestros pasos en los suyos.

El príncipe sintió la presencia espiritual del fundador de la dinastía. Del sarcófago, que los jeroglíficos llamaban «el proveedor de vida», emanaba una energía palpable, semejante a un suave sol.

—Levántate, Ramsés. Tu primer viaje ha terminado.

Por todas partes había pirámides. La más impresionante era la del faraón Zoser, con sus inmensas gradas formando una escalera que subía hacia el cielo. En compañía de su padre, Ramsés descubrió otra necrópolis, la inmensa Saqqara, pirámide donde se habían construido las moradas eternas de los faraones del Antiguo Imperio y de sus fieles servidores.

Seti se dirigió hacia el borde de la meseta desértica, desde donde se contemplaban los palmerales, los campos cultivados y el Nilo. Allí, durante más de un kilómetro, se sucedían grandes tumbas de ladrillo visto, de unos cincuenta metros de largo, cuyos lados parecían la fachada de un palacio. De más de cinco metros de altura, estaban pintadas con colores vivos y alegres.

Una de ellas sorprendió a Ramsés, debido a la presencia de trescientas cabezas de toro hechas de terracota y dispuestas en relieve por toda su superficie. Provistas de cuernos, transformaban la sepultura en un ejército invencible, a la que ninguna fuerza nociva osaría acercarse.

—El faraón enterrado aquí se llamaba Djet —manifestó Seti—, que significa eternidad. Tras él vinieron los otros tres reyes de la primera dinastía, nuestros más lejanos antepasados. Por primera vez en esta tierra, aplicaron la ley de Maat e impusieron el orden sobre el caos. Todo reino debe arraigar en el jardín que ellos plantaron. ¿Te acuerdas del toro salvaje al que te enfrentaste? Aquí nació él, y es aquí donde el poder se regenera desde el origen de nuestra civilización.

Ramsés se detuvo ante cada cabeza de toro. Ninguna tenía la misma expresión. Había reflejadas todas las facetas del arte de mandar, desde la autoridad más severa hasta la benevolencia. Cuando hubo terminado la vuelta del extraño monumento, Seti subió de nuevo al carro.

—Así se ha llevado a cabo tu segundo viaje.

Habían navegado hacia el norte, galopado luego por estrechos senderos, entre campos verdes, hasta una aldea en la que la llegada del faraón y su hijo desencadenó un gran entusiasmo. En aquel rincón perdido del Delta, aquello era como un milagro. No obstante, los habitantes parecían conocer muy bien al rey. El servicio de orden intervino de manera indulgente, mientras Seti y Ramsés entraban en un pequeño santuario, sumido en la oscuridad. Se sentaron frente a frente en unas banquetas de piedra.

—¿Conoces el nombre de Avaris?

—¿Quién no lo conoce? Es el de la ciudad maldita que sirvió de capital a los ocupantes hiksos.

—Pues estás en Avaris.

Ramsés se sintió consternado.

—Pero... ¿no fue destruida?

—¿Qué hombre podría destruir una divinidad? Aquí reina Seth, el poder del rayo y de la tormenta, que me ha dado el nombre.

Ramsés se aterrorizó. Sintió que Seti era capaz de aniquilarlo con un simple gesto o con una sola mirada. ¿Para qué, entonces, lo había llevado a aquel lugar maldito?

—Tienes miedo, y eso está bien. Sólo los vanidosos y los imbéciles ignoran el miedo. De ese temor debe nacer una fuerza capaz de vencerlo: tal es el secreto de Seth. Quien lo ha negado, como Akhenatón, cometió un error y debilitó Egipto. Un faraón también encarna la tormenta, el furor del cosmos, el carácter implacable del rayo. El brazo que actúa y, a veces, golpea y castiga. Creer en la bondad de los humanos es una falta que un rey no debería cometer. Conduciría a su país a la ruina y a su pueblo a la miseria. Pero, ¿te crees capaz de hacer frente a Seth?

Un rayo de luz, procedente del techo del santuario, iluminó

la estatua de un hombre de pie, provisto de una cabeza inquietante con un morro largo y dos grandes orejas: ¡Seth, cuyo aterrador rostro surgía de las tinieblas!

Ramsés se levantó y caminó hacia él.

Tropezó con un muro invisible y se vio obligado a detenerse. Un segundo intento se saldó con el mismo fracaso, pero el tercero le permitió franquear el obstáculo. Los ojos rojizos de la estatua brillaban, semejantes a dos llamas. Ramsés sostuvo su mirada, aunque sintió una quemadura, como si una lengua de fuego recorriera su cuerpo. El dolor fue intenso, pero lo soportó. No, no retrocedería ante Seth, incluso si debía ser aniquilado.

Era el instante decisivo, el de un duelo desigual que no tenía derecho a perder. Los ojos rojizos salieron de sus órbitas, una llama rodeó a Ramsés, que se consumió por la cabeza, su corazón estalló. Pero permaneció de pie, desafió a Seth y lo echó lejos de sí, a lo más profundo de su capilla.

Estalló la tormenta, y una lluvia diluviana se abatió sobre Avaris. El granizo hizo vibrar los muros del santuario. El fulgor rojo se difuminó, Seth regresó a las tinieblas. Era el único dios que no tuvo hijos, pero el faraón Seti, su heredero sobre la tierra, reconocía al suyo como un hombre de poder.

—Tu tercer viaje ha terminado —murmuró.

34

Toda la corte se había desplazado a Tebas, a mediados de aquel setiembre, para participar en la grandiosa fiesta de Opet, durante la cual el faraón se comunicaría con Amón, el dios oculto, que regeneraría el *ka* de su hijo, encargado de representarlo sobre la tierra. Ningún noble podía estar ausente de la gran ciudad del sur durante esos quince días de alegría. Si las ceremonias religiosas estaban reservadas a algunos iniciados, el pueblo se entretenía y los ricos se visitaban entre sí en sus suntuosas villas.

Para Ameni, el viaje había sido un calvario, obligado a llevar muchos papiros y el material de escriba. Detestaba aquel tipo de desplazamientos, que perturbaba sus hábitos de trabajo. A pesar de un mal humor evidente, había preparado aquella migración con el mayor cuidado, de manera que Ramsés estuviera satisfecho.

Después de su regreso, el príncipe había cambiado. Su carácter, más sombrío, a menudo lo hacía retirarse para meditar. Ameni no lo importunaba. Se contentaba con hacerle un informe diario sobre sus actividades. Como escriba real y oficial superior, el príncipe debía despachar muchos pequeños problemas administrativos, que él descargaba en su secretario particular.

Al menos, en el barco que navegaba hacia Tebas, Ameni se había desembarazado de Iset la bella. Cada día, durante la ausencia de Ramsés, ella había intentado arrancarle informaciones que él no poseía. Como el encanto de la joven no hacía mella en él, sus intercambios de opiniones eran más bien intensos. Cuando Iset le había pedido a Ramsés la cabeza de su secretario, el príncipe la había despachado sin miramientos y la pelea había durado varios días. La joven debía convencerse: él jamás traicionaría a sus amigos.

En su exiguo camarote, Ameni redactaba cartas en las que Ramsés ponía su sello. El príncipe se sentó en una estera, al lado del escriba.

—¿Cómo puedes soportar un sol tan ardiente? —se asombró Ameni—. En tu lugar, yo estaría fulminado en menos de una hora.

—Él y yo nos comprendemos; lo venero, me alimenta. ¿No quieres dejar de trabajar para contemplar el paisaje?

—La ociosidad me pone enfermo. Tu último viaje no parece haber ido muy bien.

—¿Es una crítica?

—Te has vuelto muy solitario.

—Tu actitud me influye.

—No te burles de mí y guarda tu secreto.

—Un secreto... Sí, tienes razón.

—Así pues, ya no tienes confianza en mí.

—Al contrario. Eres el único que puede comprender lo inexplicable.

—¿Tu padre te ha iniciado en los misterios de Osiris? —preguntó Ameni con ojos golosos.

—No, pero me ha hecho conocer a sus antepasados... A todos sus antepasados.

Ramsés pronunció estas últimas palabras con tal gravedad que el joven escriba se inquietó. Lo que el príncipe acababa de vivir era sin duda alguna una de las etapas esenciales de su existencia. Ameni hizo la pregunta que le quemaba los labios.

—¿El faraón ha modificado tu destino?

—Me ha abierto los ojos a otra realidad. He conocido al dios Seth.

Ameni se estremeció.

—¡Y estás vivo!

—Puedes tocarme.

—Si cualquier otro pretendiera haberse enfrentado a Seth no le creería. Tú eres diferente.

No sin aprensión, la mano de Ameni estrechó la de Ramsés. El joven escriba lanzó un suspiro de alivio.

—No te has transformado en un genio maligno...

—Nunca se sabe.

—Yo lo sabría. ¡No te pareces a Iset la bella!

—No seas tan severo con ella.

—¿Acaso no intentó romper mi carrera?

—Le demostraré su error.

—No cuentes conmigo para ser amable.

—A propósito... ¿No eres demasiado solitario y algo hosco?

—Las mujeres son peligrosas. Prefiero mi trabajo. Y tú deberías interesarte en el papel que tendrás en la fiesta de Opet. Tu lugar estará en el primer tercio del cortejo y llevarás un nuevo traje de lino, con mangas plisadas. Llamo tu atención sobre su fragilidad. Deberás mantenerte derecho y no hacer movimientos bruscos.

—Me impones pruebas difíciles.

—Cuando se está animado por la energía de Seth, eso es una diversión.

Con Canaán y Siria-Palestina pacificadas, Galilea y Líbano sometidos, los beduinos y los nubios vencidos, y los hititas mantenidos a raya más allá de Oronte, Egipto y Tebas podían realizar la fiesta sin ninguna inquietud. Tanto en el norte como en el sur, el país más poderoso de la tierra había dominado los demonios que sólo pensaban en apoderarse de sus riquezas. En ocho años de reinado, Seti se había impuesto como un gran faraón que venerarían las generaciones futuras.

Según ciertas indiscreciones, la morada eterna de Seti, en el Valle de los Reyes, sería la más amplia y más bella jamás construida. En Karnak, donde trabajaban varios arquitectos, el faraón dirigía personalmente una gran obra, y no se agotaban los elogios sobre el templo de la orilla oeste, en Gurnah, destinado a celebrar el culto del *ka* de Seti, su poder espiritual, para la eternidad.

Los más reacios admitían que el soberano tuvo razón en no lanzarse a una guerra azarosa contra los hititas y canalizar las energías del país hacia la construcción de santuarios de piedra, refugios de la presencia divina. No obstante, como Chenar hacía notar a los notables interesados, esta tregua no se había aprovechado para desarrollar los intercambios comerciales, únicos capaces de borrar las rivalidades.

Una gran cantidad de notables esperaban con impaciencia el advenimiento del hijo primogénito del faraón, puesto que se les parecía. La austeridad de Seti y su gusto por lo secreto le granjeaban sólidas enemistades, ya que algunos estimaban que eran poco consultados. Con Chenar, la discusión era más fácil. Encantador, agradable, sabía conciliar las disponibilidades de unos sin contrariar a los otros, prometiendo a cada uno lo que deseaba oír. Para él, la fiesta de Opet sería una nueva ocasión de extender su influencia ganándose la amistad del gran sacerdote de Amón y de su jerarquía.

Ciertamente, la presencia de Ramsés lo importunaba. Pero lo que había temido, después del rechazo incomprensible de Seti de nombrarlo virrey de Nubia, no se había producido. El faraón no había concedido ningún privilegio a su hijo menor, que se contentaba, como tantos otros hijos reales, con una existencia lujosa e indolente.

De hecho, Chenar se había equivocado al temer a Ramsés y considerarlo como un rival. Su vitalidad y su físico estaban bien pero carecía de otras aptitudes. Ni siquiera había que nombrarlo virrey de Nubia, un puesto demasiado difícil para él. Chenar pensaba en un cargo honorífico, como teniente de carros. Ramsés dispondría de las mejores monturas y reinaría sobre un pequeño equipo de brutos, mientras Iset la bella admiraría la musculatura de su rico marido.

El peligro estaba en otra parte: ¿cómo convencer a Seti de permanecer más tiempo en los templos y de mezclarse menos en los asuntos del país? El rey podría mostrarse celoso de sus prerrogativas y fastidiar las empresas de su regente. De Chenar dependía saberle mentir con habilidad y orientarlo sin brusquedad hacia la meditación sobre el más allá. Multiplicando los contactos con los comerciantes egipcios y extranjeros, cuyo discurso tenía poco interés a ojos del monarca, ocuparía un espacio creciente y se haría rápidamente indispensable. Sobre todo no había que atacarlo de frente, sino ahogarlo progresivamente en una red de influencias que al principio no podría advertir.

Chenar también debía neutralizar a su hermana Dolente. Charlatana, sin carácter y curiosa, no le sería de ninguna utilidad en el marco de su política futura. Al contrario, decepcionada por no ocupar una posición de primera fila, se coligaría contra él con varios nobles adinerados, y por consiguiente indispensables. Chenar había pensado ofrecer a Dolente una inmensa villa, rebaños y un ejército de criados, pero ella nunca tendría bastante. Como él, sentía gusto por las intrigas y las conspiraciones. Ahora bien, dos cocodrilos no podían cohabitar en la misma charca. Aunque su hermana no tenía talla para resistírsele.

Iset la bella se probó un quinto vestido. No le gustó más que los cuatro anteriores. Demasiado largo, demasiado amplio, no suficientemente plisado... Irritada, ordenó a su doncella elegir otro taller de tejedoras. Durante el gran banquete que clausuraría la fiesta, ella debía ser la más hermosa, provocar a Chenar y seducir a Ramsés.

Acudió su peluquera, sofocada.

—De prisa, de prisa... sentaos, os peino y os pongo una peluca de aparato.

—¿A qué viene esta precipitación?

—Una ceremonia en el templo de Gurnah, en la orilla oeste.

—¡No estaba prevista! Los ritos se inician mañana.

—No obstante es así; toda la ciudad está alborotada. Debemos darnos prisa.

Contrariada, Iset la bella se contentó con un vestido clásico y una peluca sobria que no ponían de relieve su juventud y su gracia. Pero era necesario no faltar a aquella cita inesperada.

El templo de Gurnah, una vez terminado, sería consagrado al culto del espíritu inmortal de Seti, cuando volviera al océano de energía tras haberse encarnado, a lo largo de una existencia, en el cuerpo de un hombre. La parte secreta del edificio, en el que el rey estaba representado cumpliendo los ritos tradicionales, aún estaba en manos de los escultores. Nobles y altos dignatarios se agrupaban ante la fachada del santuario, en un gran patio a cielo abierto que pronto cerraría un pilón. Temiendo la violencia del sol, a pesar de la hora matinal, la mayoría se refugiaban debajo de unos parasoles portátiles rectangulares. Ramsés, divertido, observaba a esos grandes personajes vestidos con un refinamiento extremo. Largos trajes, túnicas con mangas ahuecadas y pelucas negras les daban un aspecto afectado. Imbuidos de su importancia, se mostrarían obsequiosos en cuanto Seti apareciera y besarían el suelo para no desagradarle.

Los cortesanos mejor informados afirmaban que el rey, después de haber celebrado los ritos de la mañana en Karnak, haría una ofrenda especial al dios Amón en la sala de la barca del templo de Gurnah a fin de que su *ka* fuera exaltado y su poder vital no disminuyera. Era la razón de ese atraso que imponía una penosa prueba física a los notables de edad. A menudo, Seti carecía de humanidad. Chenar se prometió evitar este defecto y explotar lo mejor posible las debilidades de unos y otros.

Un sacerdote, con el cráneo afeitado, vestido con un traje

blanco sencillo y ceñido, salió del templo cubierto. Con un largo bastón en la mano, se abrió camino. Asombrados, los invitados a ese ceremonial desconocido se apartaron a su paso.

El sacerdote se detuvo ante Ramsés.

—Seguidme, príncipe.

Numerosas mujeres murmuraron al descubrir la belleza y la prestancia de Ramsés. Iset la bella se extasió de admiración. Chenar sonrió. Así pues, a pesar de todo lo había logrado. Su hermano sería proclamado virrey de Nubia antes de la fiesta de Opet y enviado inmediatamente después a esa lejana región que tanto le gustaba.

Perplejo, Ramsés franqueó el umbral del templo siguiendo al introductor, que se dirigía hacia la parte izquierda del edificio.

La puerta de cedro se cerró tras ellos. El introductor colocó al príncipe entre dos columnas frente a tres capillas sumidas en la oscuridad. Desde la del centro salió una voz grave: la de Seti.

—¿Quién eres?

—Mi nombre es Ramsés, hijo del faraón Seti.

—En este lugar secreto, inaccesible al profano, celebramos la presencia eterna de Ramsés, nuestro antepasado y fundador de nuestra dinastía. Su figura, grabada en los muros, vivirá para siempre. ¿Te comprometes a rendirle culto y a venerarlo?

—Me comprometo.

—En este instante, yo soy Amón, el dios oculto. Ven hacia mí, hijo mío.

La capilla se iluminó.

Sentados en dos tronos estaban el faraón Seti y la reina Tuya. Él llevaba la corona de Amón, identificable por sus dos altas plumas. Ella, la corona blanca de la diosa Mut. La pareja real y la pareja divina se confundían. Ramsés estaba identificado con el dios hijo, y completaba así la trinidad sagrada.

Turbado, el joven no imaginaba que el mito, cuyo significado sólo era revelado en el secreto de los templos, se encarnara de ese modo. Se arrodilló ante aquellos dos seres, y descubrió que eran mucho más que su padre y su madre.

—Mi amado hijo —declaró Seti—, recibe de mí la luz.

El faraón impuso las manos sobre la cabeza de Ramsés; la gran esposa real hizo lo mismo.

De pronto, el príncipe sintió los beneficios de un calor muy suave. El nerviosismo y la tensión desaparecieron, dando paso a una energía desconocida que penetró en cada fibra de su ser. En adelante viviría gracias al espíritu de la pareja real.

Se estableció el silencio cuando Seti apareció en el umbral del templo, con Ramsés a su derecha. El faraón llevaba la doble corona, que simbolizaba la unión del Alto y el Bajo Egipto. Una diadema ceñía la frente de Ramsés.

Chenar se sobresaltó.

El virrey de Nubia no tenía derecho a aquel emblema... Era un error, ¡una locura!

—Asocio a mi hijo Ramsés al trono —declaró Seti con su voz grave y poderosa—, a fin de que yo pueda ver en vida sus realizaciones. Le nombro regente del reino y, en adelante participará de todas las decisiones que yo tome. Aprenderá a gobernar este país, a velar por su unidad y su bienestar, estará a la cabeza de este pueblo cuya dicha contará en lo sucesivo más que la suya propia. Luchará contra los enemigos exteriores e interiores, y hará respetar la ley de Maat, protegiendo al débil del fuerte. Y así será, pues grande es el amor que siento por Ramsés, el hijo de la luz.

Chenar se mordió los labios. La pesadilla iba a disiparse, Seti se retractaría. Ramsés se hundiría, renunciando a una función demasiado abrumadora para sus dieciséis años... Pero el ritualista, por orden del faraón, unió a la diadema un ureus de oro, representación de la cobra, cuyo aliento inflamado destruiría a los adversarios visibles e invisibles del regente, futuro faraón de Egipto.

La breve ceremonia terminó y se elevaron aclamaciones en el cielo luminoso de Tebas.

35

Ameni verificaba las exigencias del protocolo. Durante la procesión de Karnak, en Luxor, Ramsés estaría situado entre dos ancianos dignatarios y no debería acelerar demasiado el paso. Conservar un ritmo lento y solemne le exigiría un verdadero esfuerzo.

Ramsés entró en su despacho, pero olvidó cerrar la puerta. A causa de la corriente de aire, Ameni estornudó.

—Cierra la puerta —exigió, gruñón—, tú nunca estás enfermo, tú...

—Perdóname... Aunque ¿así hablas al regente del reino de Egipto?

El joven escriba levantó unos ojos asombrados hacia su amigo.

—¿Qué regente?

—Si no lo he soñado, mi padre me ha asociado al trono ante la corte en pleno.

—¡Es una broma que no tiene gracia!

—Tu falta de entusiasmo me derrite el corazón.

—Regente, regente... Imagínate el trabajo...

—La lista de las responsabilidades se alarga, Ameni. Mi primera decisión consistirá en nombrarte portasandalias. Así no te separarás de mí y me aconsejarás.

Sorprendido, el joven escriba se echó contra el respaldo de su silla, dejando colgar la cabeza.

—Portasandalias y secretario particular... ¿Cuál es la divinidad lo bastante cruel para encarnizarse así con un pobre escriba?

—Vuelve a examinar el protocolo, ya no estoy en medio del cortejo.

—Quiero verle de inmediato —exigió Iset la bella, irritada.

—Es del todo imposible —respondió Ameni, que sacaba brillo a un soberbio par de sandalias de cuero blanco que Ramsés llevaría en las grandes ceremonias.

—¿Sabes por una vez dónde se encuentra?

—Claro.

—¡Entonces habla!

—Es inútil.

—Déjame decidirlo yo.

—Perdéis vuestro tiempo.

—Eso no puede decidirlo un pequeño escriba.

Ameni colocó las sandalias sobre una estera.

—¿Un pequeño escriba el secretario particular y portasandalias del regente del reino? Deberéis cambiar de lenguaje, bella damita. El desdén es una actitud que a Ramsés no le gusta.

Iset la bella estuvo a punto de abofetear a Ameni, pero contuvo su gesto. Aquel muchacho tenía razón. El cariño que le tenía el regente lo convertía en un personaje oficial al que no podría seguir tratando con desprecio. A regañadientes, cambió de tono.

—¿Puedo saber dónde encontrar al regente?

—Como ya os he dicho, es imposible. El rey lo llevó a Karnak. Allí pasarán la noche haciendo meditación antes de ponerse a la cabeza de la procesión hacia Luxor, mañana por la mañana.

Iset la bella se retiró mortificada. Cuando acababa de producirse un milagro, ¿se le escapaba Ramsés? No, ella lo amaba y él la amaba. Su instinto la había mantenido en el buen camino, lejos de Chenar y junto al nuevo regente. Mañana sería la gran esposa real y la reina de Egipto.

De repente esta perspectiva la aterró. Al pensar en Tuya, tomó conciencia del peso de aquella función y de las cargas que implicaba. No era la ambición la que la guiaba, sino la pasión. Estaba loca por Ramsés, el hombre y no el regente.

Ramsés promovido al poder supremo... ¿Acaso ese milagro no se parecía a la desdicha?

En la alegre batahola que siguió al nombramiento de Ramsés, Chenar había visto a su hermana Dolente y a su marido Sary darse codazos para ser los primeros en felicitar al nuevo regente. Aún bajo el efecto de la sorpresa, los partidarios de Chenar no habían homenajeado a Ramsés de manera ostensible, pero el hijo mayor del rey no dudaba de que su traición estaría próxima.

Con toda seguridad, él estaba vencido, era dejado de lado, y debía ponerse al servicio del regente. ¿Qué esperar de Ramsés, sino un puesto honorífico privado de poder real?

Chenar se sometería para engañarlo, pero no renunciaría. El futuro no estaría desprovisto de sorpresas. Ramsés aún no era faraón. En la historia de Egipto había habido regentes que habían muerto antes que el rey que los había elegido. La robustez de Seti le permitiría vivir largos años, durante los cuales sólo delegaría una ínfima parte de sus poderes, poniendo así al regente en una situación delicada. De Chenar dependía empujarlo al vacío, llevarlo a cometer faltas irreparables.

En verdad, nada estaba perdido.

—¡Moisés! —exclamó Ramsés divisando a su amigo en el gran tajo que Seti había abierto en Karnak. El hebreo abandonó el equipo de canteros colocado bajo su dirección y se inclinó ante el regente.

—Os saludo...

—Levántate, Moisés.

Se felicitaron, contentísimos de verse.

—¿Es tu primer puesto?

—El segundo. Aprendí a fabricar ladrillos y a tallar piedras en la orilla oeste. Luego fui destinado aquí. Seti desea construir una inmensa sala de columnas, con capiteles en forma de flores de papiro, alternando con brotes de loto. Los muros serán semejantes al flanco de las montañas, las riquezas de la tierra estarán grabadas en las paredes y la belleza de la obra alcanzará la altura del cielo.

—El proyecto te gusta.

—¿Acaso el templo no es un recipiente de oro que contiene en su seno todas las maravillas de la creación? Sí, el oficio de arquitecto me apasiona. Creo que he encontrado mi camino.

Seti se unió a los dos jóvenes y precisó sus planes. La avenida cubierta, construida por Amenhotep III, con columnas de veinte metros de alto, ya no estaba al nivel de la grandeza de Karnak. De esta manera él había concebido otra, una verdadera selva de pilares, con muy poco espacio entre ellos, y una hábil distribución de los juegos de luz a partir de ventanas *a claustra*. Cuando la sala estuviera acabada, los ritos se celebrarían perpetuamente, gracias a la presencia de los dioses y del faraón en el fuste de las columnas. Las piedras mantendrían la luz original que alimentaba Egipto. Moisés planteó problemas de orientación y de resistencia de materiales. El rey lo tranquilizó colocándolo bajo la autoridad de un maestro de obras de la cofradía de «la plaza de verdad», la aldea de Deir el Medineh, situada en la orilla occidental, donde los artesanos iniciados se transmitían los secretos del oficio.

La noche caía en Karnak. Los obreros habían ordenado sus herramientas y la obra estaba vacía. En menos de una hora, astrónomos y astrólogos subirían al tejado del templo para estudiar el mensaje de las estrellas.

—¿Qué es un faraón? —le preguntó Seti a Ramsés.

—El que hace feliz a su pueblo.

—Para alcanzarlo no trates de hacer felices a los humanos en contra de su voluntad; por el contrario, realiza actos gratos a los dioses y al Principio que crea constantemente. Construye templos semejantes al cielo y ofrécelos a sus maestros divinos. Busca lo esencial, y lo secundario será armonioso.

—¿Lo esencial no es Maat?

—Maat muestra la buena dirección, es el timón de la barca comunitaria, el zócalo del trono, la mesura perfecta y la rectitud del ser. Sin él, nada justo puede llevarse a cabo.

—Padre...

—¿Qué inquietud te atormenta?

—¿Estaré a la altura de mi cargo?

—Si no eres capaz de elevarte, serás aplastado. El mundo no podría tener un equilibrio sin la acción del faraón, sin su verbo, sin los ritos que celebra. Si la institución faraónica desapareciera un día, a causa de la estupidez y la codicia de los humanos, el reino de Maat se acabaría y las tinieblas volverían a cubrir la tierra. El hombre lo destruirá todo a su alrededor, incluidos sus semejantes, el fuerte aniquilará al débil, la injusticia triunfará, la violencia y la fealdad se impondrán por doquier. El sol no se alzará, incluso si su disco permanece en el cielo. Fundamentalmente, el hombre aspira al mal. El papel del faraón es el de enderezar el tallo torcido, de poner sin cesar orden en el caos. Toda otra forma de gobierno está destinada al fracaso.

Insaciable, Ramsés le hizo mil preguntas a su padre. El rey

no eludió ninguna. La suave noche de verano estaba muy entrada cuando el regente, con el corazón rebosante, se tendió en la banqueta de piedra, con la mirada perdida en los miles de estrellas.

Por orden de Seti, el rito de la fiesta de Opet comenzó. Los sacerdotes sacaron de sus capillas las barcas de la trinidad tebana, Amón, el dios oculto, Mut, la madre cósmica, y su hijo Khonsú, el que cruza el cielo y los espacios, cuya encarnación era Ramsés. Antes de franquear la puerta del templo, Seti y su hijo ofrecieron ramos de flores a las barcas divinas y vertieron una libación en su honor. Luego los cubrieron con un velo para que los profanos vieran sin ver.

En ese decimonoveno día del segundo mes de la temporada de la inundación, una considerable muchedumbre se había concentrado en torno al templo de Karnak. Cuando se abrió la gran puerta de madera dorada, dando paso a la procesión que encabezaban el rey y su hijo, hubo una explosión de alegría. Puesto que los dioses estaban presentes en la tierra, el año sería bueno.

Se organizaron dos procesiones. Una iría por tierra, tomando la avenida de esfinges que iba de Karnak a Luxor. La otra surcaría el Nilo, desde el muelle del primer templo al muelle del segundo. En el río, la barca real atraía todas las miradas. Recubierta con el oro del desierto y con piedras preciosas, brillaba al sol. Seti dirigía personalmente la flotilla, mientras Ramsés tomaba el camino bordeado de esfinges protectoras.

Trompetas, flautas, tamborines, sistros y laúdes acompañaban a acróbatas y bailarinas. En las orillas del Nilo, los mercaderes vendían apetitosas viandas y cerveza fresca. Ésta serviría para acompañar los pedazos de ave asada, los pasteles y la fruta.

Ramsés intentó abstraerse del ruido y concentrarse en su papel ritual: llevar los dioses hasta Luxor, el templo de la regeneración del *ka* real. La procesión se detuvo delante de unas cuantas capillas con el fin de depositar ofrendas y, a una prudente velocidad, llegó ante las puertas de Luxor al mismo tiempo que Seti.

Las barcas de las divinidades penetraron al interior del edificio, donde la multitud no era admitida. Mientras la fiesta continuaba fuera, allí se preparaba el renacimiento de las fuerzas ocultas de las que dependían todas las formas de fecundidad. Durante once días, en el secreto de la Sanctasanctórum, las tres barcas se recargaban de un nuevo poder.

El clero femenino de Amón bailó, cantó e interpretó música. Las bailarinas, de cabelleras abundantes y senos firmes, ungidas de ládano y perfumadas con loto, con la cabeza ceñida por juncias (1) olorosas, ejecutaron lentas figuras de encanto sobrecogedor.

Entre las que tocaban el laúd estaba Nefertari. Manteniéndose más atrás que sus compañeras, se concentraba en su instrumento y parecía desinteresarse del mundo exterior. ¿Cómo una niña tan joven podía ser tan seria? Tratando de pasar inadvertida, se singularizaba. Ramsés buscó su mirada, pero los ojos verdiazules permanecieron fijos en las cuerdas del laúd. Fuera como fuese su actitud, Nefertari no lograba disimular su belleza. Ésta eclipsaba a la de las demás sacerdotisas de Amón, muy atractivas por otra parte.

Llegó el momento del silencio. Las jóvenes se retiraron, unas satisfechas de su contribución, otras con prisa por intercambiar impresiones. Nefertari permaneció recogida, como si deseara conservar en lo más profundo de sí misma el eco de la ceremonia.

El regente la siguió con la vista, hasta que la frágil silueta vestida de blanco inmaculado se difuminó en la luz cegadora del verano.

(1) Caña común en el antiguo Egipto.

36

Iset la bella se aferró al cuerpo desnudo de Ramsés y le tarareó al oído una canción de amor que conocían todas las jóvenes egipcias:

—«¿No soy acaso tu sirvienta, atada a tus pasos? Podría vestirte y desvestirte, ser la mano que te peina y te masajea. ¿No soy la que lava tu túnica y te perfuma, no soy las pulseras y las joyas que tocan tu piel y conocen tu olor?»

—Es el amante quien canta esos versos y no la amante.

—Poco importa... Quiero que los escuches, y que los escuches, siempre.

Iset la bella hacía el amor con violencia y ternura al mismo tiempo. Grácil, ardiente, no paraba de inventar juegos sorprendentes para deslumbrar a su amante.

—Que seas regente o campesino, me importa poco. Es a ti a quien quiero, tu fuerza, tu belleza.

La sinceridad y la pasión de Iset conmovían a Ramsés. En sus ojos no había rastro de mentira. Él respondió a su abandono con el ardor de sus dieciséis años y saborearon el placer al unísono.

—Renuncia —le propuso.

—¿A qué?

—Al cargo de regente, al futuro de faraón... Renuncia, Ramsés, y vivamos felices.

—Cuando era más joven, deseaba ser rey. Esta idea me apasionaba y no me dejaba dormir. Luego mi padre me hizo comprender que aquella ambición era insensata. Renuncié, olvidé esa locura. Y ahora Seti me liga al trono... Un torrente de fuego atraviesa mi vida y no conozco su destino.

—No te sumerjas en él, permanece en la orilla.

—¿Soy libre de decidir?

—Confía en mí y te ayudaré.

—Sean como sean tus esfuerzos, estoy solo.

Las lágrimas corrían por las mejillas de Iset.

—Me niego a esa fatalidad. Si formamos una pareja unida resistiremos mejor las tribulaciones.

—No traicionaré a mi padre.

—Al menos no me abandones.

Iset la bella ya no se atrevía a hablar de matrimonio. Si fuera necesario, ella permanecería en la sombra.

Setaú manipulaba la diadema y el ureus del regente con circunspección, ante la mirada divertida de Ramsés.

—¿Temerías a esa serpiente?

—No tengo ningún medio para curar su mordedura. No existe remedio contra su veneno.

—¿Tú también me quieres disuadir de que asuma la función de regente?

—Sí, también yo... ¿quieres decir que no soy el único que tiene esta opinión?

—Iset la bella desea una existencia más tranquila.

—¿Quién podría reprochárselo?

—Tú, el aventurero, ¿sueñas ahora con una vida mezquina y apacible?

—El camino que tomas es peligroso.

—¿No nos comprometimos a descubrir el verdadero poder? Tú arriesgas la vida cada día. ¿Por qué tendría yo que ser timorato?

—Yo sólo me enfrento a reptiles. Tú deberás hacer frente a los hombres, una especie mucho más temible.

—¿Aceptarías trabajar a mi lado?

—El regente forma su clan...

—Confío en Ameni y en ti...

—¿No en Moisés?

—Él tiene su propio camino, aunque estoy convencido de que me lo toparé como maestro de obras. Juntos, construiremos templos espléndidos.

—¿Y Acha?

—Ya hablaré con él.

—Tu ofrecimiento me honra, pero no lo acepto. ¿Te dije que me casaba con Loto? Hay que desconfiar de las mujeres, estoy de acuerdo, pero ésta es una ayudante valiosa. Buena suerte, Ramsés.

En menos de un mes, Chenar había perdido la mitad de sus amigos. Por lo tanto, la situación no era desesperada: había creído que se quedaría solo, pero una gran cantidad de notables, pese a la elección de Seti, no creían en el porvenir de Ramsés. A la muerte del faraón, tal vez el regente, agobiado e incompetente, dimitiera en favor de un hombre con experiencia.

¿Chenar había sido víctima de una injusticia? A él, al sucesor designado, lo habían apartado de manera brutal, sin la menor explicación. ¿De qué otra arma se había servido Ramsés para seducir a su padre sino de la calumnia a su hermano mayor?

Con una satisfacción inequívoca, Chenar comenzaba a pasar por la víctima. De él dependía el utilizar con paciencia esta inesperada ventaja, el propagar rumores cada vez más insistentes, y aparecer como una alternativa a los excesos de Ramsés. La maniobra necesitaría tiempo, mucho tiempo. Su logro requería de un conocimiento de los planes de su adversario. Así que Chenar pidió audiencia al nuevo regente, instalado en el cuerpo principal del palacio real de Menfis, cerca del faraón.

Primero tuvo que franquear el obstáculo de Ameni, la condenada alma de Ramsés. ¿Cómo corromperlo? No le gustaban ni las mujeres ni los placeres de la mesa, trabajaba sin descanso encerrado en su despacho, y no parecía tener más ambición que servir a Ramsés. Sin embargo, toda coraza tiene una grieta. Chenar terminaría sin duda por descubrirla.

Se dirigió al portasandalias del regente con deferencia y lo felicitó por el aspecto impecable de los nuevos locales, en los que unos veinte escribas trabajaban a sus órdenes. Insensible al halago, Ameni no dirigió ningún cumplido a Chenar y se contentó con introducirlo en la sala de audiencias del regente.

Sentado en los escalones que llevaban a un estrado provisto de un trono, Ramsés jugaba con su perro y su pequeño león. Éste se fortalecía a ojos vistas. Los dos animales se entendían a las mil maravillas. El león dominaba su fuerza y el perro su majadería. *Vigilante* le había enseñado a robar carne de las cocinas sin que lo cogieran, y *Matador* protegía al perro amarillo oro, al que nadie podía acercarse sin su consentimiento.

Chenar se sintió aterrado.

¿Aquello era un regente, el segundo personaje del Estado

después del faraón? ¡Un chiquillo en el cuerpo de un atleta, dedicado a jugar! Seti había cometido una locura de la que se arrepentiría. Aunque hervía de indignación, Chenar logró contenerse.

—¿El regente me haría el honor de escucharme?

—Nada de ceremonias entre nosotros. Ven y siéntate.

El perro amarillo se había puesto contra el lomo, con las patas al aire, para manifestar su sumisión ante *Matador*. A Ramsés le gustó la astucia. El cachorro de león, satisfecho, no advertía que el perro lo llevaba de las narices y organizaba los juegos a su antojo. El observarlos enseñaba mucho al regente. Simbolizaban la alianza de la inteligencia y de la fuerza.

Titubeando, Chenar se sentó en un escalón, a poca distancia de su hermano. El león lanzó un gruñido.

—No tengas miedo. No ataca sin una orden mía.

—Esta fiera se volverá peligrosa. ¿Y si hiriera a algún visitante notable?

—No hay peligro...

Vigilante y *Matador* dejaron de jugar y observaron a Chenar. Su presencia los irritaba.

—He venido a ponerme a tu servicio.

—Te lo agradezco.

—¿Qué tarea deseas confiarme?

—No tengo ninguna experiencia en la vida pública y en el funcionamiento del Estado. ¿Cómo podría asignarte una función sin cometer un error?

—¡Tú eres el regente!

—Seti es el único amo de Egipto. Es él quien toma las decisiones importantes. Y nadie más. No necesita de mi opinión.

—Pero...

—Yo soy el primero que reconozco mi incompetencia y no tengo la menor intención de jugar a gobernante. Mi actitud no cambiará: servir al rey y obedecerle.

—¡Tendrás que tomar iniciativas!

—Sería traicionar al faraón. Me contentaré con realizar las tareas que él me asigne y llevarlas a cabo lo mejor que pueda. Si fracaso, me destituirá y nombrará a otro regente.

Chenar estaba desarmado. Él esperaba el comportamiento arrogante de un depredador y frente a él tenía a un corderito servil e inofensivo. ¿Acaso Ramsés había aprendido ardides como el interpretar un personaje para inducir a error a su adversario? Existía una sencilla manera de saberlo.

—Supongo que conoces la jerarquía.

—Necesitaré meses, incluso años, para conocer sus sutilezas. ¿Es indispensable? Gracias a la labor de Ameni, me libraré de una gran cantidad de tormentos administrativos y tendré tiempo para ocuparme de mi perro y de mi león.

No había ironía en el tono de Ramsés. Parecía incapaz de sopesar la importancia de su poder. Ameni, por hábil y trabajador que fuera, sólo era un joven escriba de diecisiete años. No conocía al dedillo los secretos de la corte. Al rehusar rodearse de hombres experimentados, Ramsés se debilitaría y aparecería como un chiflado.

En lugar de librar una batalla a fondo, Chenar se aventuró por un terreno conquistado.

—Yo suponía que el faraón te había dado alguna directiva sobre mí.

—Tienes razón.

Chenar se irguió. ¡Finalmente sabría la verdad! Hasta entonces su hermano sólo había disimulado y se aprestaba a asestarle el golpe decisivo que lo excluiría a él de la vida pública.

—¿Qué desea el faraón?

—Que su hijo mayor asuma sus deberes de siempre y que sea jefe de protocolo.

Jefe de protocolo... El cargo era importante. Chenar se ocuparía de organizar las ceremonias oficiales, velaría por la aplicación de los decretos y estaría permanentemente mezclado con la política del rey. Lejos de haber sido apartado, ocuparía una posición central, pese a no tener el relieve de la de regente. Maniobrando con habilidad, tejería una tela sólida y duradera.

—¿Debo darte cuenta de mis actividades?

—Al faraón, no a mí. ¿Cómo podría juzgar lo que ignoro?

¡Así que Ramsés era un regente de pacotilla! Seti conservaba todos los poderes y seguía teniendo confianza en su hijo mayor.

En el centro de la ciudad santa de Heliópolis se levantaba el inmenso templo de Ra, el dios de la luz divina, que había creado la vida. En aquel mes de noviembre, cuando las noches se tornaban frescas, los sacerdotes preparaban las fiestas de Osiris, rostro oculto de Ra.

—Tú conoces Menfis y Tebas —le dijo Seti a Ramsés—. Debes descubrir Heliópolis. Aquí se formó el pensamiento de nuestros antepasados. No olvides honrar este lugar santo. A veces, Tebas cobra demasiada importancia. Ramsés, el fundador de nuestra dinastía, preconizaba el equilibrio y la justa repartición de poderes entre los grandes sacerdotes de Heliópolis, de Menfis y de Tebas. Yo he respetado esa postura, respétala tú también. No te sometas a ningún dignatario, sé el lazo que los une y los domina.

—Pienso a menudo en Avaris, la ciudad de Seth —confesó Ramsés.

—Si el destino hace de ti un faraón, volverás allí y te comunicarás con el poder secreto cuando yo haya muerto.

—¡Vos no moriréis jamás!

La exclamación había salido del pecho del joven regente. Los labios de Seti esbozaron una sonrisa.

—Si mi sucesor cuida mi *ka,* tal vez tendré esa suerte.

Seti hizo entrar a Ramsés en el santuario del gran templo de Ra, donde, en el centro de un patio a cielo abierto, dominaba un enorme obelisco cuya punta recubierta de oro hendía el cielo para disipar las influencias nocivas.

—Así ha sido simbolizada la piedra primordial, surgida del océano de los orígenes en el alba de los tiempos. Mediante su presencia en la tierra se preserva la creación.

Aún bajo los efectos de la conmoción, Ramsés fue conducido junto a una acacia gigante que veneraban dos sacerdotisas y que representaban los papeles de Isis y Nefti.

—En este árbol —explicó Seti— el invisible hace nacer al faraón, lo alimenta con la leche de las estrellas y le da su nombre.

Para el regente no habían acabado las sorpresas. En una vasta capilla había una balanza de oro y plata fijada a un pie de madera estucada, de una envergadura de dos metros y una altura de dos metros treinta. En lo alto tenía un babuino de oro, encarnación del dios Thot, el patrón de los jeroglíficos y de la mesura.

—La balanza de Heliópolis pesa el alma y el corazón de todos los seres y de todas las cosas. Que Maat, de quien es uno de sus símbolos, no deje de inspirar tu pensamiento y tus actos.

Al final del día pasado en la ciudad de la luz, Seti llevó a Ramsés hasta una obra que ya habían abandonado los obreros.

—Aquí se erigirá una nueva capilla, pues la obra no se interrumpe jamás. Construir el templo es el primer deber del faraón. Con él, el faraón construye a su pueblo. Arrodíllate, Ramsés, y lleva a cabo tu primera obra.

Seti tendió a Ramsés un mazo y un cincel. Bajo la protección del obelisco único y la mirada de su padre, el regente talló la primera piedra del futuro edificio.

37

Ameni sentía una admiración sin límites por Ramsés, pero no lo creía exento de defectos. Así, el regente olvidaba demasiado pronto los golpes que le daban y no aclaraba ciertos asuntos misteriosos como el de los panes de tinta adulterados. El joven portasandalias tenía buena memoria. Como su nueva posición le procuraba ventajas, se aprovechó de ellas.

Recordó los hechos a sus veinte subordinados, sentados como escribas sobre esteras y muy atentos, y no omitió ningún detalle. Pese a ser un discreto orador, Ameni electrizó a su auditorio.

—¿Qué hemos de hacer? —preguntó uno de los funcionarios.

—Explorar los servicios de archivos que me eran inaccesibles. Existe por fuerza una copia del documento original, con el nombre completo del propietario del taller. El que lo descubra, que me lo traiga en seguida y no hable con nadie. El regente sabrá recompensarlo.

Comenzadas las investigaciones a tan gran escala, no podían dejar de tener éxito. Cuando tuviera la prueba en la mano, Ameni se la mostraría a Ramsés. Una vez ese asunto estuviera zanjado, él lo convencería de ocuparse de nuevo del carretero y del palafrenero. Ningún criminal debía escapar al castigo.

Como regente, Ramsés era objeto de múltiples solicitudes y recibía abundante correspondencia. Ameni apartaba a los inoportunos y redactaba las respuestas en las cuales el hijo de Seti colocaba su sello. El secretario particular leía cada misiva, hacía el seguimiento de cada archivo. Ninguna crítica perjudicaría al regente, incluso si Ameni debía perder la poca salud que le quedaba.

Aunque Acha sólo tuviera dieciocho años, parecía un hombre maduro, cargado de experiencia y de vuelta de todo. De una refinada elegancia, se cambiaba de túnica y de taparrabo a diario, seguía la moda menfita y cuidaba su cuerpo. Perfumado, recién afeitado, a veces ocultaba sus cabellos ondulados bajo una carísima peluca. Los pelos de su fino bigote estaban alineados de manera impecable y su fino rostro reflejaba la nobleza de una larga estirpe de notables a la que se sentía muy ufano de pertenecer.

El joven causaba unanimidad. Los diplomáticos de carrera no ahorraban elogios sobre él y se asombraban de que el faraón aún no le hubiera confiado un puesto importante en una embajada. Acha, con un ánimo siempre parejo, no había expresado ninguna protesta. Conocía al dedillo los secretos de pasillo del Ministerio de Asuntos Exteriores y sabía que su hora llegaría.

Sin embargo, la visita del regente lo sorprendió. De pronto se sintió en falta. Habría tenido que ser él el que se desplazara y se inclinara delante de Ramsés.

—Acepta mis excusas, regente de Egipto.

—¿De qué servirían entre amigos?

—He descuidado mis deberes.

—¿Estás satisfecho con tu trabajo?

—Más o menos. La vida sedentaria no me gusta mucho.

—¿Adónde te gustaría ir?

—A Asia. Allí se jugará el futuro del mundo. Si Egipto está mal informado, corre el riesgo de sufrir graves decepciones.

—¿Te parece que nuestra diplomacia está inadaptada?

—A juzgar por lo que conozco, sí.

—¿Y qué propones?

—Estar más en el terreno para conocer mejor la manera de pensar de nuestros aliados y de nuestros adversarios, hacer el inventario de sus fuerzas y de sus debilidades, dejar de creer que somos invulnerables.

—¿Temes a los hititas?

—Hay muchas informaciones contradictorias sobre ellos... ¿Quién conoce de verdad sus efectivos militares y la eficacia de su ejército? Hasta ahora se ha evitado un enfrentamiento directo.

—¿Lo lamentas?

—Claro que no, pero constata conmigo que vivimos en la incertidumbre.

—¿No te sientes feliz en Menfis?

—Una familia rica, una villa agradable, una carrera totalmente planificada, dos o tres amantes... ¿Es eso la felicidad? Hablo varias lenguas, entre ellas el hitita. ¿Por qué no utilizar mis dotes?

—Yo puedo ayudarte.

—¿De qué manera?

—Como regente, propondré al rey tu nombramiento en una de nuestras embajadas en Asia.

—¡Sería prodigioso!

—No te alegres tan pronto. La decisión pertenece a Seti.

—Agradezco tu gesto.

—Esperemos que sea eficaz.

El cumpleaños de Dolente era una buena ocasión para una fiesta a la cual estaban invitados los notables del reino. Desde su coronación, Seti ya no asistía. Dejando a Chenar el cuidado de organizar las festividades, Ramsés deseaba evitar aquella velada mundana aunque, por consejo de Ameni, había aceptado aparecer antes de la cena.

Grueso y jovial, Sary apartó a los aduladores que deseaban cubrir de elogios al regente y, sobre todo, solicitar sus favores.

—Tu presencia nos honra... ¡Qué orgulloso me siento de mi alumno! Orgulloso y desanimado.

—¿Desanimado?

—Ya no educaré más a un futuro regente. A tu lado, los niños del Kap me parecerán insulsos.

—¿Deseas cambiar de función?

—Confieso que la administración de los graneros me apasionaría más y me dejaría tiempo para ocuparme de Dolente. No veas en ello una de las innumerables súplicas que te hacen todos los días. Pero si te acordaras de tu antiguo profesor...

Ramsés movió la cabeza. Su hermana corrió hacia él. Demasiado maquillada, había envejecido una decena de años. Sary se alejó.

—¿Te ha hablado mi marido?

—Sí.

—Me siento feliz desde que has vencido a Chenar. Es un ser malvado y pérfido, que deseaba nuestra desgracia.

—¿Qué daño te ha hecho?

—No tiene importancia. Tú eres el regente, no él. Favorece a tus verdaderos aliados.

—Sary y tú os equivocáis sobre mis posibilidades.

Dolente pestañeó rápido.

—¿Qué significa...?

—Yo no juego con los cargos administrativos sino que intento captar las ideas de mi padre y comprender cómo gobierna el país, para inspirarme en su modelo algún día, si los dioses así lo quieren.

—¡Basta de bellas ideas! En esa intimidad con el poder supremo, sólo debes pensar en aumentar tu dominio sobre los demás y formar tu propio clan. Mi marido y yo queremos formar parte de él, lo merecemos. Nuestros méritos te serán indispensables.

—Me conoces muy mal, querida hermana, y conoces muy mal a nuestro padre. No es así como se dirige Egipto. Ser regente me permite observar su trabajo desde dentro y sacar lecciones de ello.

—Tus blandengues palabras no me interesan. Aquí, en la tierra, sólo cuenta la ambición. Tú eres igual que los demás, Ramsés, y si no aceptas las leyes de la existencia serás aniquilado.

Solo bajo la columnata frente a la fachada de su villa, Chenar sacaba conclusiones del conjunto de informaciones que acababa de recoger. Afortunadamente, su red de amigos no se había desmembrado y la cantidad de enemigos de Ramsés no había disminuido. Éstos observaban sus hechos y sus gestos y se los comunicaban a Chenar, quien con toda seguridad sería el faraón a la muerte de Seti. El comportamiento casi pasivo del regente, su fidelidad incondicional a Seti y su obediencia ciega lo convertirían rápidamente en una sombra sin consistencia.

Chenar no compartía este optimismo a causa de un hecho catastrófico para él: la breve estancia de Ramsés en Heliópolis. En efecto, era allí donde un faraón era definitivamente reconocido como tal por aclamación. Así habían sido coronados los primeros reyes de Egipto.

De esta manera, Seti afirmaba su voluntad de manera manifiesta, sobre todo porque Ramsés había sido confrontado con la balanza de Heliópolis, según la indiscreción de un sacerdote. El faraón reinante reconocía la capacidad de rectitud del regente y sus aptitudes para respetar la regla de Maat. Claro que este acto supremo había sido llevado a cabo en secreto y no poseía más que un valor mágico. Pero la voluntad de Seti se había expresado y no se modificaría.

Jefe de protocolo... ¿Un espejismo? Seti y Ramsés deseaban que él se adormeciera en aquel cómodo cargo y olvidara sus sueños de grandeza, mientras el regente se apoderaría poco a poco de las riendas del poder.

Ramsés era más astuto de lo que parecía. Su humildad de fachada ocultaba una ambición feroz. Desconfiando de su hermano mayor, había intentado engañarlo. Pero el episodio de Heliópolis revelaba sus verdaderos planes. Chenar debía cambiar de estrategia. Dejar pasar el tiempo sería un error que lo condenaría al fracaso. Tenía, pues, que pasar a la ofensiva y considerar a Ramsés un temible competidor. Atacarlo desde el interior no bastaría. Extrañas ideas atravesaron la mente de Chenar, tan extrañas que lo aterrorizaron.

Su deseo de desquite fue más fuerte. Vivir como un súbdito de Ramsés sería insoportable para él. Cualesquiera que fueran las consecuencias del combate oculto que emprendía, no retrocedería.

El barco con la gran vela blanca surcaba por el Nilo con una elegancia soberana. El capitán conocía las menores dificultades de navegación del río y las sorteaba con habilidad. Chenar estaba sentado en su camarote, al abrigo de los rayos del sol. No sólo temía las quemaduras, sino que quería conservar la piel blanca para diferenciarse de los campesinos de tez bronceada.

Frente a él, bebiendo un zumo de algarrobo, estaba Acha.

—Espero que nadie os haya visto subir a bordo.

—Tomé precauciones.

—Sois un hombre prudente.

—Sobre todo curioso... ¿Por qué debo imponerme tantas precauciones?

—Durante vuestros estudios en el Kap, erais amigo de Ramsés.

—Condiscípulo, más bien.

—Desde su nombramiento como regente, ¿habéis estado en contacto?

—Ha apoyado una solicitud mía para un puesto en una embajada en Asia.

—Yo contribuí, creedme, a consolidar vuestra reputación,

pese a que mi desgracia me impidió obtener para vos lo que deseaba.

—Desgracia... ¿no es excesivo el término?

—Ramsés me odia y apenas se preocupa por la felicidad de Egipto. Su único objetivo es el poder absoluto. Si nadie le impide lograrlo, entraremos en una era de desgracias. Yo puedo evitarlo, y mucha gente razonable me ayudará.

Acha permaneció impasible.

—Yo conocí mucho a Ramsés —objetó— y no se parecía en nada al futuro tirano que describís.

—Practica un juego muy sutil, presentándose como un buen hijo y un discípulo obediente de Seti. Nada le gustaría más a la corte y al pueblo. Yo mismo estuve engañado un tiempo. En realidad sólo piensa en convertirse en el amo de las Dos Tierras. ¿Sabéis que ha ido a Heliópolis para recibir la aprobación del gran sacerdote?

El argumento turbó a Acha.

—Es un paso que me parece prematuro, en efecto.

—Ramsés ejerce una influencia negativa sobre Seti. En mi opinión, intenta convencer al rey de que debe retirarse lo antes posible y ofrecerle el poder.

—¿Seti es maleable hasta ese punto?

—Si no lo fuera, ¿por qué habría escogido a Ramsés como regente? Conmigo, su hijo mayor, habría tenido junto a él a un fiel servidor del Estado.

—Parecéis dispuesto a cambiar muchas costumbres.

—Porque son obsoletas. ¿Acaso el gran Horemheb no actuó con prudencia al redactar un nuevo código de leyes? Las antiguas se habían vuelto injustas.

—¿No estáis decidido a abrir Egipto al mundo exterior?

—Ésa era mi intención, en efecto, pues sólo el comercio internacional garantiza la prosperidad.

—¿Y habéis cambiado de opinión?

Chenar se ensombreció.

—El futuro reinado de Ramsés me obliga a modificar mis planes. Ésta es la razón por la que insistí en que nuestra conversación fuera secreta. Lo que quiero deciros es de una gravedad excepcional. Porque quiero salvar a mi país, debo emprender una guerra subterránea con Ramsés. Si aceptáis ser mi aliado, vuestro papel será determinante. Cuando llegue la victoria, cosecharéis los frutos.

Acha, hermético, pensó largo rato.

Si se negaba a colaborar, Chenar se vería obligado a suprimirlo. Había dicho demasiado. Pero no existía otro método para reclutar a los hombres que necesitaba. Si Acha aceptaba, sería uno de los más activos.

—Sois demasiado elíptico —afirmó.

—Las relaciones comerciales con Asia no bastarán para derribar a Ramsés. Debido a las circunstancias, hay que ir más lejos.

—¿Pensáis... en otra forma de trato con el extranjero?

—Cuando los hiksos invadieron y gobernaron el país, hace muchos siglos, se beneficiaron de la complicidad de varios jefes de provincia del Delta, que prefirieron colaborar antes que morir. Tomemos la delantera a la historia, Acha. Utilicemos a los hititas para expulsar a Ramsés, formemos un grupo de responsables que mantendrá nuestro país en el buen camino.

—El peligro es considerable.

—Si no lo intentamos, Ramsés nos aplastará bajo sus sandalias.

—¿Qué proponéis exactamente?

—Vuestro nombramiento en Asia será el primer paso. Conozco vuestras excepcionales dotes para relacionaros. Tendréis que ganaros la amistad del enemigo y convencerlo para que nos ayude.

—Nadie está informado de las verdaderas intenciones de los hititas.

—Gracias a vos, lo estaremos. También adaptaremos nuestra estrategia y manipularemos a Ramsés a fin de que cometa errores fatales que nosotros aprovecharemos.

Muy tranquilo, Acha entrecruzó los dedos.

—Sorprendente proyecto, en verdad, pero muy arriesgado.

—Los timoratos están destinados al fracaso.

—Suponed que los hititas sólo quieran una cosa: hacer la guerra.

—En ese caso nos las arreglaremos para que Ramsés la pierda y nosotros aparezcamos como salvadores.

—Necesitaríamos muchos años de preparación.

—Tenéis razón. La lucha comienza hoy. Ante todo hay que hacer cualquier cosa para impedir que Ramsés acceda al trono. Si fracasamos, habrá que derribarlo gracias a un asalto procedente del interior y del exterior a la vez. Lo considero un adversario de envergadura, cuyo poder irá afirmándose. Razón por la cual hay que desechar la improvisación.

—¿Qué me ofrecéis a cambio de mi ayuda? —preguntó Acha.

—El puesto de ministro de Asuntos Exteriores. ¿Os conviene?

La sonrisita del diplomático probó a Chenar que había hecho diana.

—Mientras esté encerrado en un despacho de Menfis, mi acción será muy limitada.

—Vuestra reputación es excelente, y Ramsés nos ayudará sin saberlo. Estoy convencido de que vuestro nombramiento es sólo una cuestión de tiempo. Mientras estéis en Egipto, no nos veremos más. Después, nuestros encuentros serán secretos.

El barco atracó lejos del puerto de Menfis. En la orilla, un carro conducido por un aliado de Chenar llevó a Acha de vuelta a la ciudad.

El hijo mayor de Seti miró alejarse al diplomático. Varios hombres estarían encargados de espiarlo. Si intentaba informar a Ramsés no sobreviviría mucho tiempo a la traición.

38

El hombre que había intentado suprimir a Ramsés utilizando los servicios del palafrenero y del carretero no se había equivocado. El hijo menor del rey había nacido para suceder a éste. Muchos rasgos de su carácter se parecían a los de su padre: su energía parecía inagotable, su entusiasmo y su inteligencia, capaces de derribar cualquier obstáculo, el fuego que ardía en él lo predestinaba al poder supremo.

A pesar de las repetidas advertencias, nadie lo había querido escuchar. La elección de Ramsés como regente había abierto por fin los ojos de sus allegados, y habían lamentado el fracaso de su iniciativa. Por suerte, el palafrenero y el carretero habían muerto: como nunca los había visto y el intermediario no hablaría, la investigación se había atascado. No existía ningún medio para llegar hasta él y probar su culpa.

La naturaleza de sus proyectos, cuyo secreto estaba bien guardado, le impedían la menor imprudencia. Golpear fuerte y preciso era la única solución, incluso si la posición de Ramsés hacía la gestión menos fácil. El regente estaba permanentemente rodeado de personas, Ameni apartaba a los inoportunos y el león y el perro eran excelentes guardaespaldas. Actuar en el interior del palacio parecía imposible.

En cambio, durante un desplazamiento o un viaje, organizar un accidente no presentaba grandes dificultades, a condición de que el marco fuera bien elegido. Ahora bien, una idea brillante lo excitaba: si Seti caía en la trampa y aceptaba llevar a su hijo a Asuán, Ramsés no regresaría.

En aquel noveno año del reinado de Seti, Ramsés festejaba sus diecisiete años en compañía de Ameni, de Setaú y de la esposa nubia de éste, Loto. Lamentaba la ausencia de Moisés y de Acha; pero el primero estaba retenido en la obra de Karnak y el segundo acababa de partir hacia el Líbano, encargado de una misión de información para el Ministerio de Asuntos Exteriores. En el futuro, reunir a los antiguos alumnos del Kap presentaría muchas dificultades, a menos que el regente lograra convertir a sus amigos en colaboradores cercanos. Pero la independencia de espíritu de cada uno tendía a disociar sus caminos. Sólo Ameni se negaba a alejarse de Ramsés, pretextando que, sin él, el regente sería incapaz de dirigir la administración y de mantener al día sus informes.

Loto, rechazando los servicios del cocinero de palacio, había preparado cordero a la parrilla acompañado de granos de uva y garbanzos.

—Suculento... —reconoció el regente.

—Comamos pero no nos hartemos —recomendó Ameni—. Tengo trabajo.

—¿Cómo soportas a este escriba quisquilloso y aguafiestas? —preguntó Setaú que alimentaba al perro y al león, cuyo tamaño ya era impresionante.

—No todo el mundo tiene tiempo de correr tras las serpientes —respondió Ameni—. Si yo no me entretuviera en catalogar los medicamentos que recetas, tu búsqueda sería vana.

—¿Dónde se han instalado los recién casados? —preguntó Ramsés.

—A orillas del desierto —respondió Setaú, con los ojos brillantes—. En cuanto cae la noche y salen los reptiles, Loto y yo salimos de caza. Me pregunto si viviremos lo bastante para conocer la totalidad de las especies y sus costumbres.

—Tu casa no es ninguna chabola —precisó Ameni—. Más parece un laboratorio. Y no dejas de agrandarla... No me sorprende, con la pequeña fortuna que acumulas vendiendo tus venenos a los hospitales.

El encantador de serpientes miró al joven escriba con curiosidad.

—¿Quién te ha informado? ¡Tú no sales de tu despacho!

—Aislada o no, tu casa está registrada en el catastro y en el servicio de higiene. En lo que a mí respecta, tengo el deber de proporcionar informaciones fiables al regente.

—¡Pero me espías! Este enano es más peligroso que un escorpión.

El perro amarillo ladró, alegre, sin creer en la cólera de Setaú, quien continuó intercambiando frases agridulces con

Ameni, hasta la inesperada irrupción de un mensajero del faraón. Se invitaba a Ramsés a interrumpir cualquier asunto que tuviera entre manos e ir a palacio.

Seti y Ramsés avanzaron con pasos lentos por el sendero que serpenteaba entre enormes bloques de granito rosa. Llegados aquella misma mañana a Asuán, el soberano y su hijo se dirigieron inmediatamente a las canteras. El faraón deseaba comprobar por sí mismo los términos del alarmante informe que le había sido dirigido, e insistía en que su hijo conociera el universo mineral de donde procedían los obeliscos, los colosos, las puertas y los umbrales de los templos, y tantas obras maestras talladas en aquella piedra dura de brillo incomparable.

La misiva hablaba de un grave conflicto entre capataces, obreros y soldados encargados de transportar monolitos de varias toneladas sobre enormes barcazas atadas unas a otras, y construidas para la ocasión. A estos disturbios se añadía otro, aún más grave: los especialistas consideraban agotada la cantera principal. Según ellos, sólo quedaban pequeños filones y vetas demasiado cortas para sacar de ellas obeliscos de buen tamaño o estatuas gigantes.

El mensaje estaba firmado por alguien llamado Aper, jefe de canteros, y no había seguido la vía jerárquica. El técnico temía ser sancionado por sus superiores por haber revelado la verdad, y se había dirigido directamente al rey. Su secretariado, juzgando el tono ponderado y realista, había transmitido el mensaje a Seti.

Ramsés se sintió a gusto en medio de las rocas bañadas por el sol. Percibió la fuerza del material eterno que los escultores transformaban en piedras hablantes. La inmensa cantera de Asuán era uno de los pedestales sobre los cuales se edificaba el país desde la primera dinastía. Encarnaba la estabilidad de la obra que pasaba a través de las generaciones y desgastaba el tiempo.

Una rigurosa organización presidía la explotación del granito. Divididos por equipos, los canteros localizaban los mejores bloques, los probaban y los manipulaban con respeto. De la perfección de su trabajo dependía la supervivencia de Egipto. De sus manos nacían los templos donde residían las fuerzas de la creación y las estatuas donde vivía el alma de los resucitados.

Cada faraón se preocupaba de las canteras y de las condiciones de vida de los que trabajaban en ellas. Los jefes de equipo se alegraron de volver a ver a Seti y de saludar al regente, cuyo parecido con su padre era cada vez más notable. Allí, el nombre de Chenar era desconocido.

Seti hizo llamar al jefe de los canteros.

Rechoncho, de espaldas anchas, con la cabeza cuadrada y los dedos gruesos, Aper se prosternó ante el rey. ¿Merecería reprobación o elogio?

—La cantera me parece tranquila.

—Todo está en orden, majestad.

—Tu carta pretende todo lo contrario.

—¿Mi carta?

—¿Niegas haberme escrito?

—Escribir... Ése no es mi fuerte. Cuando es necesario, utilizo los servicios de un escriba.

—¿No me has alertado a propósito de un conflicto que enfrenta a los obreros y a los soldados?

—¡Oh, no!, majestad... Hay algunos pequeños roces, pero nos las arreglamos.

—¿Y los capataces?

—Se les respeta y nos respetan. No son gentes de ciudad, sino obreros salidos del pueblo. Han trabajado con sus manos y conocen el oficio. Si uno de ellos se toma por lo que no es, nos ocupamos de él.

Aper se frotó las manos, dispuesto a una nueva lucha a manos limpias contra cualquiera que manifestara un abuso de autoridad.

—La cantera principal, ¿amenaza con agotarse?

El jefe de los canteros se quedó con la boca abierta.

—¡Ah!, eso... ¿Quién os ha avisado?

—¿Es verdad?

—Más o menos... Empieza a ser más duro, es necesario excavar más profundo. Dentro de dos o tres años hará falta explotar un nuevo yacimiento. Pero el que estéis advertido de ello... ¡es clarividencia!

—Muéstrame el lugar preocupante.

Aper condujo a Seti y a Ramsés a la cumbre de una pequeña colina desde donde se descubría la mayor parte de la zona explotada.

—Aquí, a vuestra izquierda —indicó tendiendo la mano—; no sabemos si podremos sacar un obelisco.

—Mantened silencio —exigió Seti.

Ramsés vio transformarse la mirada de su padre. Fijaba la vista en las piedras con una intensidad extraordinaria, como si penetrara en el interior, como si su carne se convirtiera en granito. Junto a Seti, el calor se volvió casi insoportable. Pasmado, el jefe de los canteros se apartó. Ramsés permaneció junto al soberano. También él intentó percibir algo más allá de la apariencia, pero su pensamiento chocó con los bloques compactos, y sintió un dolor a la altura del plexo solar. Obstinado, no renunció a ello. A pesar del sufrimiento, terminó por distinguir claramente los filones entre sí. Parecían salir de las profundidades de la tierra, abrirse al sol y al aire, adoptar una forma específica, luego solidificarse y convertirse en granito rosa, salpicado de estrellas centelleantes.

—Dejad el lugar habitual —ordenó Seti— y excavad una ancha veta hacia la derecha; el granito se mostrará generoso durante decenas de años.

El jefe de los canteros bajó la colina y, con un pico, rompió una escoria negruzca que no dejaba presagiar nada bueno. Sin embargo, el faraón no se había equivocado; apareció un granito de una fascinante belleza.

—Ramsés, tú también lo has visto. Continúa así, sigue penetrando el corazón de la piedra, y conseguirás saber.

En menos de un cuarto de hora, el milagro del faraón fue anunciado en las canteras, en los muelles y en la ciudad. Significaba que la era de los grandes trabajos continuaría y que la prosperidad de Asuán no se detendría.

—No fue Aper quien escribió la carta —concluyó Ramsés—. ¿Quién ha intentado engañaros?

—No me han hecho venir aquí para abrir una nueva cantera —estimó Seti—. El remitente de la misiva no esperaba este resultado.

—¿Qué esperaba?

Perplejos, el rey y su hijo descendieron la colina por un sendero estrecho, trazado en su flanco. Seti caminaba delante con paso seguro.

Un fragor intrigó a Ramsés.

En el momento en que se dio la vuelta, dos guijarros, brincando como gacelas alocadas, le arañaron la pierna; formaban la vanguardia de un agresivo montón de piedras que precedía a un enorme bloque de granito que bajaba la pendiente a gran velocidad.

Cegado por una nube de polvo, Ramsés gritó:

—¡Padre, apartaos!

Al retroceder, el joven cayó.

La poderosa mano de Seti lo levantó y lo apartó de la trayectoria. El bloque de granito siguió su loca carrera, y se oyeron gritos. Canteros y picapedreros acababan de divisar a un hombre que huía.

—¡Es él, allí! ¡Él ha echado a rodar el bloque! —gritó Aper.

Se organizó la persecución.

Aper fue el primero en alcanzar al fugitivo, al que dio un violento puñetazo en la nuca para obligarlo a detenerse. El jefe de los canteros calculó mal su fuerza: fue un cadáver lo que presentó al faraón.

—¿Quién es? —preguntó Seti.

—Lo ignoro —respondió Aper—; no trabaja aquí.

La policía de Asuán llegó a un rápido resultado: el hombre era un barquero, viudo y sin hijos, cuyo trabajo consistía en repartir vasijas.

—Era a ti a quien apuntaban —afirmó Seti—; pero tu muerte no estaba grabada en ese bloque.

—¿Me concederéis el derecho a buscar por mí mismo la verdad?

—Lo exijo.

—Sé a quién confiar la investigación.

39

Ameni temblaba y se regocijaba a la vez.

Temblaba después de haber escuchado el relato de Ramsés, que acababa de escapar a una muerte atroz; se regocijaba porque el regente le traía un indicio notable: la carta enviada a Seti para provocar su viaje a Asuán.

—La escritura es hermosa —constató—; una persona de alta sociedad, cultivada, que tiene la costumbre de redactar misivas.

—Así pues, el faraón sabía que no procedía de un jefe de canteras y que se le tendía una trampa.

—En mi opinión, ambos estabais en la mira. Los accidentes en la cantera no son raros.

—¿Estás dispuesto a investigar?

—¡Por supuesto! Sin embargo...

—¿Qué?

—Te debo una confesión: he continuado mis investigaciones a propósito del propietario del taller sospechoso. Me hubiera gustado traerte la prueba de que se trataba de Chenar, pero he fracasado. Ahora me ofreces mucho más.

—Esperémoslo.

—¿Se ha sabido algo más del barquero?

—No, el verdadero culpable parece fuera del alcance.

—Una verdadera serpiente... Habría que pedir ayuda a Setaú.

—¿Por qué no?

—Tranquilízate, ya está hecho.

—¿Qué ha respondido?

—Puesto que se trata de tu seguridad, acepta prestarme ayuda.

Chenar no apreciaba mucho el sur. Allí hacía demasiado calor y se sentía menos sensible que en el norte a la evolución del mundo exterior. El inmenso templo de Karnak, no obstante, formaba una entidad económica tan rica y tan influyente que ningún candidato al poder supremo podía dejar de lado el apoyo del gran sacerdote. Así pues, hizo una visita de cortesía al pontífice, durante la cual sólo se intercambiaron trivialidades. Chenar tuvo la satisfacción de no sentir ninguna hostilidad por parte del importante personaje, que observaba de lejos las luchas políticas de Menfis y que, llegado el momento, tomaría el partido del más fuerte. La ausencia de elogios hacia Ramsés era una señal estimulante.

Chenar solicitó la posibilidad de permanecer algún tiempo en el templo y meditar, lejos de la agitación de la vida pública. La autorización le fue concedida. El hijo mayor de Seti se avino mal a la somera comodidad de la celda monacal donde fue instalado, pero consiguió su objetivo: ver a Moisés.

Durante una pausa, el hebreo examinaba la columna sobre la que unos escultores habían grabado una escena oferente del ojo divino, que contenía la totalidad de las medidas que permitían aprehender el mundo.

—¡Una obra espléndida! Sois un arquitecto notable.

Moisés, cuya robusta constitución se había afianzado, observó a su interlocutor con cierto desdén por sus carnes demasiado blandas y su pronunciada corpulencia.

—Aprendo mi oficio. Es el maestro de obras el responsable de este éxito.

—No seáis tan modesto.

—Detesto a los halagadores.

—Vos no me apreciáis mucho, al parecer.

—Espero que sea recíproco.

—He venido aquí para recogerme y hallar la serenidad. El nombramiento de Ramsés fue un golpe muy duro, lo confieso, pero hay que terminar por aceptar la realidad. La quietud de este templo me ayudará.

—Tanto mejor para vos.

—Vuestra amistad por Ramsés no debería cegaros. Mi hermano no tiene buenas intenciones. Si amáis el orden y la justicia, no cerréis los ojos.

—¿Criticáis la decisión de Seti?

—Mi padre es un hombre excepcional, pero ¿quién no comete errores? Para mí, el camino del poder está definitivamente cerrado, y no lo lamento. Ocuparme del protocolo me basta, pero ¿qué será del futuro de Egipto si cae en manos de un incapaz, preocupado sólo por su ambición?

—¿Cuáles son vuestras intenciones precisas, Chenar?

—Haceros comprender. Estoy persuadido de que tenéis un gran porvenir; apostar por Ramsés sería un error desastroso. Mañana, cuando suba al trono, ya no tendrá amigos y vos seréis olvidado.

—¿Qué proponéis?

—Dejemos de sufrir y preparemos otro futuro.

—El vuestro, supongo.

—Mi persona importa poco.

—Ésa no es mi impresión.

—Os confundís sobre mí. Servir a mi país es mi única meta.

—Los dioses os oyen, Chenar, ¿no sabéis que detestan la mentira?

—Son los hombres los que hacen la política de Egipto, no los dioses. Me interesa vuestra amistad. Juntos, triunfaríamos.

—Desengañaos y partid.

—Os habéis equivocado.

—No deseo levantar la voz ni cometer violencia en un lugar como éste. Si lo deseáis, continuaremos esta discusión fuera.

—No será necesario, pero no olvidéis mis advertencias. Algún día me lo agradeceréis.

La mirada enfurecida de Moisés disuadió a Chenar de insistir. Como temía, había fracasado. El hebreo no sería tan fácil de conquistar como Acha. Pero él también tenía debilidades, que con el tiempo se desvelarían.

Dolente apartó a Ameni, que no pudo oponerse a la carga de la furiosa mujer. La hermana de Ramsés empujó la puerta del despacho del regente y se introdujo como un golpe de viento.

Ramsés, sentado a la escriba en una estera, copiaba un decreto de Seti relativo a la protección de los árboles.

—¡Vas a actuar por fin!

—¿Cuál es la razón de esta irrupción, querida hermana?

—¡Como si no lo supieras!

—Refréscame la memoria.

—Mi marido espera su promoción.

—Dirígete al faraón.

—Se niega a conceder a los miembros de su familia privilegios que considera como... ¡injustificados!

—¿Qué más decir?

La cólera de Dolente se redobló.

—¡Es la decisión la injustificada! ¡Sary merece una promoción, y tú, el regente, deberías nombrarle supervisor de graneros!

—¿Puede un regente ir contra la voluntad del faraón?

—¡No te comportes como un cobarde!

—No cometeré un crimen de lesa majestad.

—¿Te burlas de mí?

—Cálmate, te lo ruego.

—Dame lo que merezco.

—Imposible.

—¡No juegues a ser incorruptible! Eres como los demás... ¡Alíate con los tuyos!

—Habitualmente eres más tranquila.

—No he escapado a la tiranía de Chenar para sufrir la tuya. ¿Insistes en negarte?

—Conténtate con tu fortuna, Dolente. La avidez es un defecto mortal.

—Guarda para ti tu anticuada moral.

Y desapareció, vociferante.

En el jardín de la villa de Iset la bella crecían sicómoros majestuosos de sombra benéfica. La joven tomaba allí el fresco, mientras Ramsés trasplantaba jóvenes retoños a una tierra esponjosa y bien preparada. Por encima del regente, el follaje se estremecía por efecto de una suave brisa del norte. El árbol en el que gustaba encarnarse la diosa Hathor tendía sus ramas verdes hacia el más allá para dar de beber y comer a los justos, abrir su nariz y su boca, envolverlos con el perfume divino que encantaba al amo de la eternidad.

Iset la bella recogió lotos y se adornó los cabellos.

—¿Deseas un racimo de uvas?

—Dentro de veinte años, un magnífico sicómoro hará aún más agradable este jardín.

—Dentro de veinte años seré una anciana.

Ramsés la miró con atención.

—Si continúas manejando los afeites y los ungüentos con tanta habilidad, serás aún más encantadora.

—¿Estaré casada por fin con el hombre que amo?

—No soy adivino.

Con una flor de loto, le golpeó el pecho.

—Se habla de un accidente evitado por los pelos en las canteras de Asuán.

—Bajo la protección de Seti, soy invulnerable.

—Así pues, los ataques contra tu persona no han terminado.

—Tranquilízate, el culpable será identificado pronto.

Ella se quitó la peluca, desenrolló sus largos cabellos y los extendió sobre el torso de Ramsés. Con sus cálidos labios, lo cubrió de besos.

—¿Es tan complicada la felicidad?

—Si la has encontrado, cógela.

—Estar contigo me basta, ¿cuándo lo comprenderás?

—Al instante.

Abrazados, rodaron sobre un costado. Iset la bella acogió el deseo de su amante con la embriaguez de una mujer dichosa.

La fabricación de papiros era una de las mayores actividades de los artesanos egipcios. El precio variaba en función de la calidad y de la longitud de los rollos. Algunos, que llevaban pasajes del *Libro de salida a la luz*(1), estaban destinados a las tumbas, otros a las escuelas y a las universidades, la mayoría a la administración. Sin papiro era imposible administrar correctamente el país.

Seti había confiado al regente el cuidado de examinar, a intervalos regulares, la producción de papiro y de velar por su justo reparto. Cada sector se lamentaba de no recibir una cantidad suficiente y criticaba la rapacidad de los otros.

Ramsés acababa de advertir un abuso cometido por los escribas que trabajaban para Chenar. Así pues, había convocado a su hermano mayor con la intención de poner fin al asunto.

Chenar parecía estar de excelente humor.

—Si me necesitas, Ramsés, estoy a tu disposición.

—¿Controlas lo que hacen tus escribas?

—No al detalle.

—Las compras de papiro, por ejemplo.

—¿Hay alguna irregularidad?

—En efecto, tus escribas requisan de manera arbitraria gran cantidad de papiro de primera calidad.

(1) Titulado erróneamente «Libro de los muertos».

—Me gusta escribir sobre un buen material, pero admito que es una práctica inadmisible. Los culpables serán castigados con severidad.

La reacción de Chenar sorprendió al regente. No sólo no protestaba, sino que reconocía su error.

—Aprecio tu manera de proceder —declaró Chenar—. Hay que reformar y sanear. Ninguna corrupción, por mínima que sea, debe ser tolerada. En este terreno puedo ayudarte de manera eficaz. Ocuparme del protocolo me permite conocer bien las costumbres de la corte y descubrir prácticas anormales. Denunciarlas no basta; es indispensable rectificar.

Ramsés se preguntó si realmente tenía a su hermano mayor frente a él. ¿Qué dios benéfico había transformado al retorcido cortesano en justiciero?

—Acepto encantado tu propuesta.

—¡Nada me haría más feliz que esta franca colaboración! Voy a empezar por limpiar mis cuadras, luego seguiremos con las del reino.

—¿Tan manchadas están?

—Seti es un gran monarca, su nombre permanecerá en la historia, pero no puede ocuparse de todo y de todo el mundo. Cuando se es un notable, hijo y nieto de notables, se adquieren malas costumbres y se arrogan derechos, con desprecio por los demás. Como regente, te es posible poner fin a esta relajación. Yo mismo saqué beneficio de ello en el pasado, pero ese período ha terminado. Somos hermanos, el faraón nos ha atribuido nuestros justos puestos: ésta es la verdad con la que debemos vivir.

—¿Es una tregua o es la paz?

La paz, definitiva y sin vuelta —afirmó Chenar—. Nos hemos enfrentado, cada uno con nuestra parte de responsabilidad. Esta lucha fratricida ya no tiene sentido. Tú eres regente, yo soy jefe de protocolo: prestémonos ayuda para el bienestar del país.

Cuando Chenar se fue, Ramsés se turbó. ¿Le tendía una trampa, cambiaba de estrategia o era sincero?

40

El gran consejo del faraón se reunió inmediatamente después de la celebración de los ritos del alba. El sol quemaba. Por todas partes se buscaba la sombra. Algunos cortesanos, demasiado obesos, traspiraban copiosamente y se hacían abanicar en cuanto se desplazaban.

Por suerte, la sala de audiencias del rey era fresca; la hábil disposición de las altas ventanas aseguraba una circulación de aire que hacía agradable el lugar. Indiferente a los efectos de la moda, el rey sólo vestía un sencillo traje blanco, mientras varios ministros rivalizaban en elegancia. El visir, los grandes sacerdotes de Menfis y de Heliópolis y el superior de la policía del desierto participaban en ese consejo excepcional.

Ramsés, sentado a la derecha de su padre, los observaba. Temerosos, inquietos, vanidosos, ponderados... Una multitud de tipos de hombres estaban reunidos allí, bajo la autoridad suprema del faraón, el único que mantenía la coherencia. Sin ella, se habrían destrozado entre sí.

—El superior de la policía del desierto es portador de malas noticias —reveló Seti—; que hable.

El alto funcionario, de unos sesenta años de edad, había escalado todos los peldaños de la jerarquía antes de llegar a la cumbre. Tranquilo, competente, conocía hasta la menor pista de los desiertos del oeste y del este, y mantenía la seguridad en esos vastos territorios cruzados por caravanas y expediciones de mineros. No ambicionaba ningún honor y se preparaba para un tranquilo retiro en su propiedad de Asuán. Así pues, sus declaraciones fueron escuchadas con mucha atención, tanto más cuanto que rara vez era invitado a expresarse en un marco tan solemne.

—El equipo de buscadores de oro, que partió hace un mes hacia el desierto del este, ha desaparecido.

Un largo silencio siguió a esta sorprendente declaración. El rayo de Seth no habría causado más efecto. El gran sacerdote de Ptah pidió la palabra al rey, quien se la concedió. Conforme al ritual del gran consejo, sólo se intervenía con el asentimiento del soberano, y los demás escuchaban al que hablaba sin interrumpirlo. Por grave que fuera el tema, ninguna interpelación estaba permitida. La búsqueda de una solución justa empezaba por el respeto al pensamiento del otro.

—¿Estáis seguro de esa información?

—¡Desde luego! Habitualmente, una cadena de mensajeros me tiene informado permanentemente de los progresos de este tipo de expedición, de sus dificultades, incluso de su fracaso. Desde hace varios días estoy sin noticias.

—¿Nunca se había dado el caso?

—Sí, en tiempos de disturbios.

—¿Un ataque de beduinos?

—En ese sector es muy improbable. La policía ejerce un severo control.

—¿Improbable o imposible?

—Ninguna tribu puede asaltar esa expedición hasta el punto de reducirla al silencio. Una escuadra de policías experimentados protegía a los buscadores de oro.

—¿Cuál es vuestra hipótesis?

—No tengo ninguna, pero estoy muy inquieto.

El oro de los desiertos era entregado a los templos: «carne de los dioses», material incorruptible y símbolo de la vida eterna, daba un resplandor sin igual a las obras de los artesanos. En cuanto al Estado, lo usaba como sistema de pago para ciertas importaciones, o bien como regalo diplomático a soberanos extranjeros con los que se quería mantener la paz. Ninguna perturbación en la extracción del precioso metal podía ser tolerada.

—¿Qué proponéis? —preguntó el faraón al policía.

—No contemporizar y enviar el ejército.

—Asumo la jefatura —anunció Seti—. El regente me acompañará.

El gran consejo aprobó la decisión. Chenar, que se había cuidado de intervenir, alentó a su hermano y le prometió preparar unos informes de los que hablarían a su regreso.

En el noveno año del reinado de Seti, en el vigésimo día del tercer mes del año, un cuerpo expedicionario de cuatrocientos soldados, dirigidos por el faraón en persona y por su regente, avanzaba por un desierto tórrido, al norte de la ciudad de Edfú y a unos cien kilómetros al sur de la pista que llevaba a las canteras de Uadi Hammamat. Se acercaba a Uadi Mia, el último lugar en el que se había enviado un mensaje a Menfis.

El texto, trivial, no contenía ningún elemento alarmista. La moral de los buscadores de oro parecía excelente, igual que el estado sanitario del conjunto de los viajeros. El escriba no señalaba ningún incidente.

Seti mantenía la tropa en estado de alerta día y noche. A pesar de las certezas del jefe de la policía del desierto, presente con sus mejores elementos, temía un ataque sorpresa de beduinos procedentes de la península del Sinaí. El pillaje y el asesinato eran su ley. Sus jefes, presa de súbita locura, se mostraban capaces de los actos más bárbaros.

—¿Qué sientes, Ramsés?

—El desierto es magnífico, pero estoy inquieto.

—¿Qué ves más allá de esas dunas?

El regente se concentró. Seti estaba animado por la extraña mirada, casi sobrenatural, que había desplegado en Asuán para descubrir la nueva cantera.

—Mi visión se bloquea... Más allá de esas alturas, es el vacío.

—Sí, el vacío. El vacío de una muerte espantosa.

Ramsés se estremeció.

—¿Los beduinos?

—No, un agresor más insidioso y más despiadado.

—¿Tenemos que prepararnos para el combate?

—Es inútil.

Ramsés dominó su miedo, aunque se le oprimió la garganta. ¿De qué adversario habrían sido víctimas los buscadores de oro? Si se trataba de los monstruos del desierto, como creía la mayoría de los soldados, ningún ejército humano lograría vencer. Esas fieras aladas, provistas de gigantescas garras, hacían trizas a sus presas sin darles tiempo de defenderse.

Antes de subir la duna, caballos, asnos y hombres bebieron. La canícula obligaba a frecuentes paradas y las reservas de agua pronto se agotarían. A menos de tres kilómetros, uno de los grandes pozos de la región permitiría rellenar los odres.

Tres horas antes del ocaso se pusieron de nuevo en marcha y franquearon la duna sin demasiadas dificultades. Pronto vieron el pozo. La construcción, de piedra de sillería, estaba adosada al flanco de una montaña en cuyo interior estaba el oro.

Los buscadores de oro y los soldados encargados de protegerlos no habían desaparecido. Se encontraban todos allí, alrededor del pozo, tendidos en la arena ardiente, boca abajo o con el rostro expuesto al sol. De su boca entreabierta salía una lengua negra, sanguinolenta.

Ni uno había sobrevivido.

Sin la presencia del faraón, la mayoría de los soldados, consternados, habrían huido. Seti dio orden de levantar las tiendas y de montar guardia, como si el campamento estuviera bajo la amenaza de un asalto inminente. Luego hizo excavar tumbas en las que los desdichados serían enterrados. Sus esteras de viaje les servirían de mortaja. El rey en persona pronunciaría las fórmulas de paso y de resurrección.

La celebración funeraria, en medio de la paz del sol que se ponía en el desierto, calmó a los soldados. El médico de la expedición se acercó a Seti.

—¿Cuál ha sido la causa de las muertes? —preguntó el rey.

—La sed, majestad.

El rey se dirigió en seguida al pozo que vigilaban hombres de su guardia personal. En el campamento se esperaba probar un agua fresca y vivificante.

El gran pozo estaba lleno de piedras hasta el brocal.

—Vaciémoslo —propuso Ramsés.

Seti asintió.

La guardia personal del faraón emprendió la tarea con ardor. Era preferible no perturbar al grueso de la tropa. La cadena humana se mostró de una notable eficacia; Ramsés marcó el ritmo y mantuvo el entusiasmo que a veces flaqueaba.

Cuando la luna llena iluminó el fondo del pozo, los soldados, agotados, vieron cómo el regente bajaba una pesada jarra con la ayuda de una cuerda. A pesar de la impaciencia, maniobró con lentitud, para evitar romperla.

La jarra llena de agua ascendió. El regente la presentó al rey. La olió, pero no bebió de ella.

—Qué un hombre baje al fondo del pozo.

Ramsés se pasó la cuerda por debajo de las axilas, hizo un nudo resistente y pidió a cuatro soldados que sujetaran con firmeza el extremo; luego pasó por encima del brocal y, apoyándose en los salientes de las piedras, empezó el descenso. La aventura no presentó grandes dificultades. A dos metros por encima del nivel del agua, la luz lunar le permitió ver varios cadáveres de asnos flotando. Desesperado, subió.

—El agua del pozo está contaminada —murmuró.

Seti vació la jarra en la arena.

—Nuestros compatriotas resultaron envenenados por beber agua de este pozo. Luego, el pequeño grupo de asesinos, sin duda beduinos, lo llenaron con piedras.

El rey, el regente y todos los miembros de la expedición estaban condenados. Incluso si salían en seguida hacia el Valle, morirían de sed antes de alcanzar los cultivos.

Esta vez, la trampa se cerraba.

—Vamos a dormir —exigió Seti—. Rogaré a nuestra madre, el cielo estrellado.

Al alba se propagó la noticia de la catástrofe. Ningún soldado estaba autorizado a llenar su odre, desesperadamente vacío.

Un vociferante intentó amotinar a sus compañeros. Ramsés lo detuvo. Perturbado, el soldado blandió el puño contra el regente, que lo sujetó por la muñeca y le obligó a poner una rodilla en tierra.

—Perder la sangre fría apresurará tu muerte.

—Ya no hay agua...

—El faraón está entre nosotros, conserva la esperanza.

No se produjo ningún otro amago de revuelta; Ramsés se dirigió a la tropa:

—Poseemos un mapa de la región, un mapa de secretos militares. Indica pistas secundarias que llevan a antiguos pozos, alguno de los cuales aún están explotables. Mientras el faraón permanezca entre vosotros, exploraré esas pistas y os traeré suficiente agua para cruzar la mitad del desierto. Nuestra resistencia y nuestro valor harán el resto. Mientras esperáis, guardaos del sol y no realicéis ningún esfuerzo inútil.

Ramsés partió con diez hombres y seis asnos, que llevaban en sus flancos los odres vacíos. Un veterano, prudente, no había agotado su ración de agua; después de haberse humedecido los labios con el rocío de la mañana, el pequeño grupo aprovecharía los últimos sorbos de aquel odre.

Muy pronto, cada paso se convirtió en un sufrimiento. El calor y el polvo les quemaban los pulmones. Pero Ramsés iba a buen ritmo, por miedo a ver desplomarse a sus compañeros. Sólo había que pensar en un pozo de agua fresca.

La primera pista ya no existía, los vientos de arena la habían borrado. Continuar en esa dirección, al azar, habría sido un suicidio. La segunda terminaba en un callejón sin salida, en el fondo de un uadi seco. El cartógrafo había hecho mal su trabajo. Al final de la tercera pista había un círculo construido con piedras secas. Los hombres corrieron y se dejaron caer en el brocal del pozo, lleno de arena desde hacía mucho tiempo.

El famoso mapa calificado de «secreto militar» era sólo una añagaza. Quizá estaba igual diez años antes. Algún escriba perezoso se había contentado con copiarlo sin pedir una verificación. Y su sucesor lo había imitado.

Frente a Seti, Ramsés no se extendió en explicaciones. Su deshecho semblante hablaba por sí solo.

Desde hacía seis horas, los soldados no habían bebido. El rey se dirigió a los oficiales.

—El sol está en el cenit —hizo constar—. Parto con Ramsés en busca de agua. Cuando las sombras empiecen a alargarse, estaré de regreso.

Seti subió la colina. A pesar de su juventud, Ramsés tuvo problemas para seguirlo; luego acomodó su paso al de su padre. Como un carnero salvaje, símbolo de la nobleza en lengua jeroglífica, el rey no realizaba ningún gesto inútil y no despilfarraba ni una onza de energía. Sólo había llevado con él un único objeto, formado por dos ramas de acacia descortezadas, pulidas y unidas en uno de sus extremos por un hilo de lino muy apretado.

Los guijarros rodaban bajo sus pies, levantando un polvo caliente. Ramsés, al límite de la asfixia, alcanzó al rey en la cumbre del promontorio. La vista sobre el desierto era espléndida. El regente disfrutó unos instantes del espectáculo; luego la sed, insistente, le recordó que aquella inmensidad podía ser una tumba.

Seti blandió ante él las dos ramas de acacia, separándolas. Se doblaron con flexibilidad. Las paseó por encima del paisaje, muy lentamente. De pronto, la varita de zahorí se le escapó de las manos y, con un chasquido, saltó a varios metros de él.

Ramsés la recogió, febril, y se la devolvió a su padre. Juntos, bajaron la pendiente. Seti se detuvo ante un amontonamiento de piedras planas entre las cuales crecían unos espinos. La varita se agitó.

—Ve a buscar a los canteros y que excaven aquí.

El cansancio desapareció; Ramsés corrió hasta perder el aliento, saltando por encima de las piedras, y trajo a unos cuarenta hombres que se pusieron en seguida a la labor.

El suelo era mullido. A una profundidad de tres metros, brotó agua fresca.

Uno de los obreros se arrodilló.

—Es Dios quien ha guiado el espíritu del rey... ¡El agua es tan abundante como la crecida!

—Mi plegaria ha sido atendida —dijo Seti—. Este pozo se llamará «Que sea estable la verdad de la luz divina». Cuando todos hayan saciado su sed, edificaremos una ciudad para los buscadores de oro y un templo donde residirán las divinidades. Ellos estarán presentes en este pozo y abrirán el camino a aquellos que buscan el metal luminoso para magnificar lo sagrado.

Bajo la dirección de Seti, el buen pastor, el padre y la madre de todos los hombres, el confidente de los dioses, los alegres soldados se transformaron en constructores.

41

Tuya, la gran esposa real, presidía la ceremonia de adopción de las muchachas autorizadas a participar en el culto de Hathor, en el gran templo de Menfis. Las jóvenes, procedentes de todas las provincias del país, habían sufrido un severo examen, ya fueran cantantes, bailarinas o instrumentistas.

Con grandes ojos severos y atentos, las mejillas realzadas, la nariz fina y recta, el mentón pequeño y casi cuadrado, tocada con una peluca en forma de plumaje de buitre, símbolo de la función maternal, Tuya había impresionado tanto a las candidatas que muchas de ellas habían perdido facultades. La reina, que había pasado la misma prueba en su juventud, no encomiaba la indulgencia. Si deseaban servir a la divinidad, el autodominio era la primera de las cualidades.

La técnica de las instrumentistas le pareció bastante floja. Decidió reprender a los profesores de los harenes, que en los últimos meses tenían tendencia a relajarse. La única joven que se destacaba de esa promoción poseía un rostro grave y recogido, de una sorprendente belleza. Cuando tocaba el laúd, se concentraba de manera tan intensa que el mundo exterior desaparecía.

En los jardines del templo se ofreció una colación a las candidatas, felices o desdichadas. Unas lloriqueaban, otras reían nerviosamente. Muy jóvenes, aún parecían próximas a la infancia. Sólo Nefertari, a quien el colegio de las antiguas sacerdotisas había decidido confiar la dirección de la orquesta femenina del santuario, estaba serena, como si el acontecimiento no le concerniera.

La reina se acercó a ella.

—Has estado brillante.

La joven intérprete de laúd se inclinó.

—¿Cuál es tu nombre?

—Nefertari.

—¿De dónde eres?

—Nací en Tebas y he hecho mis estudios en el harén de Mer-Ur.

—Este éxito no parece alegrarte mucho.

—No deseaba residir en Menfis, sino regresar a Tebas y formar parte del personal del templo de Amón.

—¿Y vivir en clausura?

—La iniciación en los misterios es mi mayor deseo, pero aún soy demasiado joven.

—A tu edad no es una preocupación habitual. ¿Estás decepcionada de la vida, Nefertari?

—No, majestad, pero me atraen los rituales.

—¿No deseas casarte y tener hijos?

—No he pensado en ello.

—En el templo, la existencia es austera.

—Me gustan las piedras eternas, sus secretos y el recogimiento al que invitan.

—¿Aceptarías, no obstante, alejarte de eso durante algún tiempo?

Nefertari se atrevió a mirar a la gran esposa real. Tuya apreció su mirada clara y directa.

—La dirección de la orquesta femenina de este templo es un puesto notable, pero he pensado en otro proyecto para ti. ¿Aceptarías ser la gobernanta de mi casa?

¡Gobernanta de la casa de la gran esposa real! ¿Cuántas damas nobles debían de soñar con esta función, cuya titular era una confidente de la reina?

—La vieja amiga que asumía esa tarea murió el mes pasado —manifestó Tuya—. Las postulantes son numerosas en la corte y se calumnian entre ellas a fin de eliminar la competencia.

—Pero yo carezco de experiencia, yo...

—Tú no perteneces a la nobleza, imbuida de sus privilegios; tu familia no se refiere permanentemente a un ilustre pasado que justificaría una actual pereza.

—¿No es demasiado pesado este inconveniente?

—Sólo me interesa el valor de los seres. No existe inconveniente que un ser de valía no pueda superar. ¿Qué decides?

—¿Puedo reflexionar?

La reina lo encontró divertido. Ninguna noble dama de la corte se habría atrevido a hacer semejante pregunta.

—Me temo que no. Si respiras demasiado los perfumes del templo, me olvidarás.

Con las manos juntas en el pecho, Nefertari se inclinó.
—Estoy al servicio de vuestra majestad.

A la reina Tuya, levantada antes del alba, le gustaban los amaneceres. El instante en que un rayo de luz penetraba las tinieblas era para ella la creación cotidiana del misterio de la vida. Para su gran satisfacción, Nefertari compartía su gusto por el trabajo matinal. Así pues, le daba las instrucciones del día durante el desayuno, que las dos mujeres compartían.

Tres días después de haber tomado la decisión, Tuya supo que no se había equivocado. A la belleza de Nefertari se unía una inteligencia penetrante, que se apoyaba en una sorprendente capacidad para distinguir lo esencial de lo secundario. Entre la reina y la gobernanta de su casa se había establecido desde la primera sesión de trabajo una profunda complicidad. Se comunicaban con medias palabras, incluso a veces con el pensamiento. Una vez terminadas sus entrevistas matinales, Tuya pasaba al tocador.

La peluquera terminaba de perfumar la peluca de la reina, cuando Chenar se presentó ante su madre.

—Despedid a vuestra sirvienta —exigió—. Ningún oído indiscreto debe escucharnos.

—¿Tan grave es?

—Eso me temo.

La peluquera desapareció. Chenar parecía presa de verdadera angustia.

—Habla, hijo mío.

—He dudado mucho tiempo.

—Ya que tu decisión está tomada, ¿por qué hacerme esperar?

—Es que... temo causaros una pena horrenda.

Esta vez, Tuya se inquietó.

—¿Ha sucedido alguna desgracia?

—Seti, Ramsés y el ejército de apoyo han desaparecido.

—¿Tienes noticias exactas?

—Hace mucho tiempo que se aventuraron en el desierto, tras los buscadores de oro. Circulan muchos rumores pesimistas.

—No los escuches. Si Seti estuviera muerto, yo lo sabría.

—Cómo...

—Entre tu padre y yo existen vínculos invisibles. Incluso cuando estamos alejados el uno del otro, permanecemos unidos. Manténte, pues, tranquilo.

—Hay que rendirse a la evidencia: el rey y la expedición debían estar de regreso hace mucho tiempo. No podemos dejar el país a la deriva.

—El visir y yo misma cuidamos de los asuntos corrientes.

—¿Deseáis mi ayuda?

—Realiza tu función y conténtate con ello. No es la mayor dicha de esta tierra, pero si tienes tanta inquietud, ¿por qué no te pones al frente de una expedición y vas tras las huellas de tu padre y de tu hermano?

—Hay fenómenos que no comprendemos. Los demonios del desierto devoran a aquellos que intentan arrancarle su oro. ¿No es mi deber permanecer aquí?

—Escucha la voz de tu conciencia.

Ninguno de los dos mensajeros de Seti, que partieron con cuatro días de intervalo, llegaron a Egipto. En la pista que llevaba al Valle, unos merodeadores de las arenas los esperaban. Los mataron, robaron sus ropas y rompieron las tabletas de madera que había redactado Ramsés, en las que indicaba a la reina que la expedición extraía oro y ponía los cimientos del templo y de la ciudad de los mineros.

El emisario de los merodeadores de las arenas informó a Chenar que el faraón y el regente estaban vivos y que el rey, gracias a una intervención divina, había encontrado una fuente abundante en el corazón del desierto. Los beduinos, encargados de envenenar el pozo principal, habían fracasado.

En la corte, muchos pensaban que Seti y Ramsés habían sido víctimas de un maleficio. Pero ¿cómo aprovechar la ausencia del soberano? Tuya mantenía firmes las riendas del poder. Sólo una verdadera desaparición de su marido y de su hijo menor la habría obligado a nombrar regente a Chenar.

En pocas semanas la expedición regresaría y Chenar habría desperdiciado una buena ocasión de acercarse al poder supremo. Sin embargo, existía una mínima posibilidad: que el calor insoportable, las serpientes o los escorpiones se encargaran de la misión que los beduinos habían sido incapaces de realizar.

Ameni no dormía.

El rumor aumentaba. La expedición dirigida por Seti y Ramsés también había desaparecido. Primero, el joven escriba no creyó aquellos rumores. Más tarde se informó en la oficina central de los mensajeros reales y se enteró de la angustiosa verdad.

No había noticias del faraón y del regente, ¡y no se tomaba la menor medida!

Sólo una persona podía desbloquear la situación y enviar un ejército de socorro al desierto del oeste. De manera que Ameni se dirigió al palacio de la gran esposa real donde fue recibido por una joven de sorprendente belleza. Aunque desconfiaba del sexo opuesto y de sus maleficios, el joven escriba apreció el rostro perfecto de Nefertari, el encanto de su mirada profunda y la dulzura de su voz.

—Desearía ver a su majestad.

—En ausencia del faraón, está muy ocupada. ¿Podría conocer el motivo de vuestra diligencia?

—Perdonadme, pero...

—Mi nombre es Nefertari; la reina me ha nombrado gobernanta de su casa. Os prometo que transmitiré fielmente vuestras palabras.

Aunque fuera una mujer, parecía sincera. Descontento de su propia debilidad, Ameni se dejó seducir.

—Como secretario particular y portasandalias del regente, creo indispensable enviar en seguida un cuerpo de élite en su búsqueda.

Nefertari sonrió.

—Disipad vuestros temores. La reina ya está informada.

—Informada... ¡Pero eso no es suficiente!

—El faraón no está en peligro.

—En ese caso habrían llegado mensajes a la corte.

—No puedo daros más explicaciones, pero tened confianza.

—Insistid ante la reina, os lo suplico.

—Ella se preocupa tanto como vos por la suerte de su marido y de su hijo, estad seguro de ello. Si corrieran algún peligro, ella intervendría.

El viaje, realizado a lomos de un asno vigoroso y rápido, fue un suplicio, pero Ameni, aunque detestaba desplazarse, debía ir a casa de Setaú. El encantador de serpientes vivía a orillas del desierto, lejos del centro de Menfis. El camino de tierra, a lo largo de un canal de riego, no se terminaba nunca; por suerte, algunos ribereños habían oído hablar de Setaú y de su esposa nubia, y conocían el emplazamiento de su morada.

Cuando llegó a buen puerto, Ameni tenía los riñones deshechos. Sacudido por una crisis de estornudos, debido al polvo, se frotó los ojos, rojos y doloridos.

Loto, que preparaba en el exterior una mixtura cuyo abominable olor agredió el olfato del joven escriba, le rogó que entrara. Cuando se disponía a franquear el umbral de la vasta casa blanca, retrocedió.

Una cobra real lo amenazaba.

—Es un viejo animal inofensivo —indicó Loto.

Ella acarició la cabeza del reptil, que se balanceó, como si apreciara aquel signo de afecto. Ameni aprovechó el momento para colarse al interior.

El recibidor rebosaba de redomas de diversos tamaños y de objetos con extrañas formas que servían para tratar el veneno. En cuclillas, Setaú trasvasaba un líquido espeso y rojizo.

—¿Te has perdido, Ameni? Verte fuera de tu despacho resulta un milagro.

—Más bien un cataclismo.

—¿Qué brujo te ha hecho salir de tu antro?

—Ramsés es víctima de una conspiración.

—Tu imaginación te juega malas pasadas.

—Se ha perdido en el desierto del este, en la pista de las minas de oro, en compañía de Seti.

—¿Ramsés perdido?

—No ha habido ningún mensaje desde hace diez días.

—Atrasos administrativos...

—No, lo he verificado yo mismo... Y eso no es todo.

—¿Qué más?

—La instigadora de la conspiración es la reina Tuya.

Setaú estuvo a punto de volcar la copela. Se giró hacia el joven escriba.

—¿Has perdido el juicio?

—He solicitado una entrevista y me ha sido denegada.

—No es nada extraordinario.

—Me he enterado de que la reina juzga normal la situación, que no experimenta ningún temor y que no tiene intención de enviar una expedición de socorro.

—Rumores...

—He obtenido esta información de Nefertari, la nueva gobernanta de su casa.

Setaú puso aire compungido.

—Así pues, crees que Tuya ha intentado deshacerse de su marido para tomar el poder... ¡Inverosímil!

—Los hechos son los hechos.

—Seti y Tuya forman una pareja muy unida.

—¿Por qué se niega a socorrerlos? Acepta la evidencia: ella lo ha enviado a una muerte segura a fin de acceder al trono.

—Incluso si tuvieras razón, ¿qué puedes hacer?

—Partir a la búsqueda de Ramsés.

—¿Con qué ejército?

—Tú y yo bastaremos.

Setaú se levantó.

—¿Tú, caminar durante horas por el desierto? ¡En verdad has perdido el juicio, mi pobre Ameni!

—¿Aceptas?

—¡Por supuesto que no!

—¿Abandonarás a Ramsés?

—Si tu hipótesis es la buena, ya estará muerto, ¿para qué arriesgar nuestras vidas?

—Tengo un asno y agua. Dame un remedio contra las serpientes.

—No sabrás servirte de él.

—Gracias por todo.

—Quédate... ¡Tu idea es una locura!

—Estoy al servicio de Ramsés. No se retira la palabra dada.

Ameni subió al asno y tomó la dirección del desierto del este. Muy pronto se vio obligado a detenerse. Se tendió sobre la espalda, con las piernas dobladas, para aliviar el dolor de los riñones. El cuadrúpedo, a la sombra de una persea, masticaba un matojo de hierbas secas.

En su semisueño, el joven escriba pensó en proveerse de un bastón. Quizá tuviera que luchar...

—¿Te has arrepentido?

Ameni abrió los ojos y se incorporó.

Setaú estaba a la cabeza de cinco asnos, cargados de odres y de material necesario para afrontar el desierto.

42

Iset la bella forzó la puerta de Chenar, que almorzaba con unos notables, encantados de degustar unas costillas de buey a la parrilla adobadas en una salsa de especias.

—¡Cómo podéis hartaros de comida cuando Egipto está en peligro!

Los notables se sintieron ultrajados. El hijo primogénito del rey se levantó, se disculpó y arrastró a la joven fuera del comedor.

—¿Qué significa esta intromisión?

—¡Soltadme el brazo!

—Vais a destruir vuestra reputación. ¿Ignoráis que mis invitados son personas de calidad?

—¡Me importa un comino!

—¿A qué viene esta excitación?

—¿Y vos, ignoráis que Seti y Ramsés han desaparecido en el desierto del este?

—No es ésa la opinión de la reina...

Iset la bella se sintió desarmada.

—La opinión de la reina...

—Mi madre está persuadida de que el faraón no está en peligro.

—¡Pero si nadie tiene la menor noticia!

—No me decís nada nuevo.

—Debéis reclutar una expedición y partir en su busca.

—Ir contra la opinión de mi madre sería una falta imperdonable.

—¿Qué informaciones tiene ella?

—Su intuición.

La joven abrió unos ojos asombrados.

—¿Es una broma?

—La verdad, querida, sólo la verdad.

—¿Qué significa esta actitud?

—En ausencia del faraón, la reina gobierna y nosotros obedecemos.

Chenar no estaba descontento: Iset la bella, exaltada e inquieta, no dejaría de propagar los peores rumores sobre Tuya. El gran consejo se vería obligado a pedirle explicaciones, su reputación se empañaría y lo llamaría a él para dirigir los asuntos de Estado.

Ramsés iba al frente de la expedición que regresaba del desierto del este, después de haber edificado una capilla y unas casas en las que los buscadores de oro tendrían condiciones de vida aceptables. La veta de agua descubierta por el rey alimentaría el pozo durante muchos años. Y los asnos venían cargados de sacos de oro de primera calidad.

Ni un hombre había muerto. El faraón y el regente se sentían orgullosos de traer de vuelta el contingente al completo. Algunos enfermos se arrastraban, esperando las semanas de descanso que seguirían a su regreso. Un cantero, picado por un escorpión negro, era llevado en unas parihuelas. La alta fiebre y dolores en el pecho inquietaban al médico militar.

Ramsés franqueó una loma y, a lo lejos, divisó una minúscula mancha verde.

¡Los primeros cultivos, los más cercanos al desierto! El regente se volvió y anunció la buena nueva. Gritos de alegría ascendieron hacia el cielo.

Un policía de mirada aguda señaló con el índice algo parecido a un montón de rocas.

—Una pequeña caravana viene hacia nosotros.

Ramsés se concentró. Primero sólo vio bloques inertes. Luego distinguió unos asnos y dos jinetes.

—No es habitual —estimó el policía—. Parecen ladrones que huyen por el desierto. Debemos interceptarlos.

Parte de la tropa se desplegó.

Poco después trajo a los dos prisioneros ante el regente. Setaú enojado, Ameni al borde del colapso.

—Sabía que te encontraría —murmuró el segundo al oído de Ramsés, mientras Setaú se ocupaba del cantero picado por el escorpión.

Chenar fue el primero en felicitar a su padre y a su hermano. Ambos habían realizado una auténtica hazaña que sería incluida en los anales. El primogénito se propuso como redactor, pero Seti confió esa tarea a Ramsés, que se ocuparía de ella con la ayuda de Ameni, puntilloso en la elección de los términos y en la elegancia del estilo. Los miembros de la expedición contaron a porfía el milagro del faraón, que los había salvado de una muerte horrorosa.

Sólo Ameni no compartía la alegría general. Ramsés supuso que la deficiente salud era la causa de su pesadumbre, pero quiso asegurarse.

—¿Qué mal te corroe?

El joven escriba se había preparado para la prueba, sólo la verdad lo purificaría.

—He dudado de tu madre: creí que quería apoderarse del poder supremo.

Ramsés estalló en carcajadas.

—El exceso de trabajo te perjudica, amigo mío. Voy a obligarte a pasear y a hacer un poco de ejercicio.

—Como se negaba a enviar una expedición de socorro...

—¿No sabes que hay vínculos invisibles que unen al faraón y a la gran esposa real?

—Me acordaré de ello, créeme.

—Algo insólito me sorprende: ¿por qué la tierna Iset tarda tanto en prodigarme su afecto?

Ameni agachó la cabeza.

—Ella es... tan culpable como yo.

—¿Qué mal ha cometido?

—También creyó que tu madre conspiraba y se despachó en críticas acerbas y en pérfidas acusaciones.

—Mándala buscar.

—Las apariencias nos han perdido, nosotros...

—Mándala buscar.

Iset la bella, que había olvidado maquillarse, se echó a los pies de Ramsés.

—¡Perdóname, te lo suplico!

Con los cabellos sueltos, estrechaba en sus brazos nerviosos los tobillos del regente.

—Estaba tan inquieta, tan atormentada...

—¿Eso era razón para sospechar de mi madre con semejantes vilezas y, peor aún, para manchar su nombre?

—Perdóname...

Iset lloraba.

Ramsés la levantó. Estrechándose contra él, Iset continuó desahogándose sobre su hombro.

—¿Con quién has hablado? —preguntó él, severo.

—A unos y a otros, ya no lo sé... Estaba loca de angustia, quería que fueran en tu busca.

—Unas acusaciones infundadas podrían llevarte ante el tribunal del visir. Si se comprueba el crimen de lesa majestad, será la cárcel o el exilio.

Iset la bella estalló en sollozos y se aferró a Ramsés con la fuerza de la desesperación.

—Abogaré por tu causa, porque tu pena es sincera.

Desde su regreso, el faraón había retomado el timón que Tuya manejara tan bien en su ausencia. La alta administración tenía confianza en la reina, que prefería el trabajo diario a los juegos políticos en los que demasiados cortesanos se extraviaban. Cuando Seti se veía obligado a abandonar la sede del gobierno, partía con el alma en paz, sabiendo que su esposa no lo traicionaría y que el país estaría dirigido con sabiduría y lucidez.

Ciertamente habría podido confiar una regencia efectiva a Ramsés. Pero el rey prefería proceder por ósmosis, transmitir su experiencia de manera mágica, más que abandonar a su hijo en el campo cerrado del poder en el que tantas trampas le acechaban.

Ramsés era un ser fuerte, una personalidad de gran envergadura. Poseía la capacidad de reinar y de afrontar la adversidad bajo todas las formas, pero ¿sería apto para soportar la aplastante soledad de un faraón? Con el fin de prepararlo para ello, Seti lo hacía viajar tanto en cuerpo como en espíritu. Aún le quedaban muchas etapas que recorrer.

Tuya presentó a Nefertari al soberano. Paralizada, la joven fue incapaz de pronunciar palabra. Se contentó con inclinarse. Seti la observó unos instantes y le recomendó el mayor rigor en el ejercicio de sus funciones. Dirigir la casa de la gran esposa real exigía firmeza y discreción. Nefertari se retiró sin haberse atrevido a mirar al rey.

—Te has mostrado demasiado severo —observó Tuya.

—Es muy joven.

—¿Crees que he contratado a una incapaz?

—Está dotada de notables cualidades.

—Su deseo era entrar en el templo y no salir de él.

—¡Cómo la comprendo! Así pues, la sometes a una dura prueba.

—Es cierto.

—¿Con qué intención?

—Ni yo misma lo sé. En cuanto vi a Nefertari, intuí en ella una personalidad excepcional. Habría sido feliz en el templo cubierto pero mi instinto me dice que tiene otra misión que cumplir. Si me he equivocado, seguirá su camino.

Ramsés presentó a su madre a *Vigilante*, el perro amarillo, y a *Matador*, el león nubio, cuyo tamaño empezaba a ser inquietante. Los dos compañeros del regente, sensibles al honor que les estaba concedido, se comportaron de manera correcta. Tras ser alimentados por el cocinero de la reina, disfrutaron, tendidos de espalda, del inefable placer de la siesta a la sombra de una palmera.

—Esta entrevista ha sido muy agradable —concedió Tuya—, pero ¿cuál es el verdadero motivo?

—Iset la bella.

—¿Se ha roto vuestro noviazgo?

—Ella ha cometido una grave falta.

—¿Hasta qué punto?

—Ha calumniado a la reina de Egipto.

—¿De qué manera?

—Acusándote de haber tramado la desaparición del rey a fin de ocupar su lugar.

Ante el estupor de Ramsés, su madre pareció divertida.

—La casi totalidad de los cortesanos y de las damas nobles era de su opinión. Me han reprochado no haber enviado un ejército de socorro, cuando yo os sabía indemnes, a Seti y a ti. A pesar de nuestros templos y nuestros ritos, pocos saben que es posible comunicarse con la mente, más allá del tiempo y del espacio.

—¿Será... acusada?

—Ha reaccionado de manera... normal.

—Con tanta ingratitud e injusticia, ¿no sufres?

—Así es la ley de los hombres. Lo esencial es que no gobierna el país.

Una joven dejó unas cartas sobre una mesa baja, a la izquierda de la reina, y desapareció, silenciosa y furtiva. Su breve presencia había sido semejante al resplandor de un rayo de sol entre las hojas de un árbol.

—¿Quién es? —preguntó Ramsés.

—Nefertari, mi nueva gobernanta.

—La había visto antes. ¿Cómo ha obtenido un puesto tan importante?

—Simple conjunción de circunstancias. Había sido llamada a Menfis para convertirse en sacerdotisa del templo de Hathor, y me fijé en ella.

—Pero... ¡le ofreces lo contrario de su vocación!

—Los harenes forman a nuestras jóvenes en las tareas más diversas.

—¡Es mucha responsabilidad para una persona tan joven!

—Tú sólo tienes diecisiete años. A los ojos del rey, como a los míos, lo único que importa es la calidad del corazón y de la acción.

Ramsés se turbó; la belleza de Nefertari parecía proceder de otro mundo. Su breve aparición se había grabado en él, semejante a un momento milagroso.

—Tranquiliza a Iset la bella —recomendó Tuya—, no presentaré cargos contra ella. Pero que aprenda a discernir la verdad del error. Si no es capaz de hacerlo, que al menos sujete la lengua.

43

Con traje de gala, Ramsés recorría el embarcadero principal del puerto de Buen Viaje. A su alrededor estaban el alcalde de Menfis, el supervisor de navegación, el ministro de Asuntos Exteriores y un imponente servicio de orden. En menos de un cuarto de hora, los diez barcos griegos atracarían.

Durante un momento, los guardacostas habían creído en un ataque. Una parte de la flota de guerra egipcia se había movilizado, dispuesta a rechazar al asaltante. Pero los extranjeros habían manifestado intenciones pacíficas y expresaron el deseo de dirigirse a Menfis para reunirse allí con el faraón.

Con una gran escolta, remontaron el Nilo y llegaron a la capital a última hora de una mañana ventosa. Intrigados, centenares de mirones se amontonaban en las orillas. No era la época de entregar tributos, cuando se veía una sucesión de embajadores y sus séquitos. No obstante, las imponentes naves atestiguaban una riqueza evidente. Los que llegaban, ¿venían a ofrecer suntuosos regalos a Seti?

La paciencia no era el fuerte de Ramsés y temía que sus dotes para la diplomacia fueran de una extremada medianía. Recibir a aquellos extranjeros le resultaba una tarea pesada. Ameni había preparado una especie de discurso oficial, tranquilo y aburrido, del que el regente ya había olvidado las primeras palabras. Lamentaba la ausencia de Acha, que hubiera sido el hombre indicado para la ocasión.

Las naves griegas habían sufrido muchos desperfectos. Necesitarían importantes reparaciones antes de volver a salir a alta mar. Algunas hasta tenían las huellas de un principio de incendio. La travesía del Mediterráneo no debía de haber transcurrido sin algún encuentro con piratas.

El buque de cabeza maniobró con habilidad aunque parte de su velamen estuviera dañado. Colocaron una pasarela y se hizo el silencio.

¿Quién iba a desembarcar y poner el pie en tierra de Egipto?

Apareció un hombre de estatura media, de anchas espaldas, cabellera rubia y rasgos ingratos, de unos cincuenta años. Llevaba una coraza y espinilleras, pero mantenía el casco de bronce apretado contra el pecho, en claro signo de paz.

Tras él iba una alta y hermosa mujer de blancos brazos, vestida con un manto púrpura y tocada con una diadema que indicaba su alto linaje.

La pareja bajó la pasarela y se detuvo ante Ramsés.

—Soy Ramsés, regente del reino de Egipto. En nombre del faraón, te doy la bienvenida.

—Soy Menelao, hijo de Atreo, rey de Lacedemonia, y ésta es mi esposa Helena. Venimos de la maldita ciudad de Troya, que hemos vencido y destruido después de diez años de duros combates. Muchos de mis amigos han muerto y la victoria tiene un sabor amargo. Como ves, el resto de mis naves está en mal estado, los soldados y los marineros agotados. ¿Nos permitirá Egipto recuperar fuerzas antes de regresar a nuestra casa?

—La respuesta debe darla el faraón.

—¿Es una negativa camuflada?

—Tengo la costumbre de ser franco.

—Tanto mejor. Soy un guerrero y he matado a muchos hombres. Seguramente no es tu caso.

—¿Por qué afirmar sin antes saber?

Los pequeños ojos negros de Menelao brillaron de cólera.

—Si fueras uno de mis súbditos, te habría roto el espinazo.

—Por suerte soy egipcio.

Menelao y Ramsés se desafiaron con la mirada. El rey de Lacedemonia fue el primero en ceder.

—Esperaré la respuesta en mi barco.

Durante la reunión del consejo restringido, la actitud del regente fue apreciada de manera diversa. En verdad, Menelao y los restos de su ejército no constituían un peligro inmediato ni siquiera futuro para Egipto, pero aun así poseía el título de rey y merecía respeto. Ramsés escuchó las críticas y las desechó. Se había encontrado frente a un soldadote, uno de esos guerreros atridas sedientos de sangre y de combates, y cuya distracción favorita era el pillaje de las ciudades incendiadas. Conceder hospitalidad a un bandido de esa especie no le parecía oportuno.

El ministro de Asuntos Exteriores, Meba, abandonó su habitual reserva.

—La postura del regente me parece peligrosa. Menelao no debe ser tratado con desprecio. Nuestra política extranjera auspicia un buen entendimiento con múltiples países, ya sean grandes o pequeños, a fin de evitar alianzas contra nosotros.

—Ese griego es un bribón —declaró Ramsés—. Su mirada es falsa.

Meba, sexagenario de buen porte, con el rostro ancho y tranquilizador y la voz suave, tuvo una sonrisa indulgente.

—No se hace diplomacia con los sentimientos. Estamos obligados a negociar con personajes que a veces nos disgustan.

—Menelao nos traicionará —continuó Ramsés—. Para él, la palabra dada no tiene ningún valor.

—Prejuzgáis mis intenciones —se lamentó Meba—. La juventud del regente lo incita a hacer juicios precipitados. Menelao es un griego, y los griegos son astutos. Quizá no ha dicho toda la verdad. A nosotros nos toca actuar con prudencia y descubrir las razones de esta visita.

—Invitemos a Menelao y a su esposa a cenar —declaró Seti—. Su comportamiento dictará nuestra decisión.

Menelao ofreció al faraón unas vasijas de metal de bella factura y unos arcos fabricados con diferentes maderas. Estas armas habían probado su eficacia durante los combates contra los troyanos. Los oficiales del rey de Lacedemonia llevaban faldones de colores, adornados con motivos geométricos, y zapatos de puntera hacia arriba. Los ondulados mechones del peinado les llegaban al ombligo.

Efluvios de néctar salían del vestido de color verde de Helena, que ocultaba su rostro bajo un velo blanco. Se sentó a la izquierda de Tuya, mientras Menelao tomaba asiento a la derecha de Seti. El griego se sintió impresionado por el rostro severo del faraón. Meba llevó la conversación. El vino de los oasis alegró al rey de Lacedemonia. Se extendió en lamentaciones, se quejó de los largos años pasados ante la muralla de

Troya, relató sus hazañas, recordó a su amigo Ulises, deploró la crueldad de los dioses y alabó los encantos de su país, al que tardaría en regresar. El ministro de Asuntos Exteriores, que hablaba un griego perfecto, pareció conquistado por el tono quejumbroso de su invitado.

—¿Por qué ocultáis vuestro rostro? —preguntó Tuya a Helena, en su lengua.

—Porque soy una perra perversa de la que todos sienten horror. Por mi causa, numerosos héroes han muerto. Cuando Paris, el troyano, me secuestró, no imaginaba que su acto insensato se traduciría en diez años de matanzas. Cien veces he deseado ser llevada por el viento o ahogada por una ola furiosa. Demasiadas desdichas... He provocado demasiadas desdichas.

—¿No sois libre?

Bajo el velo blanco, apareció una triste sonrisa.

—Menelao no me ha perdonado.

—El tiempo borrará vuestros sufrimientos, ya que estáis reunidos.

—Es más grave que eso...

Tuya respetó el silencio doloroso de Helena. Hablaría si era su deseo.

—Odio a mi marido —confesó la hermosa mujer de blancos brazos.

—Será un resentimiento pasajero.

—No, jamás le he amado. Incluso he deseado la victoria de Troya. Majestad...

—¿Sí, Helena?

—Permitid que me quede aquí el mayor tiempo posible. Regresar a Lacedemonia me asusta.

Por prudencia, Chenar, jefe de protocolo, había alejado a Ramsés de Menelao. El regente cenaba junto a un hombre sin edad, con el rostro curtido y arrugado, que lucía una larga barba blanca. Comía lentamente y rociaba con aceite de oliva todos los alimentos.

—¡Es la clave de la salud, príncipe!

—Mi nombre es Ramsés.

—El mío es Homero.

—¿Sois un general?

—No, soy poeta. Mi vista es mala, pero mi memoria es excelente.

—Un poeta, ¿con el tosco Menelao?

—Los vientos me trajeron la noticia de que sus navíos bogarían hacia Egipto, la tierra de la sabiduría y de los escritores. Después de mucho viajar, deseo instalarme aquí a fin de trabajar en paz.

—No soy partidario de una larga estancia de Menelao.

—¿En razón de qué?

—De que soy el regente.

—Sois muy joven... Y detestáis a los griegos.

—He hablado de Menelao, no de vos. ¿Dónde pensáis residir?

—¡En un lugar más agradable que un barco! Me siento estrecho, mis cosas están amontonadas en una bodega y detesto la compañía de los marineros. La marejada, las olas y las tempestades no son favorables a la inspiración.

—¿Aceptaríais mi ayuda?

—Habláis un griego correcto...

—Un diplomático amigo mío es políglota. A su lado, aprender fue un juego.

—¿Os gusta la poesía?

—Apreciaréis a nuestros grandes autores.

—Si tenemos gustos comunes, quizá podamos entendernos.

Por boca del ministro de Asuntos Exteriores, Chenar se enteró de la decisión del faraón: Menelao quedaba autorizado a residir en Egipto. Sus barcos serían reparados, él sería alojado en una amplia villa del centro de Menfis, y sus soldados serían puestos bajo mando egipcio y deberían observar una estricta disciplina.

El hijo mayor del faraón fue encargado de mostrar la capital a Menelao. Durante largas jornadas, a veces agotadoras, Chenar intentó enseñarle al griego los rudimentos de la cultura egipcia, pero se topó con una indiferencia que rozaba la descortesía.

Los monumentos, en cambio, impresionaron a Menelao. Ante los templos, no contuvo su asombro.

—¡Extraordinarias fortalezas! Tomarlas al asalto no debe ser fácil.

—Son las moradas de las divinidades —explicó Chenar.

—¿Dioses guerreros?

—No, Ptah es el patrón de los artesanos, el que crea el

mundo con el verbo, y Hathor la diosa de la alegría y de la música.

—¿Por qué necesitan fortalezas con murallas tan gruesas?

—La energía divina está confiada a especialistas que la ponen al abrigo de los profanos. Para penetrar en el templo cubierto, hay que estar iniciado en ciertos misterios.

—Dicho de otra manera, yo, el rey de Lacedemonia, hijo de Zeus y vencedor de Troya, ¡no tengo derecho a franquear esas puertas doradas!

—Así es... Durante algunas fiestas, con la conformidad del faraón, quizá seáis admitido en el gran patio a cielo abierto.

—¿Y qué misterio contemplaré?

—La gran ofrenda a la divinidad que reside en el templo y propaga su energía por la tierra.

—¡Bah!

Chenar mostró una paciencia infinita. Aunque las maneras y las palabras de Menelao eran poco refinadas, sintió afinidades con aquel extranjero de ojos astutos. Su instinto lo incitó a concederle una acentuada consideración a fin de derribar sus defensas.

Menelao volvía sin cesar sobre los diez años de guerra que habían terminado con la derrota de Troya. Deploraba la suerte cruel de sus aliados caídos bajo los golpes del enemigo, criticaba la actitud de Helena y deseaba que Homero, al relatar las proezas de los vencedores, le otorgara un buen papel.

Chenar intentó saber de qué manera había sucumbido Troya. Melenao recordó furiosas peleas, la valentía de Aquiles y de los demás héroes, su inflexible voluntad de recuperar a Helena.

—En una guerra tan larga —insinuó Chenar—, ¿la astucia no jugó ningún papel?

Reticente al principio, Menelao aceptó responder.

—Ulises tuvo la idea de hacer construir un gran caballo de madera en el interior del cual se ocultaron los soldados. Los troyanos cometieron la imprudencia de hacerlo entrar en su ciudad. Así pues, los sorprendimos desde el interior.

—Seguramente vos no fuisteis ajeno a esta idea —sugirió Chenar, admirado.

—Hablé de ello con Ulises, pero...

—No hizo más que interpretar vuestro pensamiento, estoy seguro.

Menelao se dio importancia.

—Es muy posible, después de todo.

Chenar consagraba la mayor parte de su tiempo a asegurarse la amistad del griego. Ahora disponía de una nueva estrategia para eliminar a Ramsés y volver a ser el único pretendiente al trono de Egipto.

44

En su jardín, bajo el emparrado, Chenar ofreció a Menelao verdaderos banquetes. El griego admiraba las viñas de color verde oscuro, de las que colgaban pesados racimos. Como entremés, se hartaba de gruesos granos de uvas de un azul profundo. Guisados de pichones, buey asado, codornices a la miel, riñones y costillas de cerdo cocinados con finas hierbas embelesaban su paladar. No se cansaba de contemplar a las jóvenes instrumentistas, muy poco vestidas, que regalaban sus oídos tocando la flauta y el arpa portátil.

—Egipto es un hermoso país —admitió—. Lo prefiero a los campos de batalla.

—¿Os satisface vuestra villa?

—¡Es un verdadero palacio! De regreso a mi país, ordenaré a mis arquitectos que me construyan una semejante.

—¿Y los sirvientes?

—Están en todo.

Como deseaba, Menelao había conseguido una tina de granito, que llenaban de agua caliente y en la que tomaba interminables baños. Su intendente egipcio juzgaba el procedimiento, además de poco higiénico, reblandecedor. Como sus compatriotas, prefería las duchas. Pero se plegaba a las instrucciones dadas por Chenar. Cada mañana, una masajista frotaba con aceite el cuerpo cubierto de cicatrices del gran héroe.

—¡Vuestras masajistas no son muy dóciles! En mi país, las esclavas no son tan remilgadas. Después del baño, me dan placer de acuerdo a mis apetencias.

—En Egipto no hay esclavos —precisó Chenar—. Son profesionales que reciben un salario.

—¿No hay esclavos? ¡Ése es un progreso del que carece vuestro gran país!

—Necesitaríamos hombres de vuestro temple.

Menelao apartó la codorniz a la miel servida en un plato de alabastro. Las últimas palabras de Chenar le cortaron el apetito.

—¿Qué insinuáis?

—Egipto es un país rico y poderoso, es cierto, aunque tal vez podríamos gobernarlo con más perspicacia.

—¿No sois el primogénito del faraón?

—¿Esa filiación me condena a la ceguera?

—Seti es un personaje terrible. Ni siquiera Agamenón tenía tanta autoridad como él. Si pensáis conspirar contra él, renunciad. Tenéis el fracaso asegurado. Es un rey animado por una fuerza sobrenatural. No soy ningún cobarde, pero afrontar su mirada me asusta.

—¿Quién habla de conspirar contra Seti? El pueblo entero lo venera. Pero el faraón también es un hombre y se murmura que su salud declina.

—Si he entendido bien vuestras costumbres, el regente subirá al trono después de la muerte del faraón. Así se evita toda guerra de sucesión.

—El reinado de Ramsés arruinará Egipto. Mi hermano es incapaz de gobernar.

—Oponiéndoos a él vais contra la voluntad de vuestro padre.

—Ramsés lo ha engañado. Si os aliáis a mí, el futuro os sonreirá.

—¿El futuro? ¡El futuro es regresar a mi país lo más rápido posible! Aunque Egipto me hospeda y me alimenta mejor de lo que imaginaba, sólo soy un huésped sin poder. Olvidad vuestros insensatos sueños.

Nefertari llevó de visita a Helena al harén de Mer-Ur. La hermosa mujer rubia, de blancos brazos, se maravillaba ante el esplendor de la tierra de los faraones. Afligida, cansada, lograba tener unos momentos de alegría paseando por los jardines o escuchando música. El refinamiento de la existencia que le era ofrecida desde hacía varias semanas por la reina Tuya actuaba como un bálsamo. Pero una noticia reciente había sumido a Helena en la angustia: dos barcos griegos ya estaban reparados. La partida se acercaba.

Sentada al borde de un estanque de lotos azules, no lograba retener las lágrimas.

—Perdonadme, Nefertari.

—En vuestro país, ¿no seréis honrada como una reina?

—Menelao salvará las apariencias. Probará que él, el guerrero, arrasó una ciudad y mató a su población para devolver a su esposa bajo su techo y lavar la afrenta. Pero mi vida allá será un infierno, la muerte sería más dulce.

Nefertari dejó de lado las palabras inútiles. Desveló a Helena los secretos del arte de tejer. Ilusionada, ésta pasó días enteros en los talleres, preguntando a las obreras más experimentadas, y acometió la fabricación de lujosos vestidos. Sus manos eran hábiles y se ganó la estima de las mejores profesionales. Estos trabajos le hicieron olvidar Troya, Menelao y el inevitable camino de regreso. Hasta la noche en que la silla de manos de la reina Tuya franqueó la puerta del harén.

Helena corrió a refugiarse en sus apartamentos y se deshizo en llanto sobre la cama. La presencia de la gran esposa real significaba el final de un período de dicha como no volvería a conocer. Lamentó no tener el valor de quitarse la vida

Con suavidad, Nefertari le rogó que la siguiera.

—La reina desea veros.

—No me moveré de aquí.

—A Tuya no le gusta esperar.

Helena se resignó. Una vez más, no era dueña de su destino.

La habilidad de los carpinteros egipcios sorprendió a Menelao. El rumor según el cual los navíos del faraón eran capaces de bogar durante meses parecía fundado, ya que el astillero de Menfis había reparado y consolidado los barcos griegos con extraordinaria rapidez. El rey de Lacedemonia había visto enormes barcazas capaces de soportar obeliscos enteros, veleros rápidos y buques de guerra a los que no le habría gustado enfrentarse. La fuerza de disuasión egipcia no era una ilusión.

Apartó estos lúgubres pensamientos y se entregó a la alegría de organizar por fin el viaje de vuelta. La escala en Egipto le había permitido recuperar la energía habitual. Los soldados heridos habían sido curados y todos habían recibido una buena alimentación; las tripulaciones estaban dispuestas a partir.

Con paso marcial, Menelao se dirigió hacia el palacio de la gran esposa real en el que Helena residía desde su regreso del harén de Mer-Ur. Fue recibido por Nefertari, que lo condujo hasta su esposa.

Helena, vestida a la egipcia con un vestido de lino con tirantes, le pareció casi indecente. ¡Afortunadamente no habría otro Paris que pensara en secuestrarla! La moral de los faraones prohibía este tipo de práctica, tanto más cuanto las mujeres se mostraban mucho más independientes que en Grecia. Ellas no estaban encerradas en gineceos, sino que circulaban libremente, con el rostro descubierto, se enfrentaban a los hombres y ocupaban altas funciones: inconvenientes deplorables que Menelao se cuidaría mucho de importar.

Al acercarse su marido, Helena omitió levantarse y permaneció concentrada en su tarea de tejer.

—Soy yo, Helena.

—Lo sé.

—¿No deberías saludarme?

—¿Por qué?

—Pero... ¡soy tu marido y tu dueño!

—El único dueño aquí es el faraón.

—Partimos hacia Lacedemonia.

—Aún no he terminado mi obra.

—Levántate y ven.

—Partirás solo, Menelao.

El rey se abalanzó sobre su mujer e intentó cogerla por la muñeca. El puñal que ella blandía lo obligó a retroceder.

—No me hagas daño o pido auxilio. En Egipto, la violación está castigada con la muerte.

—¡Eres mi mujer, me perteneces!

—La reina Tuya me ha confiado la dirección de un taller de tejidos. Es un honor del que espero mostrarme digna. Confeccionaré vestidos para las damas de la corte, y cuando esta tarea me aburra, partiremos. Si estás demasiado impaciente, vete, no te retengo.

Menelao quebró dos espadas y tres lanzas en la muela que utilizaba el panadero de la villa. Su furor había aterrorizado a los criados. Sin la intervención de Chenar, la policía habría detenido al demente. El hijo mayor del faraón permaneció a buena distancia, hasta que el furor del héroe griego se hubo calmado. Cuando el brazo de Menelao se cansó por fin, Chenar le ofreció una copa de cerveza fuerte.

El rey de Lacedemonia bebió ávidamente y se sentó en la muela.

—La muy zorra... ¿Qué otra mala pasada me quiere jugar?

—Comprendo vuestra cólera, pero es inútil; Helena es libre de elegir.

—¡Libre, libre! ¡Una civilización que concede tantas libertades a las mujeres merece desaparecer!

—¿Os quedaréis en Menfis?

—¿Tengo otra elección? Si regresara a Lacedemonia sin Helena haría el ridículo. Mi pueblo se burlaría de mí, y uno de mis fieles lugartenientes me degollaría mientras duermo. ¡Necesito a esa mujer!

—La tarea que Tuya le ha confiado no es ficticia. La reina aprecia mucho a vuestra esposa.

Menelao golpeó la muela con el puño.

—¡Maldita sea para siempre!

—Lamentarse no es una solución. Ahora, nuestros intereses son comunes.

El griego prestó atención.

—Si llego a ser faraón, pondré de nuevo a Helena en vuestras manos.

—¿Qué debo hacer?

—Preparar conmigo la eliminación de Ramsés.

—¡Seti puede vivir cien años!

—Nueve años de reinado han agotado a mi padre. Desgastándose sin límites por Egipto, derrocha sus fuerzas. Y os repito que necesitamos tiempo. Cuando se proclame la vacante del poder, durante el período de luto, debemos golpear rápido y fuerte. Una estrategia así no se improvisa.

Abatido, Menelao se encogió.

—Cuánto tiempo habrá que esperar...

—La suerte cambiará, creedme. Pero nos quedan muchas tareas delicadas que realizar.

Apoyándose en el brazo de Ramsés, Homero examinó su nueva mansión, una villa de doscientos metros cuadrados habitables, en el centro de un jardín, a trescientos metros del ala del palacio reservada al regente. Un cocinero, una doncella y un jardinero formarían el personal del poeta, que exigía, ante todo, una abundante reserva de jarras con aceite de oliva, anís y coriandro para perfumar el vino, que a él le gustaba fuerte.

Debido a su mala vista, Homero se inclinaba sobre cada árbol y sobre cada flor. Su profusión no parecía satisfacerle. Ramsés temió que considerara aquella hermosa mansión, construida hacía poco, como indigna de él. De pronto, el poeta se inflamó.

—¡Por fin un limonero! Lejos de él es imposible componer bellos versos. Es la obra maestra de la creación. Una silla, de prisa.

Ramsés trajo un taburete de tres patas. A Homero pareció gustarle.

—Hacedme traer hojas de salvia secas.

—¿Para curaros?

—Ya veréis. ¿Qué sabéis de la guerra de Troya?

—Que fue larga y mortífera.

—¡Ése es un resumen poco poético! Compondré un largo episodio que hablará de las hazañas de Aquiles y de Héctor, y lo llamaré la *Ilíada*. Mis cantos atravesarán los siglos y no desaparecerán de la memoria de los hombres.

El regente juzgó a Homero un poco pretencioso, pero apreció su vehemencia.

Un gato negro y blanco salió de la casa y se inmovilizó a dos pasos del poeta. Después de un breve titubeo, saltó sobre sus rodillas y ronroneó.

—¡Un gato, un limonero y vino perfumado! No me he equivocado de destino. La *Ilíada* será una obra maestra.

Chenar estaba orgulloso de Menelao. El héroe griego, haciendo de tripas corazón, había aceptado participar en el juego. A fin de granjearse el favor del rey y de la casta de los sacerdotes, había ofrecido al templo de Gurnah, consagrado al *ka* del faraón, unas ánforas griegas decoradas con bandas pintadas de amarillo y frisos con capullos de loto en su parte inferior. Estos espléndidos objetos fueron depositados en el tesoro del templo.

Los marinos y los soldados griegos, sabiendo que su estancia podía ser larga, si no definitiva, se instalaron en las afueras de Menfis y empezaron a comerciar, trocando ungüentos, perfumes y piezas de orfebrería por alimentos. La administración les autorizó a abrir pequeños talleres y tiendas en las que ofrecerían los frutos de sus habilidades.

Los oficiales y los soldados de élite fueron integrados en el ejército egipcio. Serían empleados en trabajos de utilidad pública, tales como el mantenimiento de canales o la reparación de diques. La mayoría se casaron, tuvieron hijos y construyeron su casa. Así pues, se integraron en la sociedad egipcia. Ni

Seti ni Ramsés se inquietaron por su presencia: un nuevo «caballo de Troya», mucho más sutil que el primero, acababa de ser instalado.

Menelao había vuelto a ver a Helena, en presencia de la reina Tuya, y se había comportado con el respeto que un marido debe a su esposa. En adelante le dejaría la iniciativa de sus encuentros y no la importunaría. Aunque Helena no creyera en su sinceridad, comprobó que Menelao, como una fiera atrapada en las redes, dejaba de debatirse.

El rey de Lacedemonia realizó otra gestión, aún más delicada: reducir la animosidad de Ramsés. La entrevista tuvo carácter oficial, limitada a una estricta cortesía por parte de ambos. Huésped de honor, Menelao se plegaría a las exigencias de la corte y se esforzaría por mantener las mejores relaciones con el regente. A pesar de la frialdad de Ramsés, así se evitaba el riesgo de un conflicto abierto. Chenar y su amigo griego tejerían su tela con toda tranquilidad.

Con el rostro pulcro, el pequeño bigote cortado a la perfección, las manos cuidadas y los ojos brillando de inteligencia, Acha apreciaba la calidad de la cerveza que le era servida en la cabina del barco de Chenar. Según habían acordado, estos encuentros debían permanecer secretos.

El hijo mayor del rey se refirió a la llegada de Menelao y Helena pero, desconfiando del joven diplomático, no desveló sus planes.

—¿Cómo evoluciona la situación en Asia?

—Cada vez más complicada; los pequeños principados se desgarran, cada reyezuelo sueña con la federación, a condición de dominarla. Esta división nos es favorable, pero no durará. Al contrario que mis colegas, estoy persuadido de que los hititas lograrán manipular a los ambiciosos y a los descontentos, para reunirlos bajo su bandera. Ese día, Egipto estará en un gran peligro.

—¿Será largo ese proceso?

—Algunos años. Supone discusiones y negociaciones.

—¿El faraón será informado?

—No de manera cabal. Nuestros embajadores son hombres del pasado, incapaces de intuir el porvenir.

—¿Estáis bien situado para obtener informaciones esenciales?

—Todavía no, pero he trabado sólidas amistades con ciertas eminencias grises. Nos vemos fuera de los contactos oficiales y me beneficio de ciertas confidencias.

—El ministro de Asuntos Exteriores, Meba, se ha acercado a mí. Somos casi amigos. Si nuestra colaboración continúa, intervendré en vuestro favor para acelerar vuestra promoción.

—Vuestra fama en Asia está intacta. La persona de Ramsés es desconocida.

—En cuanto se produzca algún hecho importante, avisadme.

45

En aquel décimo año de reinado, Seti había decidido que Ramsés diera un paso decisivo. Aunque tenía dieciocho años, el regente no podría reinar hasta que no estuviera iniciado en los misterios de Osiris. El faraón habría preferido esperar, ver madurar a su hijo, pero el destino quizá no le concedería tan largo plazo. Así pues, a pesar de los riesgos que comportaba esta acción para el equilibrio del joven, Seti había decidido llevarlo a Abydos.

Él, Seti, el hombre del dios Seth, asesino de su hermano Osiris, había construido para este último un templo inmenso, el más amplio de sus santuarios egipcios. Al asumir en su nombre una terrorífica fuerza de destrucción, el faraón la transformaba en poder de resurrección. En la eternidad, Seth, el asesino, llevaba sobre su espalda el cuerpo de luz de Osiris, vencedor de la muerte.

Caminando detrás de su padre, Ramsés franqueó la puerta monumental del primer pilón. Dos sacerdotes le purificaron las manos y los pies en una fuente de piedra. Después de haber pasado ante un pozo, descubrió la fachada del templo cubierto. Ante cada estatua del rey en Osiris, había ramilletes de flores y cestos llenos de alimentos.

—Ésta es la región de la luz —reveló Seti.

Las puertas de cedro del Líbano, recubiertas de ámbar, parecían infranqueables.

—¿Deseas ir más lejos?

Ramsés asintió.

Las puertas se entreabrieron.

Un sacerdote vestido de blanco, con el cráneo afeitado, obligó a Ramsés a inclinarse. En cuanto caminó por el suelo de plata, se sintió transportado a un mundo diferente en el que dominaba el olor a incienso.

Ante cada una de las siete capillas, Seti levantó una estatuilla de la diosa Maat: por sí sola, simbolizaba la totalidad de las ofrendas. Luego condujo a su hijo por el pasillo de los antepasados. Allí estaban grabados los nombres de los faraones que habían reinado en Egipto, desde Menes, el unificador de las Dos Tierras.

—Están muertos —dijo Seti—, pero su *ka* permanece. Él nutrirá tu pensamiento y guiará tu acción. Este templo existirá mientras exista el cielo. Aquí comulgarás con los dioses y conocerás sus secretos. Preocúpate de su morada, haz vivir la luz que ellos crean.

El padre y el hijo leyeron los jeroglíficos de las columnas. Ordenaban al faraón trazar los planos de los templos y cuidar con mano firme la función real, nacida en el origen de los tiempos. Al adornar los altares de los dioses, los haría felices, y su dicha iluminaría la tierra.

—El nombre de tus antepasados está inscrito para siempre en el cielo estrellado —reveló Seti—. Sus anales cubren millones de años. Gobierna según la Regla, colócala en tu corazón, pues ella vuelve coherentes todas las formas de vida.

Una escena sorprendió a Ramsés: en ella se veía a un adolescente capturando un toro salvaje, ¡con la ayuda del faraón! Los escultores habían inmortalizado el momento en que su existencia había dado un vuelco, el momento que el futuro rey había vivido sin tener conciencia de ser absorbido por un destino inmenso.

Seti y Ramsés salieron del templo y se dirigieron hacia una loma arbolada.

—La tumba de Osiris. Pocos la han contemplado.

Bajaron hacia una entrada subterránea, señalada por un tramo de escalera, y recorrieron un pasillo abovedado de un centenar de metros, con las paredes cubiertas de textos que revelaban los nombres de las puertas del otro mundo. Un recodo en ángulo recto, hacia la izquierda, conducía a un monumento extraordinario: diez pilares macizos levantados sobre una especie de isla rodeada de agua, que sostenían el techo de un santuario.

—Osiris resucita cada año, durante la celebración de sus misterios, en este sarcófago gigante; es idéntico a la primera loma surgida del océano de energía cuando el Uno se hizo Dos y engendró miles de formas sin dejar de ser Uno. De ese océano invisible proceden el Nilo, la inundación, el rocío, la lluvia, las aguas de manantial. La barca del sol navega en él, rodea nuestro mundo, circunda los universos. Que tu espíritu se sumerja en él, que franquee las fronteras de lo visible y extraiga su fuerza de lo que no tiene ni comienzo ni fin.

A la noche siguiente, Ramsés fue iniciado en los misterios de Osiris.

Bebió del agua fresca procedente del océano invisible y comió trigo nacido del cuerpo de Osiris resucitado, luego fue vestido con lino fino antes de entrar en la procesión de los fieles del dios, presidida por un sacerdote que llevaba una máscara de chacal. Los partidarios de Seth les impidieron el paso, decididos a exterminarlos y a aniquilar a Osiris. Se desencadenó una lucha ritual, acompasada por una música angustiante. Ramsés, llamado a interpretar el papel de Horus, hijo y sucesor de Osiris, permitió a los hijos de la luz triunfar sobre los hijos de las tinieblas. Pero, ¡ay!, durante el combate, su padre fue herido de muerte.

Sus fieles lo transportaron a la loma sagrada y empezaron una vigilia fúnebre en la que participaron las sacerdotisas, entre ellas la reina Tuya, que encarnó a Isis, la gran maga. Gracias a la eficacia de sus sortilegios, reunió las partes esparcidas del cuerpo de Osiris y resucitó al dios muerto.

Ramsés conservaría en el corazón cada una de las palabras pronunciadas durante aquella noche fuera del tiempo. No era su madre quien oficiaba, sino una diosa. La iniciación llevó el espíritu de Ramsés al corazón de los misterios de la resurrección. En varias ocasiones, vaciló, creyó perder todo contacto con el mundo de los hombres y disolverse en el más allá. Pero salió vencedor de ese extraño combate y su cuerpo quedó unido a su alma.

Ramsés permaneció varias semanas en Abydos. Meditó junto al lago sagrado, rodeado de árboles inmensos. Allí navegaba, durante los misterios, la barca de Osiris, que había sido ensamblada por la luz y no por mano de hombre. El regente pasó muchas horas cerca de «la escalera del gran dios», junto a la cual estaban dispuestas las estelas de los muertos cuya alma había sido declarada justa por el tribunal de Osiris. Bajo la forma de un pájaro con cabeza humana, ésta iba en peregrinación a Abydos para aprovechar las ofrendas cotidianas llevadas por los sacerdotes.

Se abrió para él el tesoro del templo, que contenía oro, plata, lino real, estatuas, óleos santos, incienso, vino, miel, mirra, ungüentos y vasijas. Ramsés se interesó por los almacenes que albergaban los alimentos procedentes de las propiedades de Abydos, y celebró el ritual de sacralización antes de que fueran distribuidos a la población. Bueyes, vacas, terneros, cabras y aves recibían también una bendición. Algunos animales eran llevados a los establos del templo, pero la mayoría regresaban a las aldeas de los alrededores.

Por un decreto proclamado en el año cuarto del reino de Seti, cada hombre que trabajaba para el templo debía conocer su deber y no desviarse nunca de él. Por ello, toda persona empleada en el recinto de Abydos sería protegida de los abusos de poder, de los trabajos pesados y de la requisación. El visir, los jueces, los ministros, los alcaldes y los notables habían recibido la orden de respetar este decreto y de hacerlo aplicar. Ya se tratara de barcos, asnos o terrenos, los bienes de Abydos eran inalienables. Así pues, los campesinos, los agricultores, los viticultores y jardineros vivían en paz bajo la doble protección del faraón y de Osiris. Para que nadie lo ignorara, Seti había hecho grabar el decreto en el corazón de Nubia, en Nori, donde la inscripción de 2,80 m por 1,56 m impresionaba las miradas. A cualquiera que se le ocurriera modificar las tierras del templo o desplazar a uno de sus servidores contra su voluntad recibiría doscientos bastonazos y le serían cortados la nariz o las orejas.

Al participar en la vida cotidiana del templo, Ramsés comprobó que lo sagrado y lo económico no estaban reñidos, incluso si estaba claramente diferenciado lo uno de lo otro. Cuando el faraón comulgaba en el Sanctasantórum con la presencia divina, el mundo material ya no existía, pero había hecho falta el genio de los arquitectos y de los escultores para construir el santuario y hacer que sus piedras hablaran. Y el rey, gracias a la labor de los campesinos, ofrecía al invisible los alimentos más sutiles.

Ninguna verdad absoluta era enseñada en el templo, ningún dogma oprimía el pensamiento en el fanatismo. Lugar de encarnación de la energía espiritual, navío de piedra cuya inmovilidad era sólo aparente, el templo purificaba, transformaba y sacralizaba. Corazón de la sociedad egipcia, vivía del amor que unía la divinidad al faraón, y hacía vivir a los hombres de ese amor.

Ramsés volvió varias veces al pasillo de antepasados y descifró el nombre de los reyes que habían edificado el país según la regla de Maat. Junto al templo se encontraban las sepulturas de los monarcas de las primeras dinastías. Allí reposaban, no sus momias, depositadas en las moradas eternas de Saqqara, sino sus cuerpos invisibles e inmortales, sin los cuales el faraón no tendría ninguna existencia.

De pronto, la tarea le pareció agobiante. Sólo era un joven de dieciocho años, enamorado de la vida, animado por un poderoso fuego, pero ¡incapaz de suceder a aquellos gigantes! ¿Cómo tendría la osadía y la vanidad de subir al trono que ocupaba Seti?

Ramsés se había traspuesto en su sueño. Abydos lo colocaba ante la realidad. Era la razón principal por la que su padre lo había llevado allí. ¿Qué mejor que aquel santuario le habría mostrado su pequeñez?

El regente salió del recinto y caminó en dirección al río. Había llegado el momento de regresar a Menfis, de casarse con Iset la bella, de festejar con sus amigos y de anunciar a su padre que renunciaba a su función de regente. Ya que su hermano deseaba tanto reinar, ¿para qué impedírselo?

Perdido en sus pensamientos, Ramsés se extravió en el campo y alcanzó las tierras bajas, al borde del Nilo. Molesto por las cañas, las apartó y entonces lo vio.

Las largas orejas colgantes, las patas gruesas como pilares, el pelaje pardo y negro, la barbilla tiesa, los cuernos formando una especie de casco terminado en aceradas puntas, el toro salvaje lo miraba con la misma intensidad que cuatro años antes.

Ramsés no retrocedió.

Era al toro, poseedor del poder supremo de la naturaleza y rey de los animales, a quien correspondería dictarle su destino. Si el cornúpeta se abalanzaba sobre él, lo empitonaba y lo pisoteaba, la corte de Egipto contaría con un príncipe menos, que sería reemplazado fácilmente. Si le salvaba la vida, ésta ya no le pertenecería, y se mostraría digno de aquella ofrenda.

46

Menelao era el invitado de honor de la mayoría de banquetes y fiestas. Helena aceptaba aparecer a su lado y atraía todas las simpatías. En cuanto a los griegos, se mezclaban con la población, respetaban las leyes del país y no daban mucho que hablar.

Este éxito se lo apuntó Chenar, cuyas dotes para la diplomacia eran apreciadas en la corte. De manera soterrada, se criticaba la actitud del regente, cuya hostilidad por el rey de Lacedemonia se había hecho patente. Ramsés carecía de ductilidad y transgredía las convenciones. ¿No era ésta una prueba de su ineptitud para reinar?

Una semana tras otra, Chenar reconquistaba el terreno perdido. La larga ausencia de su hermano, que se encontraba en Abydos, le dejó el campo libre. Ciertamente no ostentaba el título de regente, pero ¿acaso no tenía talla para ello?

Aunque nadie se atrevía a cuestionar la decisión de Seti, ciertos cortesanos se preguntaban si no se habría equivocado. Ramsés tenía mucho más porte que Chenar, pero ¿bastaba esta prestancia para figurar a la cabeza del Estado?

Aún no se había formado una verdadera oposición. Pero iba creciendo un sordo cuestionamiento, que en el momento preciso le serviría a Chenar, entre otros motivos, de punto de apoyo. El hijo mayor del rey había aprendido la lección: Ramsés sería un adversario temible. Para vencerlo, necesitaría atacarlo por varios flancos a la vez, sin permitirle retomar el aliento. Así pues, Chenar se dedicó a su oscura tarea con empeño y perseverancia.

Una etapa esencial de su plan había sido superada: dos oficiales griegos acababan de ser admitidos en las fuerzas de seguridad encargadas de proteger el palacio real. Otros mercenarios del cuerpo entablarían amistad con ellos y formarían poco a poco una facción utilizable el día decisivo. Tal vez uno de ellos incluso fuera reclutado en la guardia personal del regente. Con el apoyo de Menelao, Chenar se empeñaría en ello.

Desde la llegada del rey de Lacedemonia, el futuro se presentaba risueño. Quedaba corromper a uno de los médicos del rey para obtener informaciones fiables sobre su estado de salud. Era cierto que no parecía estar bien, pero juzgar por las apariencias podía llevar a un error de apreciación.

Chenar no deseaba una desaparición brutal de su padre, puesto que su plan de batalla aún no estaba a punto. Al contrario de lo que creía el impetuoso Ramsés, el tiempo no jugaba a su favor. Si el destino le permitía a Chenar aprisionarlo en la red que urdía pacientemente, el regente moriría ahogado en ella.

—Es hermoso —reconoció Ameni al volver a leer el primer canto de la *Ilíada* que había escrito bajo el dictado de Homero, sentado al pie del limonero.

El poeta de abundante cabellera blanca advirtió una ligera reticencia en el tono de su interlocutor.

—¿Qué criticas?

—Vuestras divinidades se parecen demasiado a los humanos.

—¿No es así en Egipto?

—En los relatos de los narradores, a veces, pero sólo son imágenes para distraer. La enseñanza del templo es otra.

—¿Y qué sabes de ello tú, un joven escriba?

—Pocas cosas, es verdad, pero sé que las divinidades son fuerzas de creación y que su energía debe ser manejada con cuidado por especialistas.

—¡Yo cuento una epopeya! Tus divinidades no serían buenos personajes; ¿qué héroe sobrepasaría a un Aquiles o a un Patroclo? Cuando conozcas sus hazañas, ¡ya no leerás nada más!

Ameni guardó para sí sus pensamientos. La exaltación de Homero correspondía a la reputación de los poetas griegos. Los viejos autores egipcios preferían hablar de sabiduría más que de matanzas, aunque fuesen grandiosas, pero no era él quien debía educar a un huésped de más edad.

—Hace mucho tiempo que el regente no viene a visitarme —se lamentó Homero.

—Está en Abydos.

—¿En el templo de Osiris? Se dice que allí se enseñan grandes misterios.

—Es verdad.

—¿Cuándo volverá?

—Lo ignoro.

Homero se encogió de hombros y bebió una copa de vino fuerte, perfumado con anís y coriandro.

—Exilio definitivo.

Ameni se sobresaltó.

—¿Qué queréis decir?

—Que el faraón, decepcionado por la ineptitud de su hijo para reinar, lo ha nombrado sacerdote, recluido de por vida en el templo de Abydos. Para un pueblo tan religioso como el vuestro, ¿no es el mejor medio de deshacerse de un inoportuno?

Ameni estaba deprimido.

Si Homero estaba en lo cierto, no volvería a ver a Ramsés. Le habría gustado consultar con sus amigos, pero Moisés estaba en Karnak, Acha en Asia y Setaú en el desierto. Solo y angustiado, intentó recuperar la calma trabajando.

Sus colaboradores habían amontonado una impresionante cantidad de informes negativos en los estantes de su despacho: a pesar de las laboriosas investigaciones, no había ningún indicio sobre el propietario del taller que fabricaba los panes de tinta fraudulentos. Tampoco lo había sobre el autor de la carta que había atraído al rey y a su hijo a Asuán.

La cólera se apoderó del joven escriba. ¿Por qué todos los esfuerzos terminaban en resultados decepcionantes? El culpable había dejado huellas, y, sin embargo, nadie sacaba provecho de ello. Ameni se sentó a la escriba y cogió el conjunto de los informes, desde los primeros registros en los basureros.

Al retomar el acta que llevaba la letra R, la última del nombre de Chenar, se formó una hipótesis sobre la manera cómo había actuado el hombre de las tinieblas, una hipótesis que se transformó en certeza cuando Ameni identificó la escritura de la carta.

Ahora todo estaba claro. Pero Ramsés, encerrado para siempre, no conocería la verdad y el culpable no sería castigado.

Esta injusticia sublevó al joven escriba. Sus amigos lo ayudarían a arrastrar al vil personaje ante un tribunal.

Iset la bella insistió ante Nefertari en ser recibida por la reina. Tuya tenía una entrevista con la superiora de las sacerdotisas de Hathor para preparar una fiesta religiosa, por lo que la joven se vio obligada a esperar. Exasperada, no paraba de retorcer el extremo de una de las largas mangas de su vestido de lino, que terminó por desgarrar.

Finalmente, Nefertari abrió la puerta de la sala de audiencias. Iset la bella tropezó y se prosternó a los pies de la gran esposa real.

—Majestad, ¡os suplico que intervengáis!

—¿Qué desgracia os ocurre?

—Ramsés no desea ser enclaustrado, ¡estoy segura de ello! ¿Qué falta ha cometido para ser castigado tan duramente?

Tuya levantó a Iset la bella y le rogó que se sentara en una silla de respaldo bajo.

—¿Vivir en el templo cubierto os parece tan horrible?

—¡Ramsés tiene dieciocho años! Sólo un anciano sabría apreciar una suerte semejante. Estar encerrado en Abydos, a su edad...

—¿Quién os ha alertado?

—Su secretario particular, Ameni.

—Mi hijo reside en Abydos, pero no está prisionero. Un futuro faraón debe ser iniciado en los misterios de Osiris y conocer al detalle el funcionamiento de un templo. Estará de regreso cuando su instrucción haya terminado.

Iset la bella se sintió a la vez ridícula y aliviada.

Con un chal sobre los hombros, Nefertari era la primera en levantarse, como cada mañana. Repasaba las diversas tareas de la jornada, las citas de la reina, y no se preocupaba mucho de sí misma. La casa de la gran esposa real exigía un trabajo considerable y una atención permanente. Lejos de la vida ritual de sacerdotisa que había esperado, Nefertari se había adaptado a las exigencias de Tuya porque sentía una profunda admiración por la reina. Tan severa consigo como con los demás, enamorada de la grandeza de Egipto, unida a los valores tradicionales, Tuya encarnaba en la tierra a la diosa Maat y debía recordar sin cesar la necesidad de rectitud. Al darse cuenta del papel agobiante de la gran esposa real, Nefertari comprendió que su propia función no se limitaba a unas cuantas actividades profanas. La casa que ella administraba tenía un carácter ejemplar. Un paso en falso no le sería perdonado.

La cocina estaba vacía. Las sirvientas holgazaneaban en sus habitaciones. Nefertari llamó a todas las puertas pero no obtuvo ninguna respuesta. Intrigada, abrió.

Nadie.

¿Qué mosca les habría picado a aquellas mujeres, habitualmente disciplinadas y concienzudas? No era día de fiesta, ni de permiso. Incluso en esas circunstancias excepcionales, unas sustitutas aseguraban el servicio. En el lugar de costumbre, no había pan fresco, ni pasteles, ni leche. ¡Y antes de un cuarto de hora, la reina debía tomar el desayuno!

Nefertari se sintió desamparada. Un cataclismo se había abatido sobre el palacio.

Corrió al molino. Tal vez las fugitivas habían abandonado allí algunos alimentos. Pero sólo había grano. Molerlo, preparar pan y cocerlo al horno tomaría demasiado tiempo. Con toda justicia, Tuya acusaría a su gobernanta de incuria y de imprevisión. Su despido sería inmediato.

A la humillación se uniría la tristeza de separarse de la reina. Aquel contratiempo hizo sentir a Nefertari la profundidad del afecto que experimentaba por la gran esposa real. Dejar de servirla sería muy doloroso.

—El día será magnífico —profetizó una voz grave.

Nefertari se volvió lentamente.

—Vos, el regente del reino, aquí...

Ramsés estaba apoyado en una pared, con los brazos cruzados.

—¿Mi presencia os incomoda?

—No, yo...

—En cuanto al desayuno de mi madre, estad tranquila. Sus sirvientas se lo llevarán a la hora habitual.

—Pero... ¡si no he visto a nadie!

—¿Vuestra máxima preferida no es: «Una palabra perfecta está más oculta que la piedra verde. Sin embargo, se la encuentra junto a las sirvientas que trabajan en la molienda»?

—¿Debo pensar que habéis apartado al personal de la casa para atraerme aquí?

—Había supuesto vuestra reacción.

—¿Deseáis que muela trigo para satisfaceros?

—No, Nefertari, es la palabra perfecta la que deseo.

—Lamento decepcionaros: no la poseo.

—Estoy persuadido de lo contrario.

Era hermosa, radiante; su mirada tenía la profundidad de las aguas celestes.

—Quizá deploréis mi sinceridad, pero estimo vuestra broma del peor gusto.

El regente pareció menos seguro de sí.

—La palabra, Nefertari...

—Todos creen que estáis en Abydos.

—Regresé ayer.

—¡Y vuestra primera ocupación consiste en pagar a las sirvientas de la reina para perturbar mi trabajo!

—Junto al Nilo encontré un toro salvaje. Estábamos frente a frente, tenía mi vida en la punta de sus cuernos. Mientras me miraba, tomé graves decisiones. Puesto que no me mató, soy de nuevo dueño de mi destino.

—Me alegro de que hayáis sobrevivido y deseo que os convirtáis en rey.

—¿Es la opinión de mi madre o la vuestra?

—No tengo la costumbre de mentir; ¿puedo retirarme?

—Esa palabra más preciosa que la piedra verde, ¡en verdad la poseéis, Nefertari! ¿Me concederéis la dicha de pronunciarla?

La joven se inclinó.

—Soy vuestra humilde servidora, regente de Egipto.

—¡Nefertari!

La muchacha se incorporó, con la mirada orgullosa. Su nobleza era deslumbradora.

—La reina me espera para nuestra entrevista matinal. Retrasarme sería una falta grave.

Ramsés la tomó en sus brazos.

—¿Qué tengo que hacer para que acceptes casarte conmigo?

—Que me lo pidas... —respondió ella con voz suave.

47

Seti comenzó su undécimo año de reinado haciendo una ofrenda a la esfinge gigante de Gizeh, guardián de la llanura en la que habían sido construidas las pirámides de los faraones Keops, Kefrén y Micerinos. Debido a su vigilancia, ningún profano podía penetrar en esa área sagrada, fuente de energía del país entero.

Como regente, Ramsés acompañó a su padre al pequeño templo erigido ante la colosal estatua, que representaba un león acostado con cabeza de rey y los ojos alzados al cielo. Los escultores realizaron una estela en la que se veía a Seti matando el oryx, animal del dios Seth. Al luchar contra las fuerzas oscuras que simbolizaba el animal del desierto, el faraón realizaba así su mayor deber, representado por aquella caza: poner orden donde reinaba el caos.

El paraje impresionó a Ramsés. El poder que desprendía se imprimió en cada fibra de su ser. Tras la intimidad y el recogimiento de Abydos, Gizeh era la más esplendorosa afirmación de la presencia del *ka,* de esa fuerza invisible y presente en todas partes, y que en el mundo animal había elegido como encarnación el toro salvaje. Aquí, todo era inmutable. Las pirámides resistirían el paso del tiempo.

—Junto al Nilo —confesó Ramsés—, lo he vuelto a ver. Estábamos frente a frente, y me miraba, como la primera vez.

—Deseabas renunciar a la regencia y a la realeza —dijo Seti—, y te lo ha impedido.

Su padre leía sus pensamientos. Quizá Seti se hubiera metamorfoseado en toro salvaje para colocar a su hijo ante sus responsabilidades.

—No he penetrado en todos los secretos de Abydos, pero este largo retiro me ha enseñado que el misterio anida en el corazón de la vida.

—Regresa a menudo allí y cuida de ese templo. La celebración de los misterios de Osiris es una de las principales claves del equilibrio del país.

—He tomado otra decisión.

—Tu madre lo aprueba y yo también.

El joven tuvo ganas de saltar de alegría, pero la solemnidad del lugar lo disuadió. ¿Sería capaz de leer algún día, como Seti, en el corazón de los hombres?

Ramsés no había visto nunca a Ameni en tal estado de exaltación.

—¡Lo sé todo y lo he identificado! Es increíble, pero no hay ninguna duda... ¡Mira, mira bien!

El joven escriba, habitualmente tan meticuloso, sobresalía de una auténtica maraña de papiros, tabletas de madera y fragmentos de caliza. Antes de decidir, había seguido hurgando en la totalidad de la documentación acumulada desde hacía meses.

—Es él —afirmó—, ¡y es su escritura! ¡Incluso he logrado vincularlo con el carretero que fue su empleado, y por lo tanto, también con el palafrenero! ¿Te das cuenta, Ramsés? ¡Un ladrón y un criminal, eso es lo que es! ¿Por qué se comportó así?

Incrédulo al principio, el regente tuvo que rendirse a la evidencia. Ameni había realizado un trabajo notable, no cabía ninguna duda.

—Voy a preguntárselo.

Dolente, la hermana mayor de Ramsés, y su marido Sary, cuya gordura se acentuaba, alimentaban los peces exóticos que jugueteaban en el estanque de su villa. Dolente estaba de mal humor. El calor la fatigaba, y no lograba reducir las secreciones de su grasienta piel. Necesitaría cambiar de médico y de ungüentos.

Un sirviente anunció la visita de Ramsés.

—¡Por fin una señal de afecto! —exclamó Dolente abrazando a su hermano—. ¿Sabías que la corte te creía recluido en Abydos?

—La corte se equivoca a menudo, pero afortunadamente no gobierna el país.

La gravedad de su tono de voz sorprendió a la pareja. El joven príncipe había cambiado. Ya no era un adolescente el que hablaba, sino el regente de Egipto.

—¿Vienes por fin a concederle a mi marido la dirección de los graneros?

—Deberías dejarnos, mi querida hermana.

Dolente se molestó.

—Mi marido no tiene secretos para mí.

—¿Estás segura?

—¡Segurísima!

La jovialidad habitual de Sary había desaparecido. El ex profesor de Ramsés estaba tenso e inquieto.

—¿Reconocéis esta escritura?

Ramsés le mostró la carta que había desencadenado la partida de Seti y de su hijo hacia las canteras de Asuán.

Ni Sary ni su esposa respondieron.

—Esta carta lleva una firma falsa, pero la escritura es completamente identificable: es la tuya, Sary. La comparación con otros documentos lo prueba.

—Una falsificación, una imitación...

—Tu posición de profesor no te bastaba. Ideaste un tráfico de panes de tinta mediocres, vendidos con garantía de calidad superior. Cuando te viste en peligro, intentaste destruir toda huella que permitiera llegar hasta ti. Dado tu conocimiento de los archivos y del oficio de escriba, nada más fácil. Pero quedó una fragmentada copia del acta que mi secretario particular, que casi pagó con su vida la búsqueda de la verdad, encontró en un basurero. Durante mucho tiempo, él y yo creímos que Chenar era el culpable. Luego Ameni se dio cuenta de su error. Del nombre del propietario del taller sólo quedaba una R; no era la R final de Chenar, sino una letra de tu nombre, Sary. Además, empleaste durante más de un año al carretero que me empujó a una trampa. Mi hermano es inocente, y tú eres el único culpable.

El ex profesor de Ramsés, con la mandíbula desencajada, evitó la mirada del regente. Dolente no pareció ni trastornada ni sorprendida.

—No tienes ninguna prueba consistente —opinó Sary—. Un tribunal no me condenaría con indicios tan débiles.

—¿Por qué me odias?

—¡Porque eres un obstáculo en nuestro camino! —gritó la hermana de Ramsés, desgreñada—. Sólo eres un gallito pretencioso, demasiado seguro de tu fuerza. Mi marido es un hombre notable, cultivado, inteligente y sutil, no le falta talento para gobernar Egipto. ¡Gracias a mí, que soy hija de rey, tiene la legitimidad!

Dolente tomó la mano de su marido y lo empujó hacia adelante.

—La ambición os ha vuelto locos —constató Ramsés—. Para evitar a mis padres una pena cruel, no presentaré cargos. Pero os ordeno que abandonéis Menfis; os estableceréis en una pequeña ciudad de provincias de la que no saldréis nunca. Al menor desliz, será el exilio.

—Soy tu hermana, Ramsés...

—Ésa es la razón de mi indulgencia y de mi debilidad.

A pesar de los malos tratos corporales que había sufrido, Ameni aceptó no denunciarlos. Para Ramsés, esta señal de amistad tuvo el efecto de un bálsamo sobre la herida que su hermana y su ex profesor acababan de infligirle. Si Ameni hubiera exigido una justa venganza, no se habría opuesto; pero el joven escriba sólo pensaba en reunir a los amigos del regente con ocasión del matrimonio de éste con Nefertari.

—Setaú ha regresado a su laboratorio con una enorme cantidad de veneno. Moisés llegará a Menfis pasado mañana. Queda Acha... Ya ha salido, pero la duración del viaje es incierta.

—Le esperaremos.

—Me siento feliz por ti... Se dice que Nefertari es bella entre las bellas.

—¿No es ésa tu opinión?

—Soy capaz de juzgar la belleza de un papiro o de un poema, pero la de una mujer... Me pides demasiado.

—¿Cómo se encuentra Homero?

—Está impaciente por volver a verte.

—Le invitaremos.

Ameni parecía nervioso.

—¿Alguna preocupación?

—Por ti, sí... He hecho de barrera, pero no podré aguantar mucho tiempo más. Iset la bella exige verte.

Iset la bella había pensado en dejar estallar su furor y cubrir de injurias y reproches a su amante. Pero cuando Ramsés se dirigió a ella, quedó subyugada. Ramsés había cambiado, había cambiado mucho. No sólo era el adolescente apasionado del que estaba enamorada, sino también un auténtico regente, cuya función se hacía cada vez más presente.

La joven tuvo la sensación de encontrarse frente a un ser que no conocía y sobre el cual ya no ejercía ningún poder. Su irritación se disipó, cediendo a un respetuoso temor.

—Tu visita... Tu visita me honra.

—Mi madre me ha hablado de tu gestión.

—Estaba inquieta, es verdad, ¡deseaba tanto tu regreso!

—¿Estás decepcionada?

—Me he enterado...

—Mañana me casaré con Nefertari.

—Es muy hermosa... Y yo estoy encinta.

Ramsés le tomó tiernamente la mano.

—¿Crees que te iba a abandonar? Ese niño será nuestro. Mañana, si el destino me llama a reinar, elegiré a Nefertari como gran esposa real. Pero si tú lo deseas, y si ella acepta, vivirás en palacio.

Ella se estrechó contra él.

—¿Me amas, Ramsés?

—Abydos y el toro salvaje me han revelado mi verdadera naturaleza. Sin duda no soy un hombre como los demás, Iset. Mi padre ha puesto sobre mis hombros una carga que quizá me aplaste, pero deseo intentar la aventura. Tú eres la pasión y el deseo, la locura de la juventud. Nefertari es una reina.

—Envejeceré y me olvidarás.

—Soy un jefe de clan, y un jefe de clan no olvida nunca a los suyos. ¿Deseas formar parte de él?

Ella le ofreció sus labios.

El matrimonio era un asunto privado que no daba lugar a ninguna ceremonia religiosa. Nefertari había deseado una simple fiesta en el campo, en un palmeral, entre los campos de trigo y de habas en flor, cerca de un canal con orillas limosas donde iban a beber los rebaños.

Ataviada con un corto vestido de lino, adornada con pulseras de lapislázuli y un collar de cornalina, la joven había adoptado el mismo atuendo que la reina Tuya. El más elegante era Acha, que había llegado aquella misma mañana de Asia y que se sentía sorprendido de encontrarse en un marco tan rústico en compañía de la gran esposa real, de Moisés, de Ameni, de Setaú, de un poeta griego de renombre, de un león de patas monstruosas y de un perro juguetón. El diplomático habría preferido los fastos de la corte, pero se cuidó mucho de expresar alguna crítica y compartió la comida campestre bajo la mirada divertida de Setaú.

—No pareces muy a gusto —observó el encantador de serpientes.

—Este lugar es encantador.

—¡Pero la hierba mancha tu hermoso traje! La existencia es a veces dura... Sobre todo cuando no hay ningún reptil en las proximidades.

A pesar de su mala visión, Homero estaba fascinado con Nefertari. En contra de su voluntad, debía admitir que su belleza superaba la de Helena.

—Gracias a ti —dijo Moisés dirigiéndose a Ramsés—, disfruto de un verdadero día de descanso.

—¿Tan duro es Karnak?

—La obra emprendida es tan colosal que el menor error llevaría al fracaso; verifico cada detalle para que la empresa progrese sin estorbos.

Seti no se presentó. Aunque aprobaba el matrimonio, el rey no se había podido autorizar un día de ocio. Egipto no se lo concedía.

Fue un día sencillo y feliz; de regreso en la capital, Ramsés tomó en brazos a Nefertari y la hizo cruzar el umbral de su mansión. A los ojos de la ley, eran marido y mujer.

48

Chenar desplegó una actividad desbordante. Corrió de notable en notable, multiplicó invitaciones, almuerzos, cenas, recepciones y entrevistas privadas. Se tomaba muy en serio su papel de jefe de protocolo, preocupado en garantizar las mejores relaciones entre las personalidades del reino.

En realidad, Chenar explotaba el gran error de su hermano: haberse casado con una plebeya, surgida de una familia modesta, para hacer de ella una gran esposa real. Era cierto que el caso ya se había producido y que no existía ninguna normativa en ese terreno. Pero el hijo mayor de Seti se esforzó por hacer resaltar la elección de Ramsés como un desafío a la nobleza y a la corte, y obtuvo un franco éxito. En el futuro, la independencia de espíritu del regente amenazaría las ventajas adquiridas. ¿Y de qué manera se comportaría Nefertari? Ebria de un poder que no habría debido tener, formaría su propia camarilla, en detrimento de las familias antiguas e influyentes.

La reputación de Ramsés no dejaba de empañarse.

—¡Qué rostro tan demacrado! —se sorprendió Chenar al mirar a Dolente—. ¿No eres feliz?

—Menos de lo que podrías concebir.

—Mi hermana bienamada... ¿Quieres confiarte a mí?

—Mi marido y yo hemos sido expulsados de Menfis.

—¿Es una broma?

—Ramsés nos ha amenazado.

—¡Ramsés! ¿Con qué pretexto?

—Con la ayuda de su maldito Ameni, acusa a Sary de las peores fechorías. Si no le obedecemos, nos llevará ante un tribunal.

—¿Tiene pruebas?

Dolente hizo mohínes.

—No... unos indicios sin valor. Pero ya conoces la justicia: podría sernos desfavorable.

—¿Significa eso que tú y tu marido habéis conspirado contra Ramsés?

La princesa vaciló.

—Yo no soy un juez; dime la verdad, hermanita.

—Hemos conspirado un poco, es verdad... ¡pero no me avergüenzo! ¡Ramsés nos eliminará uno tras otro!

—No grites, Dolente... Estoy convencido de ello.

Ella se puso lánguida.

—Entonces... ¿no me lo reprochas?

—Al contrario, lamento que tu intento haya fracasado.

—Ramsés creía que tú eras el culpable.

—Él sabe que lo he desenmascarado, pero cree que he perdido las ganas de luchar.

—¿Nos aceptas a Sary y a mí como aliados?

—Iba a proponértelo.

—Sin embargo, en provincias... ¡estaremos reducidos a la impotencia!

—No es tan cierto. Residiréis en una villa que poseo cerca de Tebas y os facilitaré contactos con las autoridades civiles y religiosas. Varios dignatarios no son favorables a Ramsés. Hay que convencerlos de que su advenimiento no es ineludible.

—Eres generoso y bueno.

La mirada de Chenar se volvió desconfiada.

—La conspiración que habíais tramado... ¿quién habría sido el beneficiario?

—Simplemente queríamos... apartar a Ramsés.

—Deseabas hacer subir a tu marido al trono, ¿verdad?, aportando tu condición de hija del faraón. Si eres mi aliada, olvida esa fantasía y no sirvas más que mis intereses. Yo soy quien reinará. Ese día, mis fieles serán recompensados.

Acha no volvió a Asia antes de asistir a una de las brillantes recepciones que daba Chenar. En ellas se degustaban manjares de calidad, se escuchaba excelente música, se hacían confidencias y se criticaba al regente y a su joven esposa, mientras entonaban loas a Seti. Nadie se sorprendió de ver al hijo mayor del rey conversar con el joven diplomático cuyos superiores continuaban haciendo de él los mayores elogios

—Vuestra promoción está asegurada —anunció Chenar—. En menos de un mes, seréis jefe de intérpretes encargado de los Asuntos Asiáticos. A vuestra edad, es una hazaña.

—¿Cómo puedo demostraros mi gratitud?

—Continuad informándome. ¿Estabais presente en el matrimonio de Ramsés?

—En efecto, con sus más fieles amigos.

—¿Preguntas molestas?

—Ninguna.

—¿Conserváis, pues, su confianza?

—Sin ninguna duda.

—¿Os ha preguntado sobre Asia?

—No, no se atreve a invadir el terreno de su padre y prefiere consagrarse a su joven esposa.

—¿Habéis progresado?

—De manera significativa. Varios pequeños principados os apoyarán gustosos, si os mostráis generoso.

—¿Oro?

—Sería apreciado.

—Sólo el faraón puede dispensarlo.

—No os está prohibido hacer fabulosas promesas por mi mediación; es decir, de manera secreta.

—Excelente idea.

—Hasta vuestra toma de poder, la murmuración será un arma temible. Os describiré como el único gobernante capaz de satisfacer los deseos de unos y otros. En el momento preciso, elegiréis a vuestros ministros.

Para sorpresa de la corte, ni Ramsés ni Nefertari modificaron su modo de vida. El regente continuó trabajando a la sombra de su padre, y su esposa sirviendo a Tuya. Chenar explicó que esta actitud, tan humilde en apariencia, indicaba una gran habilidad. Así, ni el rey ni la reina sospecharían que alimentaban víboras en su seno.

Los elementos de su estrategia empezaban a encajar. Claro que no había logrado conseguir la adhesión de Moisés, aunque terminaría por presentarse alguna ocasión favorable.

Otra persona tal vez engrosaría el grupo de sus aliados. La gestión, delicada, merecía ser emprendida.

Durante la inauguración de un amplio espejo de agua, en el harén de Mer-Ur, donde las muchachas se bañarían a gusto y saborearían las alegrías del remo, Chenar saludó a Iset la bella, una de las invitadas de honor. Su embarazo era notorio.

—¿Cómo os encontráis?

—Mi salud es excelente. Traeré al mundo a un hijo que será el orgullo de Ramsés.

—¿Os habéis encontrado con Nefertari?

—Es una mujer deliciosa; somos amigas.

—Vuestra posición...

—Ramsés tendrá dos esposas. A condición de ser amada por él, acepto no convertirme en reina.

—Esta noble actitud es conmovedora, pero más bien incómoda.

—Vos no podéis comprender ni a Ramsés ni a aquellos y aquellas que lo aman.

—Envidio la suerte de mi hermano, pero dudo de vuestra dicha.

—Darle un hijo que lo sucederá, ¿no es acaso el más hermoso título de gloria?

—Vais demasiado de prisa. Ramsés aún no es faraón.

—¿Ponéis en duda la elección de Seti?

—Por supuesto que no... Pero el futuro está lleno de imprevistos. Os tengo en mucha estima, querida, lo sabéis. Ramsés se ha mostrado con vos de una crueldad inexcusable. Vuestra gracia, vuestra inteligencia y vuestra noble estirpe os destinaban a convertiros en la gran esposa real.

—Ese sueño se ha derrumbado, prefiero la realidad.

—¿Acaso yo soy un sueño? Lo que Ramsés os ha quitado, yo os lo daré.

—¿Cómo os atrevéis, cuando llevo a su hijo dentro de mí?

—Reflexionad, Iset; reflexionad bien.

A pesar de los discretos trabajos de acercamiento y de seductoras proposiciones hechas por intermediarios, Chenar no había logrado sobornar a uno de los médicos personales de Seti. ¿Incorruptibles? No, prudentes. Temían más a Seti que a su primogénito. La salud del faraón era un secreto de Estado. Quien lo traicionara sería objeto de un severo castigo.

Ya que los terapeutas eran inaccesibles, Chenar cambió de táctica. Como le prescribían medicamentos, su fabricación era confiada al laboratorio de un templo. Quedaba por saber cuál de ellos.

La búsqueda requirió mucha destreza, pero dio resultado. En el santuario de Sekhmet se preparaban pociones y píldoras destinadas a Seti. Corromper al jefe del laboratorio, un hombre mayor, viudo y rico, presentaba excesivos riesgos. En cambio, la investigación llevada a cabo con sus ayudantes se mostró instructiva. Uno de ellos, un cuarentón casado con una mujer más joven, se lamentaba de la mediocridad de su salario. No le permitía comprar vestidos, joyas y ungüentos en cantidad suficiente.

La presa se presentaba fácil. Lo fue.

Según los medicamentos prescritos a su padre, Chenar dedujo que Seti sufría una grave enfermedad de lenta evolución. En tres años, cuatro a lo sumo, el trono estaría vacante.

Durante la cosecha, Seti hizo la ofrenda del vino a su diosa protectora, una cobra benéfica cuya estatua en basalto protegía los campos. Los campesinos se reunieron alrededor del rey, cuya presencia era sentida como una bendición. Al soberano le gustaba reunirse con aquellas gentes sencillas, que prefería a la mayoría de los cortesanos.

Una vez terminada la ceremonia, se rindió homenaje a la diosa de la abundancia, al dios del grano y al faraón, el único que les permitía manifestarse. Ramsés tomó conciencia de la profunda popularidad de su padre. Los notables lo temían, el pueblo lo amaba.

Seti y Ramsés se sentaron en un palmeral, junto a un pozo. Una mujer les trajo uvas, dátiles y cerveza fresca. El regente tuvo la sensación de que el rey descansaba unos instantes, lejos de la corte y de los asuntos de Estado. Cerraba los ojos con el rostro bañado en una luz suave.

—Cuando reines, Ramsés, escruta el alma de los hombres, busca dignatarios de carácter firme y recto, capaces de emitir juicios imparciales sin que traicionen su juramento de obediencia. Ponlos en su justo puesto, que respeten la regla de Maat. Sé inexorable tanto con los corruptos como con los corruptores.

—Reinad durante mucho tiempo, padre. Aún no hemos festejado vuestro jubileo.

—Serían necesarios treinta años en el trono de Egipto... No llegaré a tanto.

—¿No sois tan sólido como un bloque de granito?

—No, Ramsés. La piedra es eterna, el nombre del faraón cruzará los tiempos, pero mi cuerpo mortal desaparecerá. Y ese momento se acerca.

El regente experimentó un violento dolor en mitad del pecho.

—El país os necesita demasiado...

—Has superado muchas pruebas y has madurado de prisa, pero sólo estás al principio de tu existencia. A lo largo de los años, recuerda la mirada del toro salvaje. Que te inspire y te dé la fuerza que necesites.

—A vuestro lado es todo tan sencillo... ¿Por qué el destino no os concedería numerosos años de reinado?

—Lo esencial es prepararte.

—¿Creéis que la corte me aceptará?

—Después de mi desaparición, muchos envidiosos te cortarán el camino y pondrán trampas bajo tus pies. Entonces, solo, librarás tu primer gran combate.

—¿No tendré ningún aliado?

—No confíes en nadie. No tendrás ni hermano ni hermana. Aquel a quien hayas dado mucho, te traicionará; el pobre que has enriquecido, te golpeará por la espalda; a quien hayas tendido la mano, fomentará disturbios contra ti. Desconfía de tus subordinados y de tus allegados, no cuentes más que contigo mismo. El día de tu desgracia nadie te ayudará.

49

Iset la bella, que se había instalado en el palacio real de Tebas, dio a luz un hermoso niño, que recibió el nombre de Kha (1). Tras haber recibido la visita de Ramsés, la joven madre confió el niño a una nodriza y recibió los cuidados necesarios para que su bello cuerpo no sufriera en absoluto las consecuencias del parto. Ramsés estaba orgulloso de su primogénito. Feliz con su dicha, Iset la bella prometió darle otros hijos, si él consentía en amarla.

No obstante, después de su partida, se sintió muy sola y recordó las envenenadas palabras de Chenar. Ramsés la abandonaba para reunirse con Nefertari, exasperante a fuerza de ser discreta y atenta. ¡Habría sido tan sencillo detestarla! Pero la esposa principal de Ramsés empezaba a conquistar los corazones y las mentes sin quererlo, por su mero resplandor. Iset la bella había sido seducida, hasta el punto de admitir el comportamiento de Ramsés.

Pero la soledad le pesaba. Echaba de menos los fastos de la corte de Menfis, las interminables conversaciones con sus amigas de infancia, los paseos por el Nilo, los baños en los estanques de las suntuosas villas. Tebas era una ciudad rica y deslumbrante, pero Iset no había nacido en ella.

Quizá Chenar tuviera razón, quizá no debía perdonar a Ramsés por haberla relegado al rango de segunda esposa.

Homero trituró las hojas secas de salvia, las redujo a polvo y las vertió en una gran concha de caracol. Le ajustó una caña, encendió la picadura y fumó con deleite.

—Extraña costumbre —juzgó Ramsés.

(1) Literalmente, Kha-em-Uaset, «Aquel que aparece en Tebas».

—Me ayuda a escribir. ¿Cómo se encuentra vuestra maravillosa esposa?

—Nefertari continúa dirigiendo la casa de la reina.

—Las mujeres se muestran mucho en Egipto. En Grecia son más discretas.

—¿Lo lamentáis?

Homero expelió el humo.

—A decir verdad... no. En este punto, sin duda tenéis razón. Pero podría expresar numerosas críticas.

—Me gustaría oírlas.

La invitación de Ramsés sorprendió al poeta.

—¿Deseáis ser fustigado?

—Si vuestras observaciones permiten aumentar la felicidad de cada día, serán bien venidas.

—Curioso país... En Grecia nos pasamos muchas horas discutiendo, los oradores se inflaman y nos peleamos a brazo partido. Aquí, ¿quién critica las palabras del faraón?

—Su papel es hacer observar la regla de Maat. Si falla en su tarea, sobreviene el desorden y la desdicha, que tanto gusta a los hombres.

—¿No le concedéis ninguna confianza al individuo?

—Por mi parte, ninguna. Abandonadlo a sí mismo y será el reino de la traición y de la cobardía. Enderezar el bastón torcido, tal es la permanente exigencia de los sabios.

Homero lanzó una nueva bocanada.

—En mi *Ilíada* interviene un adivino al que frecuenté mucho. Conocía el presente, el pasado y el futuro. Por el presente, experimento una cierta tranquilidad, pues vuestro padre es digno de los sabios que evocáis. Pero el futuro...

—¿Sois también adivino?

—¿Qué poeta no lo es? Escuchad estos versos de mi primer canto: «Desde las cimas del Olimpo, descendió Apolo, irritado, llevando el arco a la espalda y el carcaj bien cerrado: estaba lleno de cólera, y en su espalda, cuando saltaba, las flechas se entrechocaban. Semejante a la noche, avanza y dispara sobre los hombres... Innumerables troncos se encendieron para quemar los cadáveres.»

—En Egipto sólo son quemados ciertos criminales. Para sufrir una pena tan severa es necesario haber cometido actos abominables.

Homero pareció irritado.

—Egipto está en paz... ¿Por cuánto tiempo? He tenido un sueño, príncipe Ramsés, y he visto innumerables flechas surgir de las nubes y atravesar el cuerpo de los hombres jóvenes. La guerra se acerca, una guerra que no evitaréis.

Sary y su esposa Dolente realizaron con celo la tarea que les había confiado Chenar. Después de ponerse de acuerdo, la hija del rey y su marido habían decidido obedecerle y convertirse en sus celosos servidores. No sólo se vengarían de Ramsés, sino que obtendrían una posición relevante en la corte de Chenar. Aliados en la conquista, lo seguirían siendo en la victoria.

Dolente no tuvo ninguna dificultad para ser admitida en las mejores familias tebanas, encantadas de acoger a una personalidad de tan alto linaje. La hija de Seti justificó su estancia en el sur por un deseo de conocer mejor aquella maravillosa provincia, de disfrutar de los encantos del campo y de acercarse al inmenso templo de Amón, de Karnak, en el que contaba hacer varios retiros en compañía de su marido.

A lo largo de las recepciones y de las conversaciones privadas, Dolente hizo confidencias a propósito de Ramsés. ¿Quién mejor que ella habría podido conocer sus secretos? Seti era un gran rey, un soberano irreprochable; Ramsés sería un tirano. La buena sociedad tebana ya no jugaría ningún papel en los asuntos de Estado, el templo de Amón recibiría menos subsidios, plebeyos como Ameni ocuparían el lugar de los nobles. Un detalle tras otro, compuso un retrato repelente y trabó vínculos cada vez más estrechos entre los oponentes a Ramsés.

Por su lado, Sary jugó al hombre piadoso. Él, que había dirigido la ilustre institución del Kap, aceptó un modesto puesto de enseñanza en una de las escuelas de escribas de Karnak y se enroló en un equipo de ritualistas encargados de adornar con flores los altares. Su humildad fue muy apreciada. Miembros influyentes de la jerarquía religiosa disfrutaron conversando con él y lo invitaron a su mesa. Como Dolente, Sary esparcía su hiel.

Cuando fue autorizado a visitar la gran construcción en la que trabajaba Moisés, Sary felicitó a su antiguo alumno por la obra realizada. Ninguna sala de columnas igualaría la de Karnak, cuyas dimensiones estaban concebidas a la medida de los dioses.

Moisés se había hecho un hombre fuerte. Barbado y con el rostro curtido por el sol, meditaba a la sombra de un capitel gigante.

—¡Qué contento estoy de volver a verte! Uno más de mis alumnos que tiene un brillante éxito...

—No habléis tan de prisa. Hasta que la última columna no esté levantada, no estaré tranquilo.

—No cesan los elogios sobre tu capacidad de trabajo.

—Me limito a verificar la labor de los demás.

—Tus virtudes son mucho más brillantes, Moisés, y me felicito de ello.

—¿Estáis de paso en Tebas?

—No, Dolente y yo estamos instalados en una villa de los alrededores. Enseño en una escuela de Karnak.

—Eso se parece mucho a una caída en desgracia.

—Lo es.

—¿Por qué motivo?

—¿Deseas la verdad?

—Como queráis.

—No es fácil de decir...

—No tengo la intención de obligaros a hablar.

—El culpable es Ramsés. Ha hecho espantosas acusaciones contra su propia hermana y contra mí.

—¿Sin tener pruebas?

—Sin ninguna prueba. Si no, ¿por qué no nos llevó ante un tribunal?

El argumento estremeció a Moisés.

—Ramsés se embriaga con el poder —continuó Sary—. Su hermana cometió el error de pedirle moderación. De hecho, no ha cambiado mucho. Su carácter intransigente y excesivo calza mal con las responsabilidades que le fueron atribuidas. Créeme, soy el primero en lamentarlo. También yo he intentado hacerle razonar. Inútilmente.

—¿Este exilio no os pesa?

—¡Exilio es una palabra excesiva! Esta región es magnífica, el templo proporciona descanso al alma, y estoy contento de impartir mi saber a unos muchachos. Para mí, la hora de la ambición ha pasado.

—¿Os creéis víctima de una injusticia?

—Ramsés es el regente.

—Los abusos de poder son condenables.

—Es mejor así, créeme. Pero desconfía de Ramsés.

—¿Por qué razón?

—Tengo la certeza de que se deshará de todos sus antiguos amigos, uno a uno, con cualquier pretexto. Su mera presencia lo importuna, lo mismo que a Nefertari. Desde su matrimonio, sólo su mujer tiene importancia. Ella le pudre el corazón y la mente. ¡Desconfía, Moisés! Para mí es demasiado tarde, pero llegará tu turno.

El hebreo meditó más tiempo que de costumbre. Sentía respeto por su antiguo profesor, cuyo discurso estaba desprovisto de agresividad. ¿Tomaba Ramsés un mal camino?

El león y el perro amarillo habían aceptado a Nefertari. A excepción de Ramsés, sólo ella podía acariciar a la fiera sin arriesgarse a un arañazo o un mordisco. Cada diez días, la joven pareja y sus animales se tomaban una jornada de descanso y recorrían el campo. *Matador* corría al lado del carro y *Vigilante* se acomodaba a los pies de su amo. Almorzaban a orillas de un campo, admiraban el vuelo de los ibis y de los pelícanos, saludaban a los aldeanos, encantados con la belleza de Nefertari. La joven sabía adaptarse al lenguaje de cada uno y encontraba las palabras precisas. En ocasiones intervenía de manera discreta para mejorar las condiciones de vida de un campesino afectado por la vejez o la enfermedad.

Estuviera ante Tuya o ante una sirvienta, Nefertari seguía siendo la misma, atenta y tranquila. Poseía todo lo que le faltaba a Ramsés: paciencia, moderación y dulzura. Cada uno de sus actos estaba marcado con el sello de una reina. Desde el primer momento, él supo que sería irremplazable.

Entre ellos crecía un amor muy diferente del que el regente sentía por Iset la bella. Como ésta, Nefertari sabía abandonarse al placer y gozar de la pasión de su amante, pero, incluso durante la unión de sus cuerpos, otra luz brillaba en su mirada. Nefertari, a diferencia de Iset la bella, compartía los pensamientos más secretos de Ramsés.

Cuando llegó el invierno del decimosegundo año del reinado de su padre, Ramsés le pidió autorización para llevar a Nefertari a Abydos para hacerle vivir los misterios de Osiris y de Isis. La pareja real, el regente y su esposa partieron juntos hacia la ciudad santa, en la que Nefertari fue iniciada.

Al día siguiente de la ceremonia, la reina Tuya le entregó un brazalete de oro, que en lo sucesivo llevaría durante la celebración de los rituales como ayudante de la gran esposa real. La joven se emocionó hasta verter unas lágrimas. En contra de lo que había temido, su camino no la había alejado del templo.

—No me gusta esto —se lamentó Ameni.

Conociendo el carácter arisco de su secretario particular, Ramsés lo escuchaba a veces distraídamente.

—No me gusta en absoluto —repitió.

—¿Te han entregado papiros de mala calidad?

—Tranquilízate, no los habría aceptado. ¿No observas nada a tu alrededor?

—La salud del faraón no corre peligro, mi madre y mi esposa son las mejores amigas del mundo, el país está en paz, Homero escribe... ¿Qué más puedo desear? ¡Ah, sí! ¡Aún no tienes novia!

—Ni tiempo para ocuparme de esas bagatelas; ¿no has notado nada más?

—Francamente, no.

—Te ahogas en los ojos de Nefertari. ¿Cómo podría reprochártelo? Por suerte, yo vigilo y escucho.

—¿Y qué oyes?

—Rumores inquietantes. Intentan destruir tu reputación.

—¿Chenar?

—Tu hermano mayor muestra una notable discreción en estos últimos meses. En cambio, las críticas de la corte no dejan de aumentar.

—No tiene importancia.

—No soy de esa opinión.

—¡Apartaré de mi camino a todos esos charlatanes!

—Lo saben —observó Ameni—. Por eso te combatirán.

—Provengan de los pasillos de palacio o de la sala de recepción de sus suntuosas villas, son unos cobardes.

—En teoría, tienes razón, pero temo una oposición organizada.

—Seti ha elegido a su sucesor. El resto sólo son chismes.

—¿Crees que Chenar ha renunciado?

—Tú mismo compruebas su docilidad.

—Es esto lo que me inquieta, ¡le cuadra tan poco!

—Te preocupas demasiado, amigo mío. Seti nos protege.

«Mientras viva», pensó Ameni, decidido a poner a Ramsés en guardia contra el clima malsano que se acentuaba.

50

La hija de Ramsés y Nefertari sólo vivió dos meses. Débil, sin apetito, había regresado al reino de las sombras. Muy afectada, la joven había inquietado mucho a los médicos. Durante tres semanas, Seti la había magnetizado a diario, devolviéndole así la energía necesaria para vencer su pesar.

El regente estuvo permanentemente junto a su esposa. Nefertari no lanzó ni un solo lamento. La muerte rapaz golpeaba a placer a los recién nacidos, sin preocuparse de su origen. Del amor que sentía por Ramsés nacería otro hijo.

El pequeño Kha estaba bien. Una nodriza se ocupaba de él, mientras Iset la bella tomaba un lugar cada vez más relevante en la sociedad tebana. Prestó un oído benevolente a las quejas de Dolente y su marido, sorprendida de la injusticia cometida por Ramsés. En la gran ciudad del sur se temía el advenimiento del regente, considerado como un futuro déspota, poco preocupado por la ley de Maat. Iset la bella intentó protestar, pero le opusieron tantos argumentos que la silenciaron. ¿Amaba, pues, a un tirano ávido de poder, un monstruo sin sensibilidad?

Una vez más, las palabras de Chenar le vinieron a la memoria.

Seti no se daba respiro. En cuanto tenía un hueco en sus obligaciones convocaba a Ramsés. En el jardín del palacio, el padre y el hijo conversaban. Seti, que no sentía ninguna atracción por la escritura, legaba sus enseñanzas de manera oral. Otros reyes habían redactado máximas para preparar a sus sucesores a reinar. Él prefería transmitir de su vieja boca al joven oído.

—Este saber no te bastará —le previno—, pero equivale al

escudo y a la espada de un soldado, te permitirá defenderte y atacar. Durante los períodos de felicidad, todos se atribuirán su paternidad. Pero cuando llegue la desdicha, tú serás el único culpable. Si cometes una falta, no acuses a nadie más que a ti mismo, y rectifica. Tal es el justo ejercicio del poder: una permanente rectificación del pensamiento y de la acción. Ha llegado la hora de confiarte una misión en la que me representarás.

Esta revelación no gustó a Ramsés. Gustosamente hubiera escuchado a su padre durante largos años.

—Una pequeña aldea nubia protesta contra la administración del virrey. Los informes que me han llegado son confusos. Ve allá y toma una decisión en nombre del faraón.

Nubia seguía tan hechizante, hasta el punto de hacer olvidar a Ramsés que aquél no era un viaje de placer. Ya ningún peso aplastaba sus hombros. El aire tibio, el viento estallando en las palmeras tebaicas, el ocre del desierto y el rojo de las rocas volvían ligera su alma. Tuvo la tentación de devolver los soldados a Egipto y de perderse, solo, en aquellos paisajes sublimes.

Pero el virrey de Nubia ya se inclinaba ante él, charlatán y servil.

—¿Mis informes os han clarificado?

—A Seti le han parecido confusos.

—Sin embargo, la situación es clara. Esa aldea se ha sublevado; conviene aniquilarla.

—¿Habéis sufrido pérdidas?

—No, gracias a mi prudencia. Esperaba vuestra llegada.

—¿Por qué no se intervino sin tardanza?

El virrey farfulló.

—Como iba a saber... Son muchos, si...

—Llevadme a ese lugar.

—He preparado una colación y...

—Partamos.

—¿Con este calor? Había pensado que al final del día sería más propicio.

El carro de Ramsés se puso en movimiento.

La pequeña aldea nubia dormitaba al borde del Nilo, a la sombra de un palmeral; los hombres ordeñaban las vacas, las mujeres preparaban la comida, niños desnudos se bañaban en el río. Unos perros flacuchos dormían al pie de las chozas.

Los soldados egipcios se habían desplegado por las colinas circundantes. Su superioridad numérica parecía aplastante.

—¿Dónde están los sublevados? —preguntó Ramsés al virrey.

—Son esas gentes... No os fiéis de su aspecto pacífico.

Los rastreadores eran concluyentes: ningún guerrero nubio se ocultaba en los alrededores.

—El jefe de esta aldea ha cuestionado mi autoridad —afirmó el virrey—. La respuesta debe ser fulminante. De lo contrario la sedición se extenderá a otras tribus. Debemos tomarla por sorpresa y exterminarlos. El ejemplo golpeará a todos los nubios.

Una mujer acababa de divisar a los soldados egipcios. Gritó. Los niños salieron del agua y corrieron a refugiarse en las chozas junto a sus madres. Los hombres se proveyeron de arcos, flechas y lanzas y se congregaron en el centro de la aldea.

—¡Mirad! —exclamó el virrey—; ¿no tenía razón?

El jefe se adelantó. Con dos largas plumas de avestruz colocadas en sus cabellos rizados y una banda roja sobre el pecho, tenía un porte arrogante. En la mano derecha llevaba una pica de dos metros de largo, decorada con cintas.

—Va a lanzarse al asalto —previno el virrey—. Nuestros arqueros deberían clavarlo en el suelo.

—Soy yo quien da las órdenes —recordó Ramsés—. Que nadie haga un gesto agresivo.

—Pero... ¿qué pensáis hacer?

Ramsés se sacó el casco, la coraza y las espinilleras. Dejó la espada y el puñal, y bajó la pendiente rocosa.

—¡Majestad! —aulló el virrey—. ¡Regresad, va a mataros!

El regente marchó con paso regular, mirando al nubio. El hombre, de unos sesenta años, era delgado, casi huesudo.

Cuando blandió la pica, Ramsés pensó que se había arriesgado demasiado. No obstante, ¿era un jefe de tribu nubia más peligroso que un toro salvaje?

—¿Quién eres?

—Ramsés, hijo de Seti y regente de Egipto.

El nubio bajó el arma.

—Aquí yo soy el jefe.

—Lo serás tanto tiempo como respetes la ley de Maat.

—El virrey, nuestro protector, es quien la ha traicionado.

—Una grave acusación...

—Yo he respetado mis compromisos, el virrey no ha mantenido su palabra.

—Expón tus quejas.

—Nos había prometido trigo a cambio de nuestros tributos, ¿dónde está el trigo?

—¿Dónde están los tributos?

—Ven.

Siguiendo al jefe, Ramsés se vio obligado a pasar entre los guerreros. El virrey, persuadido que lo matarían o lo tomarían como rehén, se tapó la cara. Pero no se produjo ningún incidente.

El jefe mostró al regente sacos llenos de polvo de oro, pieles de pantera, abanicos y huevos de avestruz, muy estimados por las familas nobles.

—Si la palabra no es respetada, lucharemos, incluso si debemos morir; nadie puede vivir en un mundo sin palabra.

—No habrá enfrentamiento —afirmó Ramsés—; tal como se te prometió, tendrás el trigo.

De buena gana Chenar habría acusado a Ramsés de debilidad frente a las revueltas nubias, pero el virrey le desaconsejó utilizar este argumento. Durante una larga entrevista secreta entre los dos hombres, el virrey habló de la creciente popularidad de Ramsés entre los militares: los soldados admiraban su valentía, su entusiasmo y su capacidad de tomar decisiones rápidas. Con semejante jefe, no temían a ningún enemigo. Tachar a Ramsés de cobardía se volvería contra Chenar.

El hijo mayor del faraón se plegó a las razones de su interlocutor. No controlar el ejército era, en verdad, un inconveniente, pero obedecería las órdenes del nuevo dueño de las Dos Tierras. En Egipto, la fuerza bruta no bastaba para gobernar. El asentimiento de la corte y de los grandes sacerdotes, en cambio, no debía faltar.

Cada vez más, Ramsés aparecía como un guerrero intrépido y peligroso. Mientras Seti tuviera las riendas del poder, el joven no tomaría decisiones. Pero luego... Por el deseo de enfrentarse al enemigo, ¿no se empeñaría en locas aventuras en la que Egipto podría perderlo todo?

Como subrayó Chenar, el mismo Seti había concertado una tregua con los hititas en vez de lanzarse al asalto de su territorio y de la famosa fortaleza de Kadesh. ¿Tendría Ramsés la misma sabiduría? Los notables detestaban la guerra. Viviendo en la comodidad y la quietud, desconfiaban de los generales exaltados.

El país no necesitaba un héroe capaz de desencadenar grandes batallas y de arrasar los países vecinos. Según los informes de los embajadores y de los mensajeros, encargados de misión en el extranjero, los hititas habían elegido la vía de la paz y renunciaban a conquistar Egipto. Por consiguiente, un personaje como Ramsés se volvía inútil, incluso perjudicial. Si se obstinaba en sus actitudes de conquistador, ¿habría que eliminarle?

Las tesis de Chenar calaron en las mentes. Se le juzgó ponderado y realista. Los hechos le daban la razón.

En un viaje al Delta, durante el cual convenció a dos jefes de provincia de apoyarlo tras la muerte de Seti, recibió a Acha en la lujosa cabina de su embarcación. Su cocinero había preparado una comida refinada y el bodeguero había elegido un vino blanco de un afrutado excepcional.

Como de costumbre, el joven diplomático mostraba una elegancia un poco altiva. A veces, la vivacidad de su mirada confundía al interlocutor, pero la untuosidad de su voz y su calma imperturbable lo tranquilizaban. Si le seguía siendo fiel después de haber traicionado a Ramsés, Chenar haría de él un excelente ministro de Asuntos Exteriores.

Acha comió sin apetito y bebió a pequeños sorbos.

—¿Os disgusta el almuerzo?

—Perdonadme, pero estoy preocupado.

—¿Preocupaciones personales?

—En absoluto.

—¿Os ponen obstáculos en vuestro camino?

—Al contrario.

—Ramsés... ¡Es Ramsés! ¡Ha descubierto nuestra colaboración!

—Tranquilizaos, nuestro secreto está indemne.

—¿Cuál es entonces vuestra preocupación?

—Los hititas.

—Los informes que llegan a la corte son completamente tranquilizadores, sus tendencias belicosas se han esfumado.

—Es la versión oficial, en efecto.

—¿Qué tiene de malo?

—Su ingenuidad. A menos que mis superiores sólo deseen tranquilizar a Seti y no molestarlo con previsiones pesimistas.

—¿Tienes indicios concretos?

—Los hititas no son unos brutos de estrechas miras. Ya

que la confrontación no les fue favorable, utilizan la astucia.

—Comprarán la benevolencia de algunos tiranos locales y fomentarán miserables intrigas.

—En efecto, ésa es la opinión de los especialistas.

—¿No es la vuestra?

—Cada vez menos.

—¿Qué teméis?

—Que los hititas tejan su tela de araña en nuestros protectorados y seamos cogidos en una trampa.

—No es muy verosímil. A la menor deserción seria, Seti intervendrá.

—Seti no está informado.

Chenar no tomó a la ligera las advertencias del joven diplomático. Hasta el momento había dado pruebas de una notable lucidez.

—¿El peligro es inminente?

—Los hititas han adoptado una estrategia lenta y progresiva. En cuatro o cinco años estarán preparados.

—Continuad observando sus maniobras, pero no habléis de ello con nadie más que conmigo.

—Me pedís mucho.

—Obtendréis mucho.

51

La vida del pueblo de pescadores era apacible. Al borde del mar, se beneficiaba de la protección de una escuadra de policías que constaba de unos diez hombres encargados de observar la circulación de los navíos. La tarea no era agobiante. De vez en cuando, un barco egipcio tomaba la dirección norte. El jefe de la escuadra, un sexagenario barrigón, anotaba el nombre y la fecha de paso en una tableta. En cuanto a los marinos que regresaban del extranjero, tomaban otra boca del Nilo.

Los policías ayudaban a los pescadores a echar las redes y a mantener sus barcas. Se hartaban de pescado, y los días de fiesta, el jefe de escuadra aceptaba compartir las raciones de vino proporcionadas cada quince días por la administración.

El juego de los delfines era la distracción favorita de la pequeña comunidad, que no se cansaba de sus saltos armoniosos y de sus locas carreras. Por la noche, un viejo pescador contaba leyendas: no lejos de allí, en los marjales, la diosa Isis se había ocultado con su recién nacido, Horus, para sustraerlo al furor de Seth.

—Jefe, un barco.

Tendido en su estera, a la hora de la siesta, el policía no tenía ganas de levantarse.

—Hazle señales y anota su nombre.

—Viene hacia nosotros.

—Habrás visto mal... Obsérvalo mejor.

—Viene hacia nosotros, seguro.

El jefe se levantó, intrigado. No era el día del vino. El consumo de cerveza dulce no podía provocar una alucinación de aquella envergadura.

Desde la playa se distinguía una embarcación de buen tamaño que venía derecha hacia el pueblo.

—No es egipcio...

Ningún barco griego atracaba en aquel lugar. Las órdenes eran precisas: rechazar al intruso y ordenarle dirigirse hacia el oeste, donde sería puesto a cargo de la marina del faraón.

—Equipaos —ordenó el jefe a sus hombres, que ya habían perdido la costumbre de manejar la lanza, la espada, el arco y el escudo.

A bordo del extraño buque venían hombres de piel mate, con rizados bigotes, tocados con cascos adornados de cuernos, el pecho protegido por una coraza metálica, armados con espadas muy puntiagudas y escudos redondos.

En la proa había un gigante.

Era tan espantoso que los policías egipcios retrocedieron.

—Un demonio —murmuró uno de ellos.

—Sólo es un hombre —rectificó el jefe—; abatidle.

Dos arqueros dispararon al mismo tiempo. La primera flecha se perdió en el aire, la segunda pareció clavarse en el busto del gigante. Pero éste la rompió de un golpe de espada antes de que lo alcanzara.

—¡Allá! —gritó un policía—; ¡otro barco!

—Una invasión —constató el jefe—. Repleguémonos.

Ramsés conocía la felicidad.

Una felicidad diaria, fuerte como el viento del sur, suave como el viento del norte. Nefertari transformaba cada instante en plenitud, esfumaba sus preocupaciones, orientaba sus pensamientos hacia la luz. Junto a ella, los días se iluminaban con una suave claridad. La joven sabía apaciguarlo sin contener el fuego que lo animaba. Pero ¿no era la portadora de un extraño futuro, casi inquietante, el de un reinado que se anunciaba?

Nefertari lo sorprendía. Ella habría podido contentarse con una existencia tranquila y fastuosa, pero poseía la soberana elegancia de una reina. ¿De qué destino sería soberana o sirvienta? Nefertari era un misterio. Un misterio de sonrisa encantadora, muy cercana a la diosa Hathor, tal como la había visto en la tumba del primer Ramsés, su antepasado.

Iset la bella era la tierra, Nefertari el cielo. Ramsés tenía necesidad de ambas, pero sólo experimentaba pasión y deseo por la primera.

Nefertari era el amor.

Seti contemplaba el sol poniente. Cuando Ramsés lo saludó, el crepúsculo había invadido el palacio. El rey no había encendido ninguna lámpara.

—Hay un informe alarmante de la policía del Delta —le informó a su hijo—. Mis consejeros creen que es un incidente menor, pero estoy convencido de que se equivocan.

—¿Qué ha pasado?

—Unos piratas han atacado un pueblo de pescadores, a orillas del Mediterráneo. Los policías encargados de la vigilancia costera se han batido en retirada, pero afirman controlar la situación.

—¿Acaso mienten?

—Tú deberás averiguarlo.

—¿Qué sospecháis?

—Esos piratas son temibles saqueadores. Si intentan una incursión hacia el interior, sembrarán el terror.

Ramsés se indignó.

—¿La policía costera es incapaz de asegurar nuestra seguridad?

—Los responsables quizá han subestimado el peligro.

—Parto de inmediato.

El rey contempló de nuevo el poniente. Le habría gustado acompañar a su hijo, volver a ver los paisajes acuáticos del Delta, encarnar la autoridad del Estado al frente del ejército. Pero después de catorce años de reinado, la enfermedad lo desgastaba. Por suerte, la fuerza que poco a poco lo abandonaba pasaba a la sangre de Ramsés.

Los policías se habían reagrupado a unos treinta kilómetros de la costa, en una pequeña aldea a orillas de uno de los ramales del Nilo. Habían edificado a toda prisa fortificaciones de madera, en espera de socorro. A la llegada de las tropas mandadas por el regente, salieron de sus refugios y corrieron en dirección de sus salvadores, con su barrigón jefe a la cabeza.

Se prosternó ante el carro de Ramsés.

—¡Estamos indemnes, majestad! Ni un solo herido.

—Levantaos.

A la alegría espontánea le sucedió un ambiente helado.

—Nosotros... no éramos lo bastante numerosos para resistir. Los piratas nos habrían aniquilado.

—¿Qué sabéis de su avance?

—Han abandonado la costa y se han apoderado de otro pueblo.

—¡Y todo por vuestra cobardía!

—Majestad... El combate habría sido desigual.

—Apartaos de mi camino.

El jefe de escuadra apenas tuvo tiempo de saltar hacia un lado. Con la nariz en el polvo, no vio que el carro del regente se dirigía hacia el barco almirante de una imponente flotilla salida de Menfis. En cuanto estuvo a bordo, Ramsés dio orden de navegar en línea recta hacia el norte.

Llevado por el furor, tanto contra los piratas como contra los policías incompetentes, el regente exigió de los remeros un derroche de energía. No sólo la intensidad no disminuyó, sino que se transmitió al conjunto de la expedición, deseosa de restablecer el orden en la frontera marítima de Egipto.

Ramsés fue directo a su objetivo.

Los piratas, instalados en los dos pueblos de los que se habían apoderado, dudaban acerca de la conducta que debían seguir: prolongar su victoria ampliando el dominio sobre la costa, o bien embarcar con su botín y atacar de nuevo más adelante.

El asalto de Ramsés los sorprendió en el momento del almuerzo, cuando estaban asando pescado. A pesar de la enorme superioridad numérica del adversario, los piratas se defendieron con una increíble ferocidad. El gigante, solo, rechazó a unos veinte infantes, pero sucumbió ante el gran número de adversarios.

Más de la mitad de los piratas fueron muertos, su barco se incendió, pero el jefe se negaba a bajar la cabeza ante Ramsés.

—¿Tu nombre?

—Serramanna.

—¿De dónde vienes?

—De Cerdeña. Me has vencido, pero otros barcos sardos me vengarán. Caerán por decenas y no podrás detenerlos. Queremos las riquezas de Egipto y las tendremos.

—¿Por qué no os contentáis con vuestro país?

—Conquistar es nuestra razón de ser. Vuestros miserables soldados no resistirán mucho tiempo.

Sorprendido por la insolencia del pirata, un infante levantó el hacha dispuesto a partirle el cráneo.

—¡Atrás! —ordenó Ramsés, que se volvió hacia sus soldados—. ¿Cuál de vosotros acepta luchar en singular combate contra este bárbaro?

No se presentó ningún voluntario.

Serramanna se rió con desdén.

—¡No sois guerreros!

—¿Qué buscas?

La pregunta sorprendió al gigante.

—¡La riqueza, por supuesto! Y luego las mujeres, el mejor vino, una villa con tierras, con...

—Si te ofrezco todo eso, ¿aceptarías convertirte en el jefe de mi guardia personal?

Los ojos del gigante se desorbitaron de pasmo.

—¡Mátame, pero no te burles de mí!

—Un verdadero guerrero sabe tomar una decisión al instante: ¿deseas servir o morir?

—¡Que me liberen!

Con temor, dos infantes le desataron las muñecas.

Ramsés era alto, pero Serramanna lo superaba por una cabeza. Dio dos pasos en dirección al regente, los arqueros egipcios apuntaron sus flechas hacia él. Si se abalanzaba sobre Ramsés y provocaba un cuerpo a cuerpo para estrangularlo con sus enormes manos, ¿tendrían la posibilidad de tirar sin dañar al hijo de Seti?

Ramsés leyó en los ojos del sardo las ganas de matar, pero permaneció con los brazos cruzados, como si todo aquello no le preocupara. Su adversario no advirtió en el regente ninguna señal de miedo.

Serramanna puso la rodilla en tierra y bajó la cabeza.

—Manda y yo obedeceré.

52

La buena sociedad menfita se sintió escandalizada. ¿Acaso no ofrecía suficientes hijos valerosos al ejército, unos hijos dignos de garantizar la protección del regente? Ver a semejante bárbaro a la cabeza de su guardia personal constituía un insulto para la nobleza, aunque —según la opinión general— la presencia de Serramanna, que había conservado su atavío sardo, fuera por demás disuasiva. Claro, los demás piratas, culpables de saqueo, habían sido enviados a las minas, donde purgaban su pena, pero ¿acaso su jefe no tenía ahora una posición envidiable? Si atacaba a Ramsés por la espalda, nadie compadecería al regente.

Chenar se felicitaba de este nuevo paso en falso. Aquella decisión indignante probaba que sólo la fuerza bruta fascinaba a su hermano. Desdeñaba los banquetes y las recepciones y prefería interminables paseos a caballo por el desierto, un entrenamiento intensivo de tiro al arco y de espada, y peligrosos combates con su león.

Serramanna se convirtió en su compañero preferido; intercambiaron lo que sabían de la ciencia en el combate con manos libres o con armas y terminaron por aliar poder y agilidad. Los egipcios puestos bajo el mando del gigante no manifestaron ninguna queja. También ellos recibieron una formación intensiva que los convirtió en soldados de élite, albergados y alimentados en excelentes condiciones.

Ramsés mantuvo su promesa: Serramanna se convirtió en propietario de una villa de ocho habitaciones, con un pozo y un jardín con árboles. Su bodega fue provista con ánforas de vino viejo y su cama acogió libias y nubias poco ariscas, fascinadas por la estatura del extranjero.

Aunque permaneció fiel a su casco, a su coraza, a su espada y a su escudo redondo, el sardo olvidó Cerdeña. Allá era pobre y despreciado; en Egipto, rico y considerado. Sentía por Ramsés una infinita gratitud. No sólo le había salvado la vida, sino que, además, le había proporcionado la vida soñada. Cualquiera que amenazara al regente se las vería con él.

La crecida del año catorce del reinado de Seti se anunciaba mala. El débil ascenso de las aguas podía acarrear hambruna. En cuanto el rey recibió la confirmación de los especialistas de Asuán que examinaban el río y consultaban su documentación, rica en observaciones anteriores, convocó a Ramsés. A pesar de la fatiga que ya no lo abandonaba, el faraón llevó a su hijo a Gebel Silsileh, el lugar donde las orillas se estrechaban. Según antiguas tradiciones, Hapy, la energía de la crecida, surgía allí de dos cavernas, creando así un agua pura y nutricia.

A fin de restablecer la armonía, Seti ofreció al río cincuenta y cuatro jarras de leche, trescientos panes blancos, setenta pasteles, veintiocho jarras de miel, veintiocho cestos de uva, veinticuatro de higos, veintiocho de dátiles, granadas, frutos de azufaifa y de persea, pepinos, judías, estatuillas de loza, cuarenta y ocho jarras de incienso, oro, plata, cobre, alabastro, y pasteles con forma de buey, oca, cocodrilo e hipopótamo.

Tres días después, el nivel del agua había subido, pero de manera insuficiente. Ya sólo quedaba una débil esperanza.

La Casa de Vida de Heliópolis era la más antigua de Egipto. Allí eran conservados los libros que encerraban los misterios del cielo y de la tierra, rituales secretos, mapas celestes, anales de la realeza, profecías, textos mitológicos, obras de medicina y cirugía, tratados de matemáticas y de geometría, las claves de interpretación de los sueños, diccionarios de jeroglíficos, manuales de arquitectura, de escultura y de pintura, inventarios de objetos rituales que debían poseer los templos, calendarios de las fiestas, la compilación de fórmulas mágicas, las *Sabidurías* redactadas por los antiguos y textos de «transformación en luz», que permitían viajar al otro mundo.

—Para un faraón —declaró Seti—, no hay lugar más importante. Cuando te asalte la duda, ven aquí y consulta los archivos. La Casa de Vida es el pasado, el presente y el futuro de Egipto; recoge su enseñanza y verás, como yo he visto.

Seti pidió al superior de la Casa de Vida, un sacerdote de edad que ya no tenía contacto con el mundo exterior, que le trajera el *Libro del Nilo*. De esta tarea se encargó un ritualista, al que Ramsés reconoció.

—¿Tú no eres Bakhen, el encargado de las cuadras del reino?

—Lo era, y al mismo tiempo realizaba mi función de servidor del templo; desde mi vigesimoprimer aniversario, abandoné mis funciones profanas.

Robusto, con el rostro cuadrado y grave, sin la corta barba que lo endurecía, los brazos gruesos, la voz grave y ronca, Bakhen no parecía un erudito preocupado por la sabiduría de los antiguos.

Desenrolló el papiro sobre una mesa de piedra y se retiró.

—No te olvides de ese hombre —recomendó Seti—. Dentro de pocas semanas irá a Tebas y entrará al servicio de Amón de Karnak. Su destino se cruzará de nuevo con el tuyo.

El rey leyó el vetusto documento, redactado por uno de sus predecesores de la tercera dinastía, más de trescientos años antes. En contacto con el espíritu del Nilo, indicaba los pasos necesarios para satisfacer al río durante las crecidas demasiado escasas.

Seti encontró la solución: la ofrenda hecha en Gebel Silsileh debía ser repetida en Asuán, Tebas y Menfis.

Seti volvió agotado de aquel largo viaje. Cuando los mensajeros le informaron que la crecida sería casi normal, dio orden a los jefes de provincia de vigilar con un cuidado especial la calidad de los diques y de los embalses. Una vez evitada la catástrofe, era necesario no perder ni una gota de agua.

Cada mañana, el rey, con el rostro cada vez más demacrado, recibía a Ramsés y le hablaba de Maat, la diosa de la justicia simbolizada por una mujer de apariencia frágil o por una pluma, la rectora, que dirige el vuelo de los pájaros. Sin embargo, sólo ella debía reinar para mantener la cohesión entre los seres. Gracias al respeto de la regla divina, el sol aceptaría brillar, el trigo crecería, el débil sería protegido del fuerte, reciprocidad y solidaridad serían las leyes cotidianas de Egipto. Al faraón le correspondía decir y hacer Maat, practicar la rectitud, más importante que mil acciones relevantes.

Sus palabras alimentaban el alma de Ramsés, que no se atrevía a preguntar a su padre por su salud, consciente de que abandonaba lo habitual y contemplaba otro universo, cuya energía transmitía a su hijo. Éste sintió que no debía desperdiciar un solo minuto de aquellas enseñanzas; así pues, descuidó a Nefertari, a Ameni y a sus amigos para recoger la voz del faraón.

La esposa de Ramsés lo alentaba a actuar así; con la ayuda de Ameni, lo liberó de mil y una obligaciones, de manera que fuese el servidor de Seti y el heredero de su poder.

Según las informaciones obtenidas, la duda ya no era posible: el mal que sufría Seti adquiría proporciones alarmantes. Afligido, con lágrimas en los ojos, Chenar anunció la terrible noticia a la corte y la transmitió a los grandes sacerdotes de Amón y a los jefes de provincia. Los médicos conservaban la esperanza de prolongar la vida del soberano, aunque se temía un desenlace fatal. Y este drama se vería aumentado por una catástrofe: la coronación de Ramsés.

Los que deseaban evitarlo y apoyaban a Chenar debían estar preparados. Por supuesto este último intentaría persuadir a su hermano de que era incapaz de asumir la función suprema, pero ¿sería escuchada la voz de la razón? Si la salvaguarda del país lo imponía, quizá habría que recurrir a otros métodos, condenables en apariencia, pero que eran el único medio para impedir que un ser belicoso arruinara Egipto.

El discurso moderado y realista de Chenar fue bien acogido. Todos deseaban que el reinado de Seti durara mucho tiempo, pero se preparaban para lo peor.

Los soldados griegos de Menelao, reconvertidos en comerciantes, bruñeron las armas. Bajo las órdenes de su rey, formarían una milicia tanto más eficaz cuanto que nadie consideraba la posibilidad de un golpe de fuerza por parte de unos apacibles extranjeros bien integrados en la población. Al acercarse la insurrección, el soberano de Lacedemonia tenía prisa por luchar. Manejaría su pesada espada, atravesaría vientres y pechos, cortaría miembros y rompería cabezas con el mismo ardor que en el campo de batalla de Troya. Luego se iría a su país con Helena y le haría pagar sus faltas y su infidelidad.

Chenar era optimista. La diversidad y la calidad de sus aliados parecían prometedoras. No obstante, un personaje lo molestaba: el sardo Serramanna. Al alistarlo como jefe de su guardia personal, Ramsés había contrarrestado, sin saberlo, una de las iniciativas de su hermano, que pensaba destinar un oficial griego a la seguridad del regente. El mercenario no podría acercarse a Ramsés sin el consentimiento del gigante. La conclusión se imponía por sí misma: Menelao debía matar al sardo, cuya desaparición no provocaría ningún trastorno.

El conjunto del dispositivo de Chenar estaba a punto. Sólo quedaba esperar la muerte de Seti para que comenzara la acción.

—Tu padre no te recibirá esta mañana —se lamentó Tuya.

—¿Ha empeorado? —preguntó Ramsés.

—El cirujano ha renunciado a operar. Para calmar el dolor, le ha administrado un potente somnífero a base de mandrágora.

Tuya mantenía una dignidad notable, pero la pena se manifestaba en sus palabras.

—Dime la verdad: ¿queda alguna esperanza?

—No lo creo; su organismo está muy debilitado. A pesar de su robusta constitución, tu padre habría tenido que descansar más. Pero ¿cómo convencer a un faraón de que no se preocupe por la dicha de su pueblo?

Ramsés vio lágrimas en los ojos de su madre y la estrechó contra él.

—Seti no teme la muerte. Su morada eterna ha sido acabada. Él está dispuesto a comparecer ante Osiris y los jueces del otro mundo. Cuando sus actos sean acumulados a su lado, no tendrá nada que temer del monstruo que devora a aquellos que han traicionado a Maat: tal es el juicio que yo rendiré en esta tierra.

—¿Cómo puedo ayudarte?

—Prepárate, hijo mío, prepárate para hacer vivir eternamente el nombre de tu padre, para poner tus pasos en los pasos de tus antepasados, para hacer frente al desconocido rostro del destino.

Setaú y Loto salieron caída la noche. El agua se había retirado de las tierras bajas, el campo había recuperado su aspecto habitual. Aunque de débil intensidad, la crecida había purificado el país, liberándolo de muchos roedores y reptiles, ahogados en sus antros. Los que habían sobrevivido eran los más resistentes y los más astutos; así pues, el veneno de finales de verano presentaba características notables.

El cazador de serpientes había puesto la mirada sobre un sector del desierto del este que conocía bien; soberbias cobras, de mordedura mortal, vivían allí. Setaú se dirigió hacia la madriguera de la más grande de ellas, de costumbres imperturbables. Con los pies desnudos, Loto caminaba tras él. A pesar de su experiencia y de su sangre fría, él se negaba a hacerle correr el menor riesgo. La hermosa nubia tenía un bastón bifurcado, un saco de tela y una redoma; clavar el reptil en el suelo y hacerle escupir una parte del veneno eran tareas triviales.

La luna llena iluminaba el desierto. Ésta enardecía a las serpientes y las incitaba a aventurarse más allá de su territorio. Setaú canturreaba en voz baja, insistiendo en las notas graves que gustaban a las cobras. En el lugar que había localizado, un hueco entre dos piedras planas, unas ondulaciones en la arena atestiguaban el paso de un enorme reptil.

Setaú se sentó, sin dejar de canturrear; la cobra se estaba retrasando.

Loto se echó al suelo a la manera de una nadadora que se zambulle en un estanque. Atónito, Setaú la vio luchando con la cobra negra que él quería atrapar. El combate fue breve: la nubia la introdujo en el saco.

—Te atacaba por la espalda —explicó ella.

—Es algo totalmente anormal —juzgó Setaú—. Si las serpientes pierden la cabeza es que se prepara algún cataclismo.

53

—«Pues no tendremos ningún descanso —declamó Homero—, por corto que sea, hasta la hora en que la noche venga a separarnos y a calmar nuestro ardor. Bajo el pesado escudo que protege el cuerpo entero, el pecho estará empapado en sudor; la mano permanecerá en la empuñadura de la espada.»

—Estos versos de vuestra *Ilíada* ¿acaso anuncian el regreso de la guerra? —preguntó Ramsés.

—Sólo hablo del pasado.

—¿No prefigura el futuro?

—Egipto empieza a seducirme; no me gustaría verlo sumirse en el caos.

—¿Por qué ese temor?

—He prestado atención a mis compatriotas; su reciente excitación me inquieta. Juraría que su sangre hierve como ante las murallas de Troya.

—¿Sabéis algo más?

—Sólo soy un poeta, y mi vista disminuye.

Helena agradeció a la reina Tuya que le concediera una entrevista en circunstancias tan dolorosas. En el rostro de la gran esposa real, maquillada con refinamiento, no se advertía ninguna huella de sufrimiento.

—No sé cómo...

—Las palabras son inútiles, Helena.

—Mi pena es sincera, ruego a los dioses para que el rey se cure.

—Os lo agradezco. Yo también invoco al invisible.

—Estoy inquieta, muy inquieta...

—¿Qué teméis?

—Menelao está alegre, demasiado alegre; él, habitualmente

tan sombrío, parece exultar. ¡Está persuadido de llevarme pronto a Grecia!

—Aunque Seti desaparezca, seréis protegida.

—Temo que no, majestad.

—Menelao es mi huésped; no tiene ningún poder de decisión.

—¡Quiero quedarme aquí, en este palacio, cerca de vos!

—Calmaos, Helena; no corréis ningún riesgo.

A pesar de las afirmaciones tranquilizadoras de la reina, Helena temía la maldad de Menelao. Su actitud probaba que urdía una conspiración para sacar a su mujer de Egipto. ¿La cercana muerte de Seti sería la ocasión soñada? Helena decidió investigar las actuaciones de su marido. La vida de Tuya quizá estuviera en peligro. Cuando Menelao no obtenía lo que deseaba, se volvía violento. Y he aquí que hacía tiempo, mucho tiempo, que esta violencia no se había manifestado.

Ameni leyó la carta que había escrito Dolente a Ramsés.

Queridísimo hermano:

Mi marido y yo nos preocupamos por tu salud y más aún por la de nuestro padre venerado, el faraón Seti. Algunos rumores insinúan que está gravemente enfermo. ¿No ha llegado el tiempo del perdón? Mi lugar está en Menfis. Confiando en tu bondad, estoy convencida de que olvidarás la falta de mi marido y le permitirás, a mi lado, testimoniar su afecto a Seti y a Tuya. En estos penosos momentos nos daremos mutuamente el consuelo que tanto necesitamos. Lo importante es formar de nuevo una familia unida, sin ser esclavos del pasado.

Confiando en tu clemencia, Sary y yo esperamos tu respuesta con impaciencia.

—Léela otra vez, lentamente —exigió el regente.

Ameni se apresuró a hacerlo, nervioso.

—Yo —murmuró—, no respondería.

—Coge un papiro nuevo.

—¿Debemos ceder?

—Dolente es mi hermana, Ameni.

—Mi desaparición no la habría hecho llorar. Pero yo no pertenezco a la familia real.

—¡Ahora te amargas!

—La clemencia no siempre es buena consejera; tu hermana y su marido sólo pensarán en traicionarte.

—Escribe, Ameni.

—Me duele la muñeca. ¿No quieres enviar tú mismo el perdón a tu hermana?

—Escribe, te lo ruego.

Rabioso, Ameni apretó el cálamo.

—El texto será corto: «No se os ocurra regresar a Menfis, so pena de comparecer ante el tribunal del visir, y manteneos alejados del faraón.»

El cálamo de Ameni corrió con alegría sobre el papiro.

Dolente pasó largas horas en compañía de Iset la bella, tras haberle mostrado la insultante respuesta de Ramsés. La intransigencia del regente, su violencia, su sequedad de corazón ¿no presagiaban a su segunda esposa y a su hijo un sombrío porvenir?

Era forzoso admitir que Chenar había tenido razón al estigmatizar los defectos de su hermano. Sólo le interesaba el poder absoluto. A su alrededor, no sembraría más que destrucción e infortunio. A pesar del afecto que le había tenido, Iset no tenía más remedio que emprender una lucha sin cuartel contra Ramsés. También Dolente, su propia hermana, se veía obligada a actuar así.

El futuro de Egipto era Chenar. Iset la bella debía olvidar a Ramsés, casarse con el nuevo amo del país y fundar una verdadera familia.

Sary añadió que el gran sacerdote de Amón y numerosos notables compartían la opinión de Chenar y lo apoyarían cuando hiciera valer sus derechos de sucesión al trono, después de la desaparición de Seti. Debidamente informada, Iset la bella podía tomar el destino en sus manos.

Cuando Moisés entró en la obra, poco después del alba, ningún cantero estaba trabajando. Sin embargo, se trataba de un día corriente, y la conciencia profesional de aquellos obreros cualificados no podía ser puesta en duda. En su cofradía, toda ausencia debía ser justificada.

Pero la sala de columnas de Karnak, que sería la más amplia de Egipto una vez terminada, estaba desierta. Por primera vez, el hebreo disfrutaba de un silencio que no turbaba el canto de mazos y cinceles. Contempló las figuras de las divinidades grabadas en las columnas y admiró las escenas de ofrenda que unían al faraón con esas divinidades. Lo sagrado se expresaba allí con una fuerza extraordinaria que trascendía el alma humana.

Moisés permaneció solo durante horas. Sentía como si poseyera aquel lugar mágico en el que mañana habitarían fuerzas creadoras necesarias para la supervivencia de Egipto. Pero ¿eran ellas la mejor expresión de lo divino? Por fin divisó a un capataz que buscaba unas herramientas olvidadas al pie de una columna.

—¿Por qué se ha interrumpido el trabajo?

—¿No os han avisado?

—Vengo de la cantera de Gebel Silsileh.

—El maestro de obras nos ha anunciado esta mañana la interrupción de la obra.

—¿Por qué razón?

—El faraón en persona debía darnos el plan completo de la obra, pero está retenido en Menfis. En cuanto venga a Tebas, podremos continuar.

Esta explicación no satisfizo a Moisés. Aparte de una enfermedad grave, ¿qué motivo habría impedido a Seti acudir a Tebas para ocuparse de una obra tan importante?

La desaparición de Seti... ¿Quién la habría imaginado? Ramsés debía de estar desesperado.

Moisés tomaría el primer barco que saliera para Menfis.

—Acércate, Ramsés.

Seti estaba tendido en una cama de madera dorada, colocada junto a una ventana a través de la cual el sol poniente entraba en la habitación e iluminaba su cara, cuya serenidad consternó a su hijo.

¡La esperanza renacía! Seti tenía de nuevo fuerzas para recibir a Ramsés; las huellas del sufrimiento se esfumaban. Había ganado una batalla contra la muerte.

—El faraón es la imagen del creador que se ha creado a sí mismo —declaró Seti—. Él actúa para que Maat esté en su justo lugar. Una vez realizados los actos en beneficio de los dioses, Ramsés, sé el pastor de tu pueblo, da vida a los seres humanos, grandes y pequeños, sé vigilante tanto de noche como de día, busca cualquier ocasión para actuar de manera que seas útil.

—Tal es vuestro papel, padre mío, y lo realizaréis aún mucho tiempo.

—He visto mi muerte. Se acerca. Su rostro es el de la diosa de Occidente, joven y sonriente. No es una derrota, Ramsés, sino un viaje. Un viaje por la inmensidad del universo para el que me he preparado y para el que deberás prepararte desde el primer día de tu reinado.

—¡Quedaos, os lo suplico!

—Tú has nacido para mandar, no para suplicar. Para mí ha llegado la hora de vivir la muerte y sufrir la experiencia de las transformaciones en lo invisible. Si mi existencia ha sido justa, el cielo abrazará mi ser.

—Egipto os necesita...

—Desde el tiempo de los dioses, Egipto es la hija única de la luz, y el hijo de Egipto está sentado en un trono de luz. A ti te toca sucederme, Ramsés, continuar mi obra e ir más allá; tú, cuyo nombre significa «hijo de la luz».

—Tengo tantas preguntas que haceros, tantas enseñanzas por descubrir...

—Desde el primer encuentro con el toro salvaje, te he preparado, pues nadie conoce el instante en el que el destino asesta su golpe definitivo. Tú, no obstante, deberás descubrir sus secretos, pues deberás guiar a todo un pueblo.

—No estoy preparado para ello.

—Nadie lo está nunca. Cuando tu antepasado, el primer Ramsés, abandonó esta tierra para volar hacia el sol, yo estaba tan angustiado y perdido como tú puedas estarlo hoy. Quien desea reinar, es un insensato o un incapaz. Sólo la mano de Dios se adueña de un hombre para hacer de él un ser sacrificado. Como faraón, serás el primer servidor de tu pueblo, un servidor que ya no tendrá derecho al descanso y a las tranquilas alegrías del resto de los hombres. Estarás solo, no desesperadamente solo como un perturbado, sino semejante al capitán de un barco que debe elegir el buen camino distinguiendo la verdad de las potencias misteriosas que lo rodean. Ama a Egipto más que a tu ser y el camino se desvelará.

El oro del sol poniente bañó el tranquilo rostro de Seti. Del cuerpo del faraón emanaba una extraña claridad, como si él mismo fuera una fuente de luz.

—Tu camino estará sembrado de trampas —predijo—, y deberás enfrentarte a temibles enemigos, puesto que la humanidad prefiere el mal a la armonía. Pero la fuerza de vencer residirá en tu corazón si sabes hacerlo holgado. La magia de Nefertari te protegerá, pues su corazón es el de una gran esposa real. Sé el halcón que vuela alto en el cielo, hijo mío, mira el mundo y a los seres con su penetrante mirada.

La voz de Seti se apagó, sus ojos se levantaron hacia más allá del sol, hacia otro universo que sólo él era capaz de ver.

Chenar dudaba en desencadenar la ofensiva de sus aliados. Que Seti estaba condenado, nadie lo dudaba, pero había que esperar el anuncio oficial de su fallecimiento. Toda precipitación iría en contra de sus designios. Mientras el faraón viviera, ninguna rebelión sería perdonable. Luego, durante la vacante del poder supremo que duraría setenta días, tiempo necesario para la momificación, Chenar no atacaría al rey, sino a Ramsés. Y Seti ya no estaría allí para imponerlo como su sucesor.

Menelao y los griegos hervían de impaciencia. Dolente y Sary, que habían obtenido la adhesión de Iset la bella, se habían asegurado la neutralidad benévola del gran sacerdote de Amón y la activa amistad de numerosos notables tebanos. Meba, el ministro de Asuntos Exteriores, había trabajado bien en la corte a favor del reinado de Chenar.

Un abismo se abriría bajo los pies de Ramsés. El joven regente de veintitrés años se había equivocado al creer que la sola palabra de su padre bastaría para ofrecerle el trono.

¿Qué suerte debía reservarle Chenar? Si se mostraba razonable, un puesto honorífico en los oasis o en Nubia. Aunque tal vez buscaría aliados, por miserables que fueran, para sublevarse contra el poder establecido. Su impetuosidad casaba mal con un exilio definitivo. No, había que cortarlo de raíz. La muerte era la mejor solución, pero a Chenar le repugnaba suprimir a su propio hermano.

Lo más inteligente sería confiarlo a Menelao y que se lo llevara a Grecia, so pretexto de que el antiguo regente, tras renunciar a convertirse en faraón, tenía ganas de viajar. El rey de Lacedemonia lo retendría prisionero en aquella lejana región, donde Ramsés se marchitaría, olvidado de todos. En cuanto a Nefertari, conforme a su vocación inicial, sería recluida en un templo de provincias.

Chenar hizo llamar a su peluquero, su manicuro y su pedicuro. El futuro amo de Egipto debía ser de una distinción sin tacha.

La gran esposa real anunció personalmente a la corte el fallecimiento de Seti. En el año quince de su reinado, el faraón había vuelto su rostro hacia el más allá, hacia su madre celeste, que lo daría a luz cada noche para hacerlo renacer al despuntar el alba como un nuevo sol. Sus hermanos los dioses lo acogerían en los paraísos, donde, curado de la muerte, viviría de Maat.

El período de luto se inició inmediatamente.

Los templos fueron cerrados y la actividad ritual se interrumpió, a excepción de los cantos fúnebres, mañana y tarde. Durante setenta días, los hombres no se afeitarían, las mujeres soltarían sus cabellos, y no se consumiría ni carne ni vino. Los despachos de los escribas permanecerían vacíos, la administración entraría en un letargo.

Con el faraón muerto y el trono vacío, Egipto entraba en lo desconocido. Todos temían aquel período lleno de peligros, durante el cual Maat podía alejarse para siempre. A pesar de la presencia de la reina y del regente, el poder supremo estaba vacante. Atraídas por esta situación, las potencias de las tinieblas se manifestarían de mil y una maneras para privar a Egipto de su aliento vital y aprisionarlo en su seno.

En las fronteras, el ejército fue puesto en estado de alerta. La noticia de la muerte de Seti se propagaría con rapidez por el extranjero y suscitaría codicias. Los hititas y otros pueblos guerreros ¿atacarían las franjas del Delta o prepararían una invasión masiva, con la cual también soñaban los piratas y los beduinos? Con su sola estatura, Seti los reducía a la impotencia. Desaparecido éste, ¿Egipto sabría defenderse?

El mismo día del fallecimiento, el cadáver de Seti fue transportado a la sala de purificación, en la orilla oeste del Nilo. La gran esposa real presidió el tribunal reunido para juzgar al rey muerto. Ella misma, sus hijos, el visir, los miembros del consejo de sabios, los principales dignatarios, los servidores de su casa, todos ellos declararon, después de haber prestado juramento y prometido decir la verdad, que Seti había sido un rey justo y que no tenían ninguna queja que emitir contra él.

Los vivos habían dado su veredicto. El alma de Seti podía ir al encuentro del barquero, cruzar el río del otro mundo y bogar hacia la orilla de las estrellas. Aún faltaba transformar su cuerpo mortal en Osiris y momificarlo según los ritos reales.

En cuanto los momificadores hubieran procedido a la extracción de las vísceras y a la deshidratación de las carnes gracias al natrón y a la exposición al sol, unos ritualistas envolverían al rey con vendas, y Seti partiría hacia el Valle de los Reyes, donde había sido excavada su morada eterna.

Ameni, Setaú y Moisés estaban inquietos. Ramsés se encerraba en el silencio. Después de haber agradecido a sus amigos su presencia, se había aislado en sus apartamentos. Sólo Nefertari lograba intercambiar unas palabras con él, sin conseguir arrancarlo de su desesperación.

Ameni estaba tanto más angustiado cuanto que Chenar, tras haber manifestado su pena con la ostentación necesaria, desplegaba una sorprendente actividad, contactando con los responsables de los diversos ministerios y tomando a su cargo la administración del país. Con el visir, había insistido en su desinterés y su preocupación por preservar la prosperidad del reino, a pesar del período de luto.

Tuya tendría que haber sermoneado a su hijo mayor. Pero la reina no abandonaba a su marido. Encarnación de la diosa Isis, ocupaba un papel mágico, indispensable en la resurrección. Hasta el momento en que Osiris Seti fuera colocado en el sarcófago, «el maestro de la vida», la gran esposa real no se preocuparía de los asuntos de este mundo.

Chenar tenía el campo libre.

El león y el perro amarillo se mantenían estrechamente unidos a su amo, como si buscaran atenuar su sufrimiento.

Con Seti, el futuro era risueño. Bastaba escuchar sus consejos, obedecerle y seguir su ejemplo. Bajo sus órdenes, ¡habría sido tan sencillo y tan alegre reinar! Ni por un instante había imaginado Ramsés que estaría solo, sin aquel padre cuya mirada disipaba las tinieblas.

Quince años de reinado. ¡Qué breves habían sido, demasiado breves! Abydos, Karnak, Menfis, Heliópolis, Gurnah, y tantos otros templos que cantarían para siempre la gloria de aquel constructor, digno de los faraones del Antiguo Imperio.

Pero él ya no estaba allí, y los veintitrés años de Ramsés le parecían a la vez demasiado livianos para reinar y demasiado pesados de llevar.

¿En verdad merecía aquel rotundo nombre de «hijo de la luz?»